# 日本

## 通史

林明德 著

三民書局

國家圖書館出版品預行編目資料

日本通史 / 林明德著. －－二版三刷. －－臺北市:
三民, 2016
面; 公分

ISBN 978-957-14-2135-3 (平裝)
1. 日本－歷史

731.1 84000425

© 日本通史

| | |
|---|---|
| 著 作 人 | 林明德 |
| 發 行 人 | 劉振強 |
| 著作財產權人 | 三民書局股份有限公司 |
| 發 行 所 | 三民書局股份有限公司 |
| | 地址　臺北市復興北路386號 |
| | 電話　(02)25006600 |
| | 郵撥帳號　0009998-5 |
| 門 市 部 | (復北店)臺北市復興北路386號 |
| | (重南店)臺北市重慶南路一段61號 |
| 出版日期 | 初版一刷　1995年5月 |
| | 二版一刷　2006年7月 |
| | 二版三刷　2016年4月 |
| 編　　號 | S 730060 |

行政院新聞局登記證局版臺業字第○二○○號

有著作權·不准侵害

ISBN　978-957-14-2135-3　(平裝)

http://www.sanmin.com.tw　三民網路書店

# 序　言

　　過去多年以來，日本學人研究中國史的著作特豐，而臺灣學者之研究日本者特少。國人一向忽略最與我國家興亡有關的日俄，因此，大學歷史的課程，總是偏重英美法德，而忽略日俄。為了增進中日兩國間的瞭解，促進雙方的友好關係，唯有加強研究日本。

　　1980 年代，哈佛大學教授福格爾 (Prof. E. F. Vogel) 撰寫《日本第一》(*Japan As No. 1*)，曾轟動一時，引起世界各國研究日本的熱潮。平實而論，日本現代化的過程中，其民主化和精神層面並不徹底，但其經濟成長等外在的現代化發展，無疑是成功的。因此，1960 年代，美國學者有意識的比較日本現代化的成功和中國現代化的失敗，來說明日本傳統社會的優點，此一問題仍有爭論，但瞭解日本的歷史與傳統淵源，實為解開中日現代化優劣的先決條件。

　　本書雖不抹煞日本所受中國文化影響之深，但卻著重日本歷史文化發展的主體性，俾能深入瞭解日本歷史的獨特發展模式及其文化特徵。

　　為了增進對日本的瞭解，本書除了日本歷史的概說之外，另就日本社會文化與政治，作較有系統而深入的探討。本課程分為以下三個單元加以探討。

　　一、歷史

　　本單元的內容以政治、社會、經濟、文化的演變與發展為主，由原始社會談起，直至現代為止，在時代的區分上，分為原始、古代、中世、近世、近現代五個時期，在敘述上略古而詳今，尤其著重於近現代的發展。

　　二、社會與文化

　　本單元主要探討日本的民族性、階層制度與群體意識、家庭倫理、婦女問題、近代教育與科技、文學與藝術、宗教與大眾文化等問題，藉以瞭解日本社會的全貌。

　　三、政治

　　從日本的政治體制、天皇制、近代憲法的制定及其演變、政黨政治、政治制度等加以分析。

　　本書自 1995 年付梓以來，已經十個寒暑，今再作增補，以求簡易扼要。本書雖非倉卒成書，但謬誤遺漏之處難免，尚祈博學先進不吝教正。

林明德

2006 年 7 月

序於臺灣師範大學歷史研究所

# 日本通史

## 目次

序言

### 第一編　歷　史

■　第一篇　原始、古代

第一章　原始時代的社會與文化 ……………………… 3
第二章　古代國家的形成 ……………………………… 10
第三章　奈良時代 ……………………………………… 26
第四章　貴族政治與古典文化 ………………………… 34

■　第二篇　中　世

第五章　武家政權的成立 ……………………………… 47
第六章　鎌倉武家社會的發展 ………………………… 56
第七章　室町武家社會的發展 ………………………… 68
第八章　大名領國的形成 ……………………………… 82

■　第三篇　近　世

第九章　統一政權的成立 ……………………………… 87
第十章　幕藩體制的確立 ……………………………… 98
第十一章　幕藩體制的動搖 …………………………… 115

第十二章　幕藩體制的崩潰 ……………………………………… 126

■　第四篇　近　代

第十三章　近代國家的成立 ……………………………………… 137
第十四章　立憲政治的推移 ……………………………………… 153
第十五章　資本主義的發展 ……………………………………… 181
第十六章　法西斯主義的進展 …………………………………… 197

■　第五篇　現　代

第十七章　占領下的日本 ………………………………………… 221
第十八章　冷戰體制下的日本 …………………………………… 230
第十九章　五五年體制與經濟發展 ……………………………… 238
第二十章　激動的世界與日本 …………………………………… 246

# 第二編　政　治

第一章　日本政治的特質 ………………………………………… 257
第二章　憲法與政治組織 ………………………………………… 263

# 第三編　近代日本的社會與文化

第一章　近代社會與文化 ………………………………………… 275
第二章　近代教育與科技 ………………………………………… 288
第三章　近代文學與藝術 ………………………………………… 292

■　附　錄

一、日本歷史大事年表 …………………………………………… 301
二、日本歷代天皇一覽表 ………………………………………… 312
三、幕府將軍一覽表 ……………………………………………… 317
四、內閣總理一覽表 ……………………………………………… 319

# 第一編

## 歴　史

# 第一篇 原始、古代

## 第一章 原始時代的社會與文化

### 第一節 風土與民族

#### 一、日本群島的形成

　　日本群島是經過漫長的地質變動所造成。洪積世初期，日本群島有一部分與大陸連接，至第四紀時，由於世界性阿爾卑斯 (Alps M.) 造山運動，發生陸沉現象，至洪積世（冰河）末期，形成津輕海峽。至沖積世初期，形成宗谷海峽，於距今一萬年前，始從亞洲大陸完全分離出來，構成孤立於西太平洋的弧狀列島。

　　日本位於亞洲大陸的東緣，由北海道、本州、四國、九州等四個大島以及附近數千個小島所組成，在地理上稱為日本群島。總面積共約三十八萬平方公里，其中本州最大，計二十三萬餘平方公里，北海道次之，約八萬平方公里，九州次之，約三萬六千平方公里，四國最小，尚不足二萬平方公里。

　　日本群島位居歐亞大陸和太平洋海盆的接觸線上，地殼發生劇烈變動，一部分露出海面而為群島，一部分陷落為海溝，各島表面雖呈分離，實際卻是一脈相連。

由於地盤不穩，斷層、火山特多，地震不絕，但噴出的熔岩使河川斷流，構成湖泊，因此境內多湖，景色美麗。日本第一高峰富士山，為圓錐形休火山，常呈白雪皚皚，蔚為奇觀，成為日本的象徵。

日本地形狹長，由東北延向西南，猶如一彎新月，外側臨北太平洋，內側隔日本海和東海，與朝鮮半島和中國大陸遙遙相對。

日本群島的東側是太平洋，西側則是日本海與黃海。東西兩側的洋與海，深度與性質迥然不同，東側是太平洋與海溝，西側是構成大陸棚的日本海。東側的日本稱表日本，西側則稱裏日本，表日本較為富庶。

日本南北長約三千公里，氣候、景觀與物產隨緯度之不同而異。這種地理環境對日本文化的形成亦有重要影響。

## 二、日本民族的形成

日本人在人種分類上屬黃種人（蒙古族），但其間有差異性，蓋並非自古即由單一民族發展而來，其間經過相當複雜的過程。但至少在距今一萬年以前的石器時代，日本已有遺物與人骨的發掘，足證當時已有人類居住。

日本民族的構成雖有不同的說法，但依據繩紋文化時代人骨綜合調查研究結果顯示，「原日本人」(Proto-Japanese) 的說法似較可信。所謂原日本人，乃是與現代蝦夷人 ❶、現代人不同，屬於兩者祖先型人種。其後經過某種程度的混血與生活環境的影響，發生體質上的變化，成為現代日本人體質的骨幹。

從地理上來說，日本民族是由許多種族混合而成，即混合南方系和北方系。他們分別從亞洲北部經由庫頁島、北海道、千島群島、朝鮮半島，以及從南洋通過馬里亞納群島 (the Mariana Is.)、琉球等地輾轉到達日本。經過長期的混血融合，才逐漸形成共同語言與風俗習慣的日本民族。

再從語法和音韻法則上看，日本語言屬於亞洲大陸北方民族所使用

---

❶　住居奧羽、北海道，不同於大和民族的種族，稱之為蝦夷（Ezo，或 Ainu）。

的烏拉・阿爾泰語系 ❷，基本語彙則是受波利尼西亞語 (Polynesians) 的影響，被視為日本民族來自南北二方的根據。無論如何，一般都認為大約在彌生文化時代，已形成了以日本語為共同語言的日本民族。

# 第二節　舊石器時代

洪積世時代的人類，使用打製石器，過著狩獵、漁撈與採集的生活。此一階段的歷史，依考古學稱之為舊石器時代 ❸。洪積世的日本群島，仍與大陸相連，有大形動物（長毛象等）棲息。舊石器文化具有只有石器而無陶器的特徵，亦稱為前繩紋文化。

日本各地洪積世地層先後發現石器。此一時期的文化，只是使用打製石器，並未製作使用陶器，因此稱之為先陶器文化（無陶器文化）。

舊石器時代的原始日本人，大都以群體為主，過著遷徙不定的生活。主要的生產活動是狩獵與採集。原始日本人為了防備兇猛的野獸，獵取更多的食物，重視勞動工具，打造石器遂成為原始日本人生活中的首要大事。

初期的石器只是打擊用的粗糙工具（握槌），然後逐漸製作具有切斷機能的刀形石器（石刃）、具有鑿刺機能的尖頭器等，因應用途而分化的石器。其間尤以此一時代末期出現的尖頭器石槍，對狩獵方法的進步有很大作用 ❹。

---

❷ 烏拉・阿爾泰語系 (Ural-Altai Language) 是分布於中國北方到中亞、東歐的語系，包含日本語、韓國語、蒙古語、通古斯語等。

❸ 人類的文化發展，通常以使用工具的材質，分為石器時代、青銅器時代、鐵器時代三個階段。石器時代又可分為舊石器時代與新石器時代。

❹ 無陶器時代末期，出現細石器，常見於世界上新石器時代過渡期的中石器時代，長約二至三公分，極小型的石器，嵌在木頭或骨頭，作為矛來使用。

# 第三節　繩紋文化

　　距今一萬年以前，日本進入新石器時代，從遺址中大量出土了外部
具有繩狀花紋的陶器，稱之為繩紋 (Jōmon) 陶器，此一時期的文化，稱之
為繩紋文化。繩紋文化的時代長達數千年之久，其遺跡北從北海道，南
到琉球群島，遍布全日本。

　　從繩紋文化的遺跡出土多數的人骨，顯示其為同一人種，被認為是
日本人的祖先型。其後與各時期渡日的周邊各人種的混血或環境的變化，
逐漸形成今日的日本人。

　　進入繩紋時代以後，由於生產技術和工具都有明顯的進步，人們根
據各地的自然環境，不斷地改變經濟生活和文化面貌。沿海沿岸以及河
川地方，形成以捕撈為主的經濟；在森林、山地等地，則形成狩獵與採
集為主的經濟。由於弓矢的發明，狩獵技術大有進展，生活改善不少，
同時開始使用舟船，出海捕魚。

　　貝塚是繩紋文化最重要的遺跡，這是人們吃貝肉後，捨棄、堆積貝
殼的地方。它以貝類居多，其間雜有人骨、獸骨、石器與陶器等，為考
察當時生活狀況的重要資料❺。

　　繩紋文化的最大特徵是陶器製作技術的提高。早期繩紋陶器以尖底
深鉢為主，隨著生產範圍的擴大，生活狀況逐漸趨向定居，平底深鉢逐
漸取代了尖底深鉢。

　　他們的住宅大多採用豎穴式❻，群居的規模小，居住的時間短暫，

---

❺　美國學者摩士 (Edward S. Morse) 於 1877 年，在東京大森發現貝塚。貝塚多分
　布於太平洋沿岸的日本本島，尤以關東地方居多。貝塚是當時的垃圾場，出土
　除了土器、石器、骨骸等之外，尚有人骨、獸骨，實為研究繩紋時代生活最重
　要的遺跡。

❻　豎穴式是將地板設置於地下，平地式則是設置於平地，而將石頭與草木鋪裝在
　地面上。

到了後期，豎穴住宅大都在近海或近河的丘陵上，已有小規模的村落。

當時的社會大抵是數戶家族聚居在一起共同生活，糧食的取得與保存也是共同經營，這種原始的小規模共同生活模式，稱之為原始共同體。當時居住規模與結構大同小異，埋葬亦在共同墓地舉行，且無陪葬品，因此可以推斷社會上並無貧富與階級之分。因無私有財產與階級，當無政治組織。

人們對自然物或自然現象認定其具有靈威 (animism) 而畏懼，大多以巫術避災，或祈禱豐收。型塑女性的土偶，成人表徵的拔齒❼、埋葬之際的屈身葬等❽，均屬巫術的風俗。

除生前佩飾之外，別無陪葬品，大多仍處在巫術信仰的階段。至於陶俑大都是女性，可見其為一母系的氏族社會❾。

## 第四節　彌生文化

當日本列島還停留在石器時代繩紋文化之際，世界的先進地區已進入農耕、畜牧與鐵器時代。中國大陸興起農耕，使用金屬器。至西元前三世紀，成立統一國家秦、漢。此時鐵器的使用更加普遍，運用文字的技巧益臻成熟，社會生產力與文化快速的發展，影響力擴伸至四鄰，甚至經由朝鮮半島越洋而及於日本列島。

受到中國大陸政治情勢影響的日本，亦在西元前三～二世紀前後，於北九州一隅，產生一種與繩紋文化迥然不同的新文化，並迅速的傳播到東方。此一新文化稱之為彌生 (Yayoi) 文化❿。

---

❼ 拔犬牙、門牙最多，年齡大約是二十歲左右。出現於繩紋文化後期，彌生文化時期亦有發現。其目的可能是成年式儀禮，或為了消除厄運。

❽ 為節省挖掘墓穴的勞力，依安息的姿勢、在母胎內的姿勢，或緊縛身體以防止死靈的復活。格陵蘭 (Greenland) 的土人亦有一種緊縛垂死者的習俗。

❾ 當時生活水準低，知識未開，各種各樣的巫術風行，掌巫術者多女性，足見原始社會中的女性，具有統御集團的權力。

　　彌生文化的特徵是彌生式陶器的製作、水稻農耕和金屬器的應用。水稻的耕作使生活產生很大的變化，金屬器適於儲藏，使飲食生活安定，且以其需要多數人的共同協力，聚落隨之擴大，且能定居。

　　水稻耕作首先產生於九州北部，隨即擴伸到氣候條件適於水稻的西日本一帶。後期則傳到寒冷的東北地方，除北海道之外，日本全域均進入農耕社會。至此，遂由自然採集經濟進到有計劃生產糧食的時代。

　　前期以直播低濕地為中心的農耕，產量不豐，且易遭受自然災害。中期以後，農業技術有了改善，水田規模擴大，且知分配土地，引水灌溉，收穫量相對的增加。

　　彌生時代依然使用陶器，但同時已開始使用金屬器。在一般先進文明中，文明進化階段相當清晰，其過程大都是銅器──青銅器──鐵器。但日本不僅是青銅器與銅器同時使用，石器依然有其重要的地位。因此就文化的發展階段而言，這種新舊共存──重疊性──的現象，實為日本文化的特性之一。

　　青銅器遺物中發現較多的是銅劍、銅戟、銅戈和銅鐸。前三者在中國原為武器，但輸入日本之後，卻作為祭器之用 ❶。從其自製的青銅器分布情形來看，可以分成兩個文化圈。一是銅劍、銅戟為主的九州北部文化圈；一是銅鐸為中心的畿內（近畿）文化圈。這些金屬工具不僅有助於原始日本人創造比石器更有用、更精良的新工具，且能模仿中國的技術，製造銅鏡。由此可見自中國金屬文化傳入以後，日本就進入金石並用的階段。至於金屬文化傳播的途徑，則是由西日本到東日本，再傳到北海道。足見日本史前時代所受外來文化影響之深。

　　進入農耕後，居住地已從丘陵、海邊等高地移至平地，且多在低濕

---

❿　因最早發現的地方在東京本鄉彌生町，故以此命名。

⓫　在中國，銅劍、銅戟、銅戈，原為實用的武器，但在日本卻作為一種共同體的祭器使用。大多在近畿地方製造，為該文化圈的象徵，原料則是中國大陸傳來的青銅。

水田附近的平地上建造房屋。其構造雖屬豎穴式的一種，但加建豎柱，並在周圍堆砌土壘或木材，以防止濕氣。

　　此一時代並非自始即以米為主食，而是以獸肉、魚貝類為主。隨著生產力之提高，生活較富裕，私有觀念發達，社會遂有貧富貴賤之別。同時在氏族共同體中，村落領導者與祭司的重要性漸增，因而出現豪族。豪族統制的地區為「國」(kuni)。彌生文化的時代，正是日本各地出現這種小「國」的時期。

　　此時亦有拔牙的習俗，但與繩紋時代的關係不明。葬法亦與前代不同，即採取伸展式，尤其在西日本，大多採用甕棺或箱形棺埋葬，並有劍、鏡等陪葬品。

# 第二章 古代國家的形成

## 第一節 小國分立與統合

### 一、小國分立

　　彌生文化時代是從原始社會到古代的過渡時期，隨著農耕生產的發達，社會生活發生變化，階級開始分化，形成統治關係。以齊頭平等的人際關係為基礎的原始社會已崩潰，遞嬗到統治者直接支配被統治者的古代社會。各地產生小部落國家。

　　西元一世紀前，日本出現了許多部落小國家。據《漢書‧地理志》與《後漢書‧東夷傳》中，均有有關日本的記載❶。

　　其後經過兼併和聯合，逐漸形成規模較大的部落聯合與部落國家。其中倭奴國即曾於西元 57 年，遣使通漢，漢光武帝頒賜印綬❷。這正顯示北九州一帶的小國，盛行與中國交通，同時中國大陸文化亦大量流入日本。

### 二、邪馬臺國的興衰

　　一世紀末至二世紀初，本州中西部地區和九州北部，受到先進的中

---

❶ 日本在六世紀正式使用漢字之前，沒有史乘，因此，古代日本的歷史，除了仰賴考古學的發現之外，只有求之於中國與朝鮮的典籍。《漢書》記載謂「夫樂浪海中有倭人，分為百餘國」，《後漢書》則記述「倭人……依山島為居，舊百餘國」。足見當時部落林立的事實。

❷ 金印刻有「漢倭奴國王」五個字。學者考證其為真印，但亦有懷疑其為偽造。

國大陸文化影響，形成若干地域性國家。其中以北九州的邪馬臺國 (Yam-ato, Yamatai) 與畿內的古大和國為較強的地域國家。

當中國大陸與朝鮮半島出現新興國家之際，日本的原始諸小國之間，亦出現統合的趨向。根據《三國志魏書·倭人傳》的記載，三世紀前半的日本群島，部落林立，其後統屬於邪馬臺國女王之下。邪馬臺國的領土，是以九州博多灣為中心五十至一百公里的範圍內。

邪馬臺國已有嚴格的等級差別，分成大人、下戶、奴婢等階級，國王是國中的最高權威。邪馬臺國先後有三個國王，第一個是男王，此後二個都是女王，分別稱為卑彌呼 (Himeko, Himiko) 和壹與 (Iyo)。

邪馬臺國是一個眾多部落所組成的聯合政權。由於沒有建立世襲制度，王位由部落酋長協議推舉。在各部落酋長激烈競爭時，即推舉卑彌呼，能以巫術君臨眾人的首領。卑彌呼是一個「事鬼神、能惑眾」的女巫❸。她擅長巫術，以宗教的權威統治國家，當時不僅已有租稅制度，且加強身分秩序與政治組織。

邪馬臺國的經濟是以農業為主，手工業亦相當發達。據〈倭人傳〉記載，倭人的習俗，男子顏面軀幹施以紋刺，以之為尊卑之別。家庭制度似採一夫多妻制，「大人」可娶四、五婦，「下戶」亦可娶二、三婦。平民對貴族大人，以跪拜代替拱手，以示尊敬。

在外交方面，邪馬臺國在不同的時期採取不同的政策。卑彌呼女王時期，採取結好東亞諸國的睦鄰政策。其後由於其鄰近地區相繼出現了與其相抗衡的強國，在腹背受敵的形勢下，採取遠交近攻的策略。卑彌呼於 239 年遣使至魏都洛陽進貢，魏帝賜與「親魏倭王」封號，並授金印紫綬，復賜銅鏡、絲織品等❹。

卑彌呼於三世紀中葉死，男王繼位，國內再度陷入混亂，遂又擁立

---

❸ 卑彌呼究竟為何人，史家說法不一。有人指其為神功皇后，亦有以之為大和朝廷的屏藩，僭稱大倭王者。但以卑彌呼為大和族的看法，則是一致的。

❹ 卑彌呼將這些貴重的賜品轉贈國內諸王，藉以加強其權力與威望。

卑彌呼宗女壹與（十三歲）為王。但自 266 年遣使晉朝之後一百五十年間，音訊斷絕。此後邪馬臺國的命運已無從查考❺。

三世紀末，古大和國統一了東日本一帶至九州的廣大地區，邪馬臺國自此滅亡。至於邪馬臺國究在何處，說法不一，迄今仍有爭論❻。

# 第二節　大和朝廷與古墳文化

## 一、大和朝廷的成立

### 1. 大和政權

中國大陸在三國時代之後，晉朝統一中國，但其國力孱弱，四世紀初，受到北方匈奴等諸民族的侵入而遷移到江南，不久進入南北朝時代。此一時期，東亞諸民族紛紛脫離中國的統制而獨立，走向國家統一之路。以中國東北為根據地的高句麗，擴張領土到朝鮮半島北部，313 年滅亡樂浪郡。朝鮮半島南部則有韓族組成馬韓、弁韓、辰韓的小國聯合。

其間，倭人社會在文獻上並不清楚。但至遲四世紀前半已由大和朝廷建立西自九州北部，東到中部地方的地域性政治統一體。

大和朝廷是以皇室為中心，與周圍的豪族聯合所樹立的政權，但確切成立的時間不詳，且其崛起於大和或從九州東遷而來，亦有歧見。

### 2. 氏姓制度

氏姓制度和部民 (Bemin) 制度是大和政權的兩項重要措施。大和朝廷隨著國土統一的進展，諸豪族統攝於氏姓制度的政治組織之中。中央與地方的豪族，任同族集團「氏」(Uji) 的酋長「氏上」(Ujinokami)❼，

---

❺　倭女王壹與遣使，見《日本書紀》所引用中國晉朝〈起居注〉的記載。

❻　學界有北九州說與畿內大和說二種說法。前者主張邪馬臺國在現在的福岡縣山門郡，或熊本縣菊池郡山門；畿內大和說，以為是在奈良盆地。從〈倭人傳〉的記載，很難推知邪馬臺國的正確位置。蓋其根據前來九州的魏使見聞，或前往帶方郡的倭使報告，難免錯誤與誇張。

服仕朝廷。

氏姓制度乃是大化前代以「氏」這一社會組織為基礎的政治組織。它由「氏」和「姓」所構成。氏是以家庭為基礎具血緣關係聚集而成的同族集團。每一個氏都以最有勢力的人為氏上，氏的成員稱為氏人 (Ujibito)。氏上統制全氏，執掌裁判，對外代表氏，出仕朝廷，參與國政。隸屬於氏或豪族的「部民」（農民）❽和奴隸則從事勞役與農耕。此外尚有充當奴隸役使的「奴」(yakko)。

姓由大和國的最高統治者大王授與，代表各自的氏在政治上的地位。按照氏的尊貴，授與不同的姓❾。

大和朝廷是以大王（Ōkimi，即後來的天皇）為頂點，以臣、連等中央豪族中最有力者任大臣 (Ōomi)、大連 (Ōmuraji)，擔當國政。朝廷的警備與祭祀等職務，則由伴造 (Tomonomiyakko) 分擔，伴造統率一批包含歸化人工匠在內的部民集團。

朝廷統治大和及其周邊之地，其他地方則委諸歸屬朝廷的地方豪族。但自五世紀末，朝廷將服屬於地方豪族支配下的農民，改隸為子代 (Kosiro)、名代 (Nasiro) 直屬民，並設置屯倉 (Miyake) 直轄地❿，加強對地方的統治。朝廷授與地方豪族國造 (Kuninomiyakko)、縣主 (Agatanusi) 等名位，管理名代的部與屯倉，並向朝廷繳納貢品。

## 二、古墳文化

古墳乃是指三世紀末至八世紀初所建造當時統治者的墳墓。約略與大和朝廷的時期重疊。古墳與彌生時代的墳墓不同，即作為特定的個人

---

❼　氏上掌管集團的財產，主持氏的祭祀，統率集團成員（氏人）。

❽　隸屬朝廷者為「品部」，屬天皇、皇族者為「子代」，隸屬豪族者為「部曲」(Kakibe)，這些制度在大化革新已廢止，但品部的一部分則配屬於律令官廳而殘存。

❾　姓有臣 (Ōmi)、連 (Muraji)、君（公，Kimi）、直 (Atae)、首 (Obito) 等稱號。

❿　屯倉原為積存大和朝廷直轄領地收穫稻米的米倉，轉而指朝廷的直轄地。

埋葬設施而營造的大型墳丘。古墳的發生顯示擁有強大權力統治者的出現。

古墳文化的主要象徵是巨大的墓丘和豐富的陪葬品。古墳的形式可分為圓墳、方墳、前方後圓等三種。但大都呈現前方後圓型或前方後方型的特異外型。墳丘的表面列有明器（土偶）⓫，墳丘內部有收藏遺體與陪葬品的豎穴式石室與粘土槨。陪葬品除了鐵製武器與工具之外，有鏡、玉、碧玉製腕飾等巫術用具。表示此一時期的豪族，不僅是政治的統治者，且具有如同卑彌呼的司鐸性格。

四世紀末到五世紀，古墳急劇的趨向巨型化。其中尤以仁德陵古墳誇稱為世界最大規模⓬。最盛期（中期）的古墳，大都在平原中建造有如小山的墳丘，周圍環以濠溝。

古墳文化與大和朝廷的進展約略同時，至五世紀，已快速的擴及於地方，北至東北地方南部，南至九州南部。此一時期的古墳所埋葬的，大都與大和朝廷有密切關係的地方豪族。

中國大陸傳來的新文明，亦影響到古墳文化。古墳墳丘自五世紀的仁德天皇之後，逐漸縮小，石室的形狀亦從豎穴式改為橫穴式。採用橫穴式石室前後，古墳急劇的增加，連過去沒有古墳的山間與島嶼亦有建造。但大部分是圓墳，且有一個地方聚集十數個或一百個以上的「群集墳」。

隨著中國大陸開明思想的流入，巨大墳基這種含有豪族誇示威力的巫術意味的時代已告終，加上勞力問題與火葬風習之普遍，到八世紀前

---

⓫　土偶（陶偶）種類多，有人物、動物、家屋等，由此亦可推測當時的服裝與豪族邸宅的結構。古墳的周圍及墳丘頂部則有「埴輪」（Haniwa，泥土形像的明器）。

⓬　總面積一百五十三萬立方公尺，主軸長四百八十公尺，前方寬三百零五公尺，高三十三公尺，後圓部分直徑二百四十五公尺，高三十五公尺。此一工程一日動員一千人，亦需時四年始能完成。

半，古墳幾已絕跡。

## 三、倭五王

《宋書》等中國史乘，載有五世紀初後一個世紀之間，讚、珍、濟、興、武五個國王（倭五王）朝貢中國南朝，以取得較高稱號的情形。這是有意藉中國皇帝的權威，以維持鞏固其對朝鮮各國政治立場的企圖。

大和朝廷自四世紀後半到五世紀初，為了取得生產技術與鐵的資源，向朝鮮半島擴展，置半島南部的弁韓諸國於其勢力之下（任那）。大和朝廷進而壓制百濟、新羅，與高句麗交戰[13]。

五世紀日本進窺朝鮮半島以及與中國南朝的交涉過程中，傳來大陸進步的文化。移民日本者（歸化人）增多，傳授機織、金屬工藝、製陶、土木建築等多種新技術。大和朝廷將這些來自中國大陸的工匠，組織成錦織部、陶部 (Suetukuribe) 等專業者集團，賜與氏、姓，居住於畿內及其周邊。這些人以其進步的技術從事灌溉與土木工程，對農業生產力的提高，各種產業的發達有很大的貢獻。

# 第三節　推古朝的政治與飛鳥文化

## 一、大和朝廷的動搖

五世紀中葉，朝鮮半島高句麗正盛，壓迫南方的百濟與新羅。弁韓諸國的自立傾向愈益高昂，任那逐漸喪失其統制力。百濟與新羅利用此一機會，進窺任那，日本對朝鮮半島的統治遂面臨危機，562 年任那終被新羅所滅。

國內方面，隨著大和朝廷的發展，擁有多數土地農民的豪族間的對

---

[13] 在高句麗的〈好太王碑文〉裏有詳細的記載。這是記載好太王（廣開土王）一代事業的碑文，為瞭解當時中國東北與朝鮮半島情勢貴重的史料。建立於當時高句麗都城鴨綠江中流北岸的通溝附近。

立愈烈，皇室亦被捲入其中而出現皇位斷絕的危機。至六世紀，大連的大伴氏，由於對韓政策的失敗而失勢，代之而起的物部氏，與大臣蘇我氏對立。九州亦發生地方豪族叛亂。

大和朝廷為了克服這種危機，在各地設置屯倉與名代的部，以加強地方的統制，中央亦整頓品部組織，充實朝廷機構。蘇我氏積極推動改革，與歸化人協力，掌握朝廷的財政權。

六世紀末，蘇我氏抬頭，因佛教的尊崇與否問題，與物部氏發生對立。物部氏勢衰。蘇我氏一枝獨秀，旋又收容中國大陸歸化人，勢力大增，繼與皇室發生對立，終致殺害崇峻天皇。至此，大和朝廷乃開始動搖。

## 二、推古朝的政治

隋朝於 589 年統一南北朝，旋即出兵高句麗，向周邊伸張勢力，東亞的情勢有了大的變化。

592 年，蘇我氏暗殺天皇後，擁立日本首位女皇推古天皇。推古天皇立其甥廄戶皇子為太子（聖德太子），兼任攝政，綜理萬機。太子與大臣蘇我馬子協力，推行國政改革，並積極移植中國先進文化，加強中央集權，同時對外交政策進行全面改革。其政治改革有五項：冠位的制定、憲法的頒布、對隋平等外交、佛教的振興與國史的編集等。

首先制定冠位十二階制，依據個人的才能和功績，不論門第，起用人才。此一措施有助於打破世襲的氏姓門閥制度，加強王權，成為後來位階制的起源❶。

繼而創制了「憲法十七條」，界定了君臣父子的等級制度，規定人與人之間不同的社會地位和權利義務，並進一步推動後來的官僚制度中央

---

❶　本來「姓」屬於「氏」，表示豪族的世襲身分，但冠位則是屬於個人，即可依個人的才能和功績晉昇。這是否定門閥主義的人才起用政策，但其施行範圍僅限於近畿的「官」，而不及於地方豪族。

集權的方向，志在確立以天皇為中心的國家體制。以天皇取代過去大王
(Ōgimi) 稱呼。

　　第三項改革是推行平等自主的外交政策。就內政與外交為一體的古
代而言，對隋外交極具重要性，這是蘇我氏百濟外交以來的一大轉變。
太子上任伊始，即採取攻擊新羅，恢復任那日本府的政策，於 600 年出
兵新羅，但未能恢復任那殖民地。太子一改過去倭五王時代積極要求中
國王朝冊封，結交中國王朝，以提高其地位的政策，改採對等外交。聖
德太子於 607 年，派遣小野妹子等使隋，自稱「日出處天子，致書日沒
處天子」，使大和國的外交政策發生遽變。翌年 (608) 小野妹子偕同隋使
赴隋，國書仍稱「東天皇敬白西天皇」。

　　第四是佛教的振興。此從「憲法」第二條「篤敬三寶」一句即可看
出。至於「國史」的編纂則繼《帝紀》之後，撰修《天皇記》等。

　　聖德太子在政治、外交、文化上大展抱負，但因顧慮蘇我氏，新政
並不徹底，而有偏向理想主義之嫌，顯露其在社會經濟方面缺乏政策。

# 三、飛鳥文化

## 1. 飛鳥文化的特色

　　推古朝至大化革新的時期，稱為飛鳥時代。這是以聖德太子時代為
中心，主要在飛鳥地方（當時的都城）發展的文化。這一文化具有貴族
的、佛教的特質，且富有濃厚的國際色彩。

　　六世紀傳到日本的佛教，起初為歸化人與蘇我氏所信奉，及至蘇我
氏掌握朝廷實權，更受保護而快速的發展，以朝廷所在地的飛鳥地方為
中心，陸續由皇族與豪族興建中國大陸式的寺廟，以蘇我氏建立的飛鳥
寺（法興寺）、聖德太子建造的斑鳩寺（法隆寺）等為代表。寺廟與佛像
取代了古墳，成為豪族權威的表徵。但除了少數知識分子，多數人仍視
佛教為一種巫術而信仰，尤以祈求祖先冥福，祈禱醫病而建造佛像者居
多。

奈良法隆寺五重塔

　　飛鳥文化實具有透過百濟、高句麗，將南北朝時代的中國文化傳到日本的特性。無論建築、雕刻與繪畫，都以佛教為中心而發展。其內容主要受中國南北朝、隋朝文化的影響，甚至有希臘、波斯等地的因素。

### 2.中國文化的吸收

　　由於大和朝廷進窺朝鮮半島，結果盛行輸入中國大陸的新文化，促進了生活技術方面劃時代的進步。這種情形因歸化人來到日本❺而更為加強。大和政權將歸化人編成工匠集團，定居於畿內，傳播機械、冶鍊與製陶等技術。

　　歸化人所傳入的，除了技術之外，尚有文字與學問。尤其後者對文化的發達具有重要的地位。古代日本並沒有文字，漢字的使用確有非凡的意義，至於其如何傳到日本，說法不一。五世紀時，倭王讚奉表於南

❺　歸化人進入日本的時間與途徑有二：一是四～五世紀前後，樂浪郡滅亡時被百濟捕擄的漢人，一是新羅統一朝鮮半島的六～七世紀，任那滅亡時亡命日本者。

朝，五世紀末，倭王武的上書使用六駢體文，可見五世紀時，日本已使用漢字。從和歌山八幡宮收藏的「畫像鏡」銘文看來，最遲在五世紀末，已經使用漢字的「音訓」（音讀和訓讀），表達日本的人名和地名。但文字的使用並非始自日本人，而是屬於歸化人的專利。

精神文化當然不僅限於文字的使用，不久又傳入學問與宗教。513 年，百濟遣送五經博士來日，儒教思想即在這段時期傳到日本。接著，易學、曆學、醫學、藥學等學者，紛紛到日本。

具有學問技術的歸化人，受皇室的優厚待遇，居社會較高地位，領導日本人的文化活動。

總之，歸化人除了文化之外，在政治、經濟、社會方面，無不給與日本很大的影響。

### 3. 佛教的傳播及其影響

佛教是以個人悟道為中心的宗教，較之原來只憑巫術的信仰進步，對人們的思想影響很大，同時促進佛像、寺院建築等造型美術的興盛，對後世日本文化有不可磨滅的貢獻。

佛教傳入日本時，具有與佛教對立的思想體系的神道尚未成立，但神祇祭祀已有各種儀式，而這些思想和儀式正是逐漸發展的民族宗教。

### 4. 神道的起源

在固有信仰之中，無論是人事或自然，凡是具有超人的靈性者，均被看成神。在古代，既無法以科學技術克服自然，唯有依賴巫術來消除自然的災害，並祈求豐收。展現巫術的儀式即是祭典。田神之祭成為宮廷儀式之一，其中以播種時（春天）的「祈天祭」與收穫時（冬天）的「新嘗祭」(Niinamesai) 為最重要，這與民間送迎田神的時期一致。

從農村部落的儀式，到整個國家的政治，這種固有信仰成為一貫的思想根據。天皇是最高的祭司，依從神意，統治國家。

日本神話的特徵是政治性的架構，即與國家密切結合。日本的建國神話是以皇室為主幹，天照大神的神話❶起初與農耕有關，不久與豪族、

皇室相結合，並受中國大陸思想的影響，昇為人格神。這些神話對後來的日本歷史有很大的影響。

此外還有一種興建房屋作為神常住的地方——神社的風氣。皇室的氏神在伊勢神宮祭祀，其他各氏族與部落的神祇，則在各個神社祭祀。

# 第四節　大化革新

## 一、革新的時代背景

大和政權的政治與經濟雖在倭五王統治之後，有顯著的進步，但六世紀以後卻產生種種的矛盾。不僅大氏姓貴族之間的鬥爭日趨激烈，地方豪族更是據地自強，與中央朝廷對抗。

大和國的中央政治實權操在蘇我氏等擁有臣姓貴族以及連姓貴族的手中。兩派為了王位的繼承問題而屢次發生激烈的衝突，其後又為了信奉佛教的問題而相持不下。

中央貴族之間的鬥爭與地方豪族勢力的對抗，嚴重的威脅大和政權的根基。因此鞏固王權，推行政治一元化的君主集權制，遂成為其首要課題。

聖德太子死後，蘇我氏擅權，蘇我蝦夷干涉推古天皇的皇位繼承問題，排斥太子之子山背大兄王，擁立田村皇子（舒明天皇）。舒明天皇之子中大兄皇子與中臣鎌足等協力推翻蘇我氏，企圖建立單一的皇族統治。因此，皇位繼承問題與集權國家確立的企圖遂相結合。

這時中國大陸的情勢發生很大的變化。618 年，隋滅唐興。唐朝建立了高度齊備的律令法的中央集權國家體制，七世紀前半進入「貞觀之治」的鼎盛時代。隨即北征東討，積極向外擴張。隨著唐朝的發展，朝鮮半島諸國發生政變，高句麗受唐朝的攻擊，呈現緊張局勢。新羅仿效唐朝

---

❶ 天照大神 (Amaterasuōmikami) 為皇室的祖神。被奉仰為太陽神，奉祀於伊勢的皇大神宮。

充實國家體制，企圖統一朝鮮半島，與唐朝接近。唐朝向外擴張的壓力，隨時有及於日本之勢。

為了因應此一危機，日本似非改革政治充實國力不可。唐朝的壓力實為促進大化革新的重要因素，而留唐學生回國提倡亦有影響。

## 二、大化革新

自唐歸國的留學生眼見隋唐遞嬗，唐朝文物制度的盛況 ❶，以為唐制的理念與典章制度足為日本政治改革的典範，於是掀起了仿效唐朝建立官僚制中央集權國家體制的熱潮。中大兄皇子與中臣鎌足乃於 645 年發動政變，擊滅蘇我蝦夷父子，掌握政權，進行國政改革。

645 年，皇極天皇退位，讓位於孝德天皇，成立新政府，從事改革，立中大兄皇子為太子，起用豪族俊傑為左右大臣。中臣（後改姓為藤原）鎌足為內臣，高向玄理等為政治顧問（國博士），以輔佐皇太子。隨即設都城於難波，並仿中國之例，創年號為大化。此後的一連串政治改革稱為大化革新。

革新政府模仿唐制，始建年號，稱大化元年。遷都到難波 (Naniwa)。翌年 (646)，頒布「改新之詔」 ❽，推行律令制為軸心的國家建設。

革新政治前後持續五年，至 650 年前後，獲得相當的成果。但要確立律令制度，尚需半個世紀的時間。

# 第五節　律令國家的形成

## 一、律令政治的形成

❶　隨小野妹子赴中國大陸的留學生、留學僧之中，僧旻於 632 年，高向玄理、南淵請安於 640 年歸國。

❽　革新詔書共有四條：一、改皇族與豪族私自支配土地與人民的體制為公地公民制，二、訂定地方的行政區劃，整頓軍事交通制度，創立中央集權的政治體制，三、製作戶籍、帳簿，施行班田收授法，四、實施新的「調」等統一稅制。

　　孝德天皇末年，中大兄皇子捨難波而遷都到飛鳥。此時東亞的情勢益趨緊張，660 年，唐朝與新羅聯合進攻百濟。百濟一邊抵抗唐軍，一邊向日本求援。日本感受唐朝與新羅聯軍的威脅，決定派兵朝鮮半島，救援百濟。於是形成高句麗、百濟與日本的聯合，對抗唐朝與新羅盟軍的局面，終於爆發了白村江（白江口）之戰（663 年）。結果日軍大敗，從此日本乃從朝鮮半島撤出。新羅此後與唐朝聯手滅高句麗，於 676 年將唐朝勢力逐出朝鮮半島，完成朝鮮的統一。

　　白江口戰役之慘敗，改變了日本的對外方針，一改其海外擴張為內治優先。

　　中大兄皇子一方面於大宰府北部築造水城，並在對馬、長門等地建造城砦，以防唐朝、新羅來襲，一方面致力內政改革。復於 667 年，從飛鳥遷都到近江的大津，翌年正式即位為天智天皇。

　　671 年，大化革新以來三十年間，與中臣鎌足共同改革政治的天智天皇去世。翌年 (672)，皇弟大海人皇子，與擁護天皇之子大友皇子的勢力對立，大海人皇子於吉野舉兵，並以美濃為根據地，集合東國之兵，得到大和地方豪族的協力，推翻大友皇子的朝廷（壬申之亂）。亂後，於飛鳥淨御原宮即位（天武天皇）。

　　壬申之亂後，掌握強大權力的天武天皇，重用皇族，實行天皇中心的政治，強力推動國家建設。天皇制定官位與晉昇制度，任命舊有豪族為政府官吏而加以組織，訂「八色之姓」制度❶，編制以天皇為中心的新身分秩序。同時著手編纂律令與國史。

　　繼天武天皇之後即位的皇后（持統天皇），整編中央與地方的統治機構，施行「飛鳥淨御原令」，整備律令體制。又在飛鳥北方，仿照唐朝都城之制，營造廣大的藤原京。天武、持統兩天皇的時代，完成了大化革新以來律令國家的建設事業。

---

❶　684 年，新制定真人、朝臣、宿禰、忌寸、道師、臣、連、稻置等八色（八個階層），考量家世與各氏的政治地位而賜與領地。

## 二、律令國家的結構

### 1.行政組織

　　701 年，刑部親王與藤原不比等等人，完成《大寶律令》，並付諸實施。日本的律令乃是以唐朝的律令為範本所制訂，「律」幾與唐律雷同，「令」則考慮到當時日本社會的實際狀況，制定了合乎日本需要的律令❷。

　　718 年，修改《大寶律令》，稱為《養老律令》。大化革新所推行的中央集權體制，至此始成為一個完整的律令國家。在此一體制之下，天皇被奉為建國之神的子孫，具有「明御神」❷的權威，同時是擁有全國土地與人民的最高專制統治者。

　　律令所定的統治組織，在中央有專司祭神的神祇官與司掌一般政務的太政官。太政官之下置八省，分擔政務。國家政務由太政大臣、左大臣、右大臣、大納言等所組成的太政官決定。

　　全國分成畿內及東海等七道行政區，其下設國、郡、里，分別由國司、郡司、里長治理。國司由中央任命派遣到地方，實施任期交替制，郡司由原來國造 (Kuninomiyakko) 等在地豪族任命，由國司監督。特殊的地域有京職（京城）、攝津職（管轄難波之地）以及專管外交、國防要地的大宰府（九州）。

　　這些官衙的行政官員，則設長官 (Kami)、次官 (Suke)、判官 (Jyō)、主典 (Sakan) 等四個等級。官吏因功晉昇位階，依位階而任命官職（「官位相當之制」，按照位階、官職而賜與封戶、田地、祿等之外，還可免除調、庸、雜徭等負擔）。上級官吏享有經濟、身分的特權。行政與司法不分，行政機關即為法院。刑罰有笞、杖、徒、流、死等五種，依罪的輕重而定刑。為了保持國家社會的秩序，對國家、天皇、尊親所犯的罪刑

❷　律相當於刑法，令是行政法與民法，即國家組織與官吏服務規章，規定國家行政所遵循的條項。

❷　明御神 (Akitukami, Arahitogami)，指天皇為具有人姿態的神，現人神之意。

特重，貴族犯罪所負刑責較之公民為輕。

## 2.土地制度──班田收授法

土地採取國有制度，仿唐朝的均田制，實施「班田收授法」。登錄人民戶籍、「計帳」（總帳簿），以五十戶為一里，將律令政治貫徹到每一個民眾的結構。根據戶籍每六年重新編制，據此賦與六歲以上男女田地，稱之為口分田。男子分配六百坪❷，婦女為男子的三分之二。口分田可使用一生，死後歸還國家。口分田只有使用權，嚴禁買賣，以防止豪族兼併土地。

田地除了口分田之外，尚有位田、職田、功田、賜田、寺田、神田等。包含口分田等所有田地，均經區劃（「條里制」）。

大化革新以後，部民雖獲解放，成為公民，根據班田收授法，有最低限度的生活保障，但對國家卻負有租庸調及雜徭甚至是兵役等苛重的負擔。租是從口分田等收穫徵收百分之三的稻米，儲藏於地方各「國」，充當經費，庸是以棉、米等實物抵充每年十天的勞役，調則是徵收成年男子的人頭稅。雜徭依國司的命令，限定日數服國內水利土木工程、國衙雜用的勞役。此外，設有因應歉收而繳納粟的義倉，以及春天由國家貸與稻米，秋天連同利息徵收「出舉」(Suiko)❷的制度。

農民耕作國家所分發的口分田。家屋及周圍的土地雖允許私有，但禁止口分田以外田地的私有，灌溉設施亦屬國家公共工程。

貴族雖與一般公民同受口分田，但不需負擔租庸調與雜徭的義務。占自由民多數的公民，不能享受政治特權，為當時勞動的主力。所受口分田則須繳納租庸調，且須服徭役與兵役。

兵役是依成年男子每三至四人徵一人的比例徵調，在一定期間內，於各地接受軍事訓練，其中一部分晉京任宮城或京內警備的衛士，或遠

---

❷　「反」為土地面積單位。一反約為三百坪，合九百九十七‧一平方公尺。

❷　「出舉」本來是為了維持農民的生活而在村莊實行的自發性貸款制度，但在律令制度之下，變成國家的一種租稅，成為重要財源。

赴大宰府充當警衛九州北部沿岸的「防人」❷。士兵的武裝與糧食需自己負擔，雖然免除庸、雜徭等，租稅負擔仍重。

## 3.社會制度

當時的身分制度，一般人分成良民與賤民兩大類，一般農民屬於良民。賤民有屬於官有與私有兩種，私有的賤民對國家不負勞役負擔，卻可由國家頒給三分之一的口分田，因此擁有較多賤民者，當在經濟上處於有利地位。奴婢人數較少，但中央大寺院與地方有力豪族之中，擁有為數眾多的奴婢。

---

❷　防人 (Sakimori)，主要由東國農民擔當。

# 第三章　奈良時代

## 第一節　律令政治的展開

### 一、平城建都

　　日本古代的帝都，大都每代必遷，甚至有一代即有二、三遷者，其原因是宮殿簡陋，不堪長久使用，或為了夫婦分居，皇子在生母家養育，及長而繼承皇位，即以其居所為新都，或為了避免「觸穢」❶。

　　元明天皇時，捨棄藤原京而改在奈良營造大規模的都城，710 年遷都，這就是平城京（奈良）。此後直到遷都平安京（京都）的八十年，稱為奈良時代。

　　平城京仿效唐朝都城長安，採「條坊之制」，規劃成東西南北的道路，形成井然有序的都市。中央北部的宮城（大內裏）有天皇日常生活起居的「內裏」，執行政務的殿堂與官舍，成為國家政治中心。都城則有一條南北向的朱雀大路，隔開中央，劃成左京與右京，東部有外京。京內除了貴族與官吏的邸宅之外，原在飛鳥地方的大安寺、元興寺等，全遷移到此，大陸式巍峨的宮殿與寺院等，增添了都城不少絢爛的色彩。

　　營造如此大規模都城的主要目的乃在整備中央集權的國家體制，在政府與天皇、貴族下集中國家財富。為了進一步促進中央與地方的緊密連結，以都城為中心整備道路，每十六公里即設置「驛家」(Umaya)，以供交通運輸之用。為了從地方運搬產品，交換支給官吏的布與絲，在東

---

❶　除了宮殿是簡陋的茅屋，須時常改建外，主要是避免「觸穢說」。日本古代有避人死之穢的風俗，天皇死，則皇后觸穢，必避舊殿之穢而遷都。

西設置官營的市，由市司監督。

## 二、律令制度的整備

　　《大寶律令》施行前後，持統天皇（女帝）與重臣相繼死亡，年輕的文武天皇在其母（後來的元明天皇）、姊（後來的元正天皇）輔佐下親政。官制以「知太政官事」取代太政官，由刑部、穗積、舍人及天武天皇諸皇子膺任。以皇室為中心施政的皇親政治，始自壬申之亂後的天武朝，一直延續到藤原氏抬頭。

　　此一時代是律令最繁盛的時期，東大寺的大佛建造顯示律令國家的統治力與財力。但律令體制下，由於賦稅負擔加重，導致公民生活凋弊，稅制與田制屢經改革，卻仍然無法解決，因此社會呈現混亂現象。直到遷都長岡京，一直擾攘不安。

　　律令在施行後不久，有重要的修正。706 年，縮短官僚的考課期限，改善待遇。民政方面，租仍依舊制，每一段課一束五把，調為戶別，庸減半。這是基於過去五年間實施的經驗所作的修正，可見其加強統治體制的努力。

## 第二節　律令國家的衰微

## 一、政界的動搖

　　施行律令政治期間，皇室與貴族，以及貴族內部之間的勢力大致保持平衡，但在貴族藤原氏嶄露頭角之後，由於其加深與皇室的姻親關係，律令體制漸趨崩潰。

　　藤原鎌足❷之後，藤原氏一族頗受歷代天皇倚重。其子不比等，贊襄樞要，且參與《大寶》、《養老》律令的編纂有功，逐漸得勢。不比等的四個兒子（藤原四家），為朝廷重臣，但四人均罹患傳染病（天花），

❷　中臣鎌足於大化革新中立有大功，被天智天皇授以最高冠位，並賜藤原姓。

相繼病死。

其後改由光明皇后的異父兄橘諸兄為政府領袖，實權卻為剛從唐朝歸國的僧玄昉與吉備真備所掌握。

740 年，藤原廣嗣在北九州掀起大規模的叛亂，經過二個月即被救平。但受到驚嚇的聖武天皇卻捨平城京，於五年間，在恭仁、難波等地，輾轉遷都。

深信佛教的聖武天皇，擬以佛教鎮護國家的思想，企求政治社會的安定。於 741 年頒發國分寺建立之詔，命各國建立國分寺、國分尼寺，誦讀《金光明經》等護國經典。743 年，頒發盧舍那大佛建造之詔，擬在近江紫香樂之地建造大佛。此一事業後來轉到奈良，於 752 年，舉行東大寺大佛的盛大開眼供養儀式。

聖武天皇退位後，朝廷裏藤原仲麻呂（惠美押勝）得光明皇太后之寵愛而擅權。但僧道鏡被孝謙上皇所重用，與仲麻呂形同對立，仲麻呂舉兵，失敗（惠美押勝之亂）。其後，孝謙上皇再度登基（稱德天皇），道鏡以法王之尊擅權，卻受到藤原氏等貴族的反擊，及至稱德天皇崩，遂被逐出政界。藤原氏擁立天智天皇之孫光仁天皇，並盡力重建律令政治。

## 二、社會的變化

政府仿效唐朝，於 708 年，鑄造「和同開珎」等錢幣，頒發蓄錢敘位令，以獎勵其流通，地方則盛行稻米、布料等物品的交易。

政府除了使用鐵製農具與進步的灌溉技術，以擴大耕地之外，開發長門的銅、陸奧的金以及各地的礦山。派遣養蠶與紡織品的工匠到地方，傳授技術，因此宮廷的特定技師所製作的高級紡織品等，在國衙的「工房」亦可生產，作為各地的特產品，奉獻給朝廷。

奈良時代國家雖極繁榮，但其背後卻衍生各種社會的矛盾。苦於調庸與勞役負擔的農民之中，捨棄口分田與家而逃亡，或遷移到其他地方

者增多。有力農民或為僧侶，或為貴族隨從，以逃避賦稅的負擔。結果，奈良時代後期，調庸的滯納與品質顯著降低，對國家財政造成很大的損失。

另一方面，每六年更新一次的班田收授之際，應授公田不足成為一大問題。722 年，政府訂立良田百萬町開墾計劃，但無進展。為了擴增耕田面積，朝廷於翌年 (723) 頒布了鼓勵開墾荒地的「三世一身法」❸。規定凡新開墾的荒地，可以傳三代，開墾者一生可免除賦稅。其實，此法的目的與其說是允許三代（子、孫、曾孫）或一生享有土地私有權，毋寧說是在屆限後收歸公有。但最嚴重的卻是傳承三代以後，土地交還公家之後復歸荒蕪的問題，乃又於 743 年公布「墾田永世私財法」，保障自行開墾的田地享有永久的私有權。其目的乃在認定在一定限度內開墾土地永久私有。這是打破律令制度土地公有原則的重大改革，實際成為促進具有開墾土地能力的中央貴族與大寺院，地方豪族擴大私有地的措施。他們占有未開發山林與原野，提供附近農民大量的鐵製農具，開發大規模的墾田。

至此，班田制日趨崩潰，造成封建政權財政困難，朝廷雖採取了增設勅旨田、公營田、官田等措施，以確保財源，但隨著土地經營方式的變化，出現了新的土地制度「莊園」。

至於一般農民，偽造戶籍帳簿，逃亡異鄉，或改當不必課稅役的僧侶與官僚，以各種方法逃稅者增多。對此，一部分土豪與中央的貴族、社寺，遂利用特權，開墾田地，自擁多數的勞力。至此，大化革新以來土地公有制度的原則，毀於政府之手，貴族、社寺所設置的莊園則快速的擴張。

---

❸　對於新創造灌漑設施者，給與三代之間，利用舊有設施者，承認一生墾田的私有權利。

# 第三節　天平文化

## 一、天平文化的特色

隨著中央集權國家體制的整備，國家財富集中於中央，皇族與貴族以這些財富為基礎，過著奢華的生活。結果，奈良時代，以平城京為中心，高度的貴族文化開花結果。此一時代的文化，以聖武天皇年號為名，稱之為天平文化。

當時的貴族由於遣唐使而受盛唐最盛期文化的強烈影響，具有豐富的國際色彩（唐風文化），同時也是以佛教為中心的文化（佛教文化）。天平文化的特徵乃是唐朝文化的吸收與模仿，正倉院遺留的文物，實為八世紀世界文化的縮影❹。

唐朝文化的全面吸收與模仿，卻仍無法改變天皇以及官僚貴族的人生觀及生活樣式。篤信佛教的天皇與貴族，心中仍有根深蒂固對日本固有神道的信仰。「養老律令」之中，夫對妻享有片面離婚權的規定，與日本人實際生活中「妻問婚」(Tsumadoikon)❺的習俗正相契合。

平城京為中心舉行正式儀禮的大極殿雖是唐式建築，天皇居住的「內裏」（宮殿），卻是檜木葺成的日本式建築「白木造」❻，足見建築樣式的雙重性。這種唐朝文化與傳統文化的頡頏與共存，正是天平文化的基本特性。

在律令制度中，首都設有太學，諸國設有國學，教授以儒教為中心的學問，其目的乃在培養官吏。任官吏者在太學考試之後，必須經過國

---

❹　正倉院所藏弦樂器，與西亞的弦琴相似。平城京的宮廷裏，不僅有唐人、新羅人、印度人，且有波斯人出現，足見其國際色彩之濃厚。

❺　「妻問婚」乃是古代日本社會結婚的一種形態，即男性走訪女家，但不在一起生活。所生子女則留在母家養育，父子甚少一同生活。

❻　「白木造」(Sirakizukuri) 乃是一種運用不塗塗料的原木建造的建築模式。

家考試。這種考試分秀才、明經、進士等科，為熟習這些學問，須先熟習漢文學。於是漢文學乃成為一切學問的基礎。

## 二、遣唐使

當時中國唐朝帝國，擁有廣大的版圖，與西亞交流，發展富有國際色彩的文化。東亞諸國紛紛向唐朝朝貢，締結政治的緊密關係，結果，東亞的廣泛地域，形成了以唐朝為中心的共通文化圈。

奈良王朝對新羅、渤海採取大國主義，以宗主國自居，對於唐朝則始終貫徹平等、自主、友好的態度。與唐朝維持良好關係是奈良王朝外交政策的核心。蓋唐朝的高度文化為東西各國仰慕與模仿的對象，因而有遣唐使的派遣，以促進外交關係並吸收新的文物。

日本的遣唐使，始自 630 年犬上御田鍬。奈良時代，朝廷亦每隔十五至二十年，派遣一次大規模的遣唐使❼。此後一直延續到 894 年，前後共任命過十九次遣唐使，但實際上正式國使者，只有十三次。

遣唐使的組織包括大使、副使、以及留學生、學問僧、各種工匠。他們都是各方面精選的傑出人才，返國後都能有卓越的表現❽。

到八世紀中葉，唐朝發生動亂，中央集權統治日衰，至九世紀，內亂益盛，國力更衰，日漸失去其對近鄰國家的吸引力。奉命為遣唐使的菅原道真以「大唐凋弊」為由，奏請天皇停止遣唐使的派遣。適逢平安王朝中央集權統治動搖，財政拮据，遂廢除遣唐使。自此日唐的國交遂中斷。

---

❼　當時到中國的航線有二，起初採取經由朝鮮的北路，旋因對新羅關係惡化，改採南下西南諸島橫斷東海的南路。但因航海與造船技術不成熟，航海須冒極大的風險，完成一次往返需時二至三年。全數（二至四艘）平安返航者只有一次。

❽　加入使節團的山上憶良，留學生玄昉、吉備真備等，在傳播唐朝文物到日本方面扮演了相當重要的角色。

## 三、國家佛教的發展

奈良時代，鎮護國家的思想廣泛流傳，佛教受到國家的保護而發展，都城不斷地建造大寺（官立大寺院）。當時的僧侶，均為了鎮護國家，參與法會、祈禱。為了奈良的諸大寺，形成了所謂「南都六宗」❾諸學派。這些均有賴隨遣唐使渡唐的多數留學僧與遠從唐朝來日傳授戒律的鑑真等中國高僧的傳授。

學僧與一部份貴族，深研佛教教理內容。政府保護管制佛教，未得官方允准者，不能當僧侶。同時限制僧侶對於民間的傳教活動，對於寺院與僧侶加以嚴格的統制。

## 四、學術與文學

儒教與儒家思想透過歸化人與留學生普及於一般貴族。中央的太學與地方的國學為官吏的培養機關，均以儒教的經學為中心，將法律、漢文學、數學等傳授給貴族與豪族的子弟。

奈良時期是日本文學的黎明期。漢文著作有《日本書紀》❿、《風土記》與詩集《懷風藻》以及以天武朝王政的國家意識為背景編纂的口傳文學《古事記》。

文藝以和歌為主，《萬葉集》⓫即集其大成。其作品較之白鳳時代更具個性，而作風則顯現沉鬱、纖細的色彩。

## 五、美術與工藝

---

❾　六宗指的是三論、成實、法相、俱舍、華嚴與律宗，在寺院中專研佛教。

❿　《日本書紀》是正式使用漢字，與《古事記》之以漢字表記日文的記述方式不同，至於編纂的目的與編著的構成，兩書亦完全不同。

⓫　《萬葉集》收錄歌謠四千五百首，作者上自天皇，下至庶民，各階層均包含在內，正反映當時各階層的生活、思想和情感。

　　奈良時代，朝廷保護佛教，以平城京為中心，建造了許多寺院與多數的佛像。當時的建築遺構有東大寺、唐招提寺等，其中法隆寺傳法堂、正倉院寶庫⓬等，留傳到今日。佛像雕刻除了金銅像之外，塑像、乾漆像等技法發達，顯現寫實的匠心。

　　繪畫有藥師寺的吉祥天女像、法隆寺的壁畫等傑作，山水與樹下美人之類題材的世俗畫，為當代工藝的集粹。

---

⓬　正倉院寶庫以收藏聖武天皇的遺品為主，收藏均屬高級作品，大部分是透過唐
　　朝傳來的東羅馬、薩拉森 (Saarasen)、印度的技法與藝匠，最能顯示天平美術工
　　藝的國際性。

# 第四章　貴族政治與古典文化

## 第一節　平安初期的政治與文化

### 一、平安遷都

光仁天皇得藤原氏的輔佐，緊縮因造寺、造佛而浮濫的財政，整理冗官，嚴格監督僧侶與國司，以振興律令政治。

接著即位的桓武天皇，承繼光仁天皇的政治方針，為了重建律令政治，提振政界的風氣，擺脫佛教政治的弊害，決定從寺院舊勢力強大的奈良遷到水陸交通方便的山城長岡，俾便整頓政治（784 年）。但長岡京的營造因主持者藤原種繼被暗殺而無進展，乃採納和氣清麻呂的建議，於 794 年，遷往京都，稱為平安京❶。此後一直到源賴朝在鎌倉成立幕府（1192 年）之前約四百年，平安京成為日本的政治文化中心，此一時期稱為平安時代。

### 二、法制的整備

桓武天皇新設勘解由使 (Kageyusi)❷，嚴格監督國司，屬行班田之制。有鑑於各國徵調的士兵素質低落，乃毅然廢止軍團，徵調嫺熟弓馬之術

---

❶ 平安京的形式大抵與平城京相同，但規模稍大。東西四千五百七十公尺，南北五千三百一十二公尺，中央有三十五公尺寬的朱雀大路貫穿其間，將京城分為左右兩京。但京城的建設並未完成，蓋建都與討伐蝦夷同時進行的結果，國帑耗費殆盡，農民疲弊不堪，至 805 年，不得不中止都城建設工程。

❷ 專司審查國司交接文書的官職。

的郡司子弟，充任「健兒」(Kondei)，以維持地方的治安。但因耗費過多國力於平安京的營造與蝦夷的征討，而不能取得充分的成果。

復興律令政治的努力，因公地公民制的解體，有一定的極限，但亦有其成果。朝廷的統制力稍得恢復，政治暫獲安定。

桓武天皇之後，平城天皇為了因應緊縮財政，將八省所管的職、寮、司等官職減半，任參議為觀察使，監督地方政治，同時廢止統合令制中的廳舍，簡化政治機構，並整備法制。制定律令以後，為了補充修正律令條文，訂定「格」以及各種官衙與行政業務施行細則的「式」，將這些「格式」分類、整理，以謀政務之便，由是編纂「弘仁格式」❸。《養老律令》等所定中央官制，係模仿唐制而成，但其中仍多不合實情的冗官。

平安時代初期，為了因應實際需要，設置新的官職「藏人」(kurōdono-to)、檢非違使 (kebiishi)❹ 等「令外官」❺。令外官之設置使太政官制徒具虛名。

## 三、學術與佛教

### 1.學　術

平安遷都後，至九世紀末年，在文化史上稱為弘仁、貞觀時期，此一時期在新都展開了充滿開拓新時代具有朝氣而多彩的文化。其主要特色乃是新佛教尤其是密教之盛。

平安初期的文化，受到唐朝文化的影響，尤其以漢文學最為發展。首都太學與地方國學仍然存在，但高階層貴族不經太學便能立身，進太

---

❸　與後來的「貞觀、延喜格式」合稱三代格式，其中尤以「延喜格式」為最完備。

❹　檢非違使是警察司法總監。

❺　「令」所規定以外的官職稱為「令外官」，其中最有名的是嵯峨天皇所設「藏人頭」。藏人頭為天皇的秘書官，充任與太政官之間的連絡、宮中的庶務；檢非違使則是專司京內的警察業務，因其整理複雜的太政官的機構，在推動官職運作意義上，兩者都是重要的角色。

學者盡是低階貴族與學者的子弟，一般民眾全被排除在外。

平安時代初期，有力貴族為了本族子弟的教育，創設私立學院。在提倡學問的風氣之下，有力氏族設置「大學別曹」，收容同族子弟，以圖學習之便。僧人空海開設「綜藝種智院」，排除貴族中心的學問，著重庶民的教育。

此一時代，漢文學教養為貴族社會所需，編纂了《勅撰漢詩文集》。唐式書法亦盛❻。

## 2.佛　教

桓武天皇與嵯峨天皇，嚴格監督寺院與僧侶，以振興佛教。受此刺激，最澄與空海等新人輩出。二人同是赴唐學習，歸國後受到朝廷保護的高僧，開創天台宗、真言宗，俱成為平安時代佛教的主流。基於密教的真言宗符合現世利益，而在皇室與貴族之間盛行，天台宗著重《法華經》的信仰，同時攝取密教❼，普受貴族的信仰，對其後思想界有很大的影響。

佛教逐漸在人們之間傳播，於是出現與自古即有的諸神信仰融合的趨向。早在八世紀，已有在神社內建造神宮寺，在神前讀經的「神佛習合」❽之風。

# 四、藝　術

當時的寺院，大都建在深山邃谷之中，伽藍亦配合地形而作自由配置的建築。堂塔的配置變成不規則的樣式。

---

❻　嵯峨天皇、空海與橘逸勢 (Tachibananohayanari) 稱為三筆。

❼　與依據教典學習釋迦之教，修業而達悟道的顯學不同。透過秘密的咒法，以接近佛的世界，以達悟道的就是密教。重視加持祈禱，並符合貴族的現世欲望之追求。密教為天台宗所採納，相對於真言宗而稱為台密。

❽　佛教與日本本土神的信仰融合，以為神一方擁護佛法，助其流通，一方接受佛法供養，以增其威力。甚至認為神乃凡夫，可藉佛法而得解脫。

雕刻有獨木雕像❾，頗具豐滿神秘的色彩。繪畫除了佛教之外，以特異構圖說明的曼陀羅❿極為發達。

# 第二節　攝關政治

## 一、藤原氏的崛起

自遷都平安京以後，朝廷的軍事力量已逐漸喪失，至九世紀中葉，更失去統制地方豪族之力，以致盜賊橫行，叛變頻傳，甚至中央朝廷內部亦不時發生貴族間的明爭暗鬥。在鬥爭過程中，藤原氏為首的外戚集團，嶄露頭角，加深與皇室的姻戚關係，逐漸控制朝廷，掌握政權。至平安時代，擁立光仁天皇而得勢，歷任要職。其中以藤原房前子孫的北家勢力最盛。蓋九世紀時藤原冬嗣出，得嵯峨天皇的信任而愈強，並與皇室聯姻。其子良房，因清和天皇幼少即位，得以外戚和攝政的雙重身分獨攬大權（858年）。其養子基經復得「關白」(Kanpaku) 要職❶。關白因事先過目奏章與天皇的命令，遂成為國家機關最高職位，令制規定的太政大臣遂形同虛設。

基經死後，宇多天皇為了壓制藤原氏，不置攝政、關白，起用漢學者菅原道真等人，以圖恢復天皇親政。此後四十年，攝政關白政治中斷。但藤原氏卻在繼任的醍醐天皇時代，運用策略，排除菅原道真。因此，在十世紀前半，除了醍醐、村上天皇親政之外，幾常設置攝政與關白，且大多由藤原家族獨占。

藤原家勢力抬頭，不僅控制朝政，甚至操縱地方國司，形成上下結合的政治勢力。中央集權的政治體制，已因皇權旁落而名存實亡。

---

❾　「一木造」(Ichibokuzukuri)，即由獨木所雕刻的佛像創造樣式。

❿　曼陀羅是諸佛菩薩圖。

❶　宇多天皇懾於藤原基經的威勢，頒詔明令無論萬機鉅細，文武百官，均須「關白於太政大臣」。

## 二、攝關政治

攝政、關白接掌政權的十世紀後半到十一世紀的政治，稱之為攝關政治，出任攝政、關白的家族，稱為攝關家。

攝關勢力最盛的是十一世紀藤原道長及其子賴道的時代。攝關家的內部為了攝關地位而屢生紛爭。藤原道長在政治上利用與皇室的聯姻❶，加強其對政治的控制，先後送四個女兒為天皇的后妃，在朝廷擅權三十年。後一條、後朱雀與後冷泉等三代天皇為道長外孫，因此繼道長之後接任攝政的賴通，於此三代天皇時代約五十年間，任攝政、關白，大權在握，鞏固攝關家的勢力。

攝關政治大體上是在天皇幼少時設攝政，成人之後置關白，作為天皇監護而代行政務為常例❸。當時的貴族社會，母方的血緣極受重視，因此監護天皇的資格與使命，當以天皇外戚最受青睞。攝關政治乃是攝關家利用天皇外戚的姻親關係，將天皇在律令政治上的高度權威，實質上轉移到自己身上。攝政與關白既為天皇的代理，當擁有任免官吏之權，得以順勢擴大其權威。

至此，律令政治的體制已完全鬆弛，政治的內容只不過是重視儀式與先例，而沒有任何實質上的作為。官吏的規律開始紊亂，他們個人雖會取悅攝關家，但在國家行政上卻欠缺奉獻勉勵的責任感。

攝關政治的特色是政治規模的縮小與公私混淆。政治規模的縮小造成私有土地所有權發達的結果，民政的對象日益窄化，國家財政緊縮，其端緒已在平安時代初期設置令外官時出現。在攝關政治體制下，政務日益簡便，律令政治的方式完全起了變化。由於政府高官私自擴大私有

---

❶ 道長先後將四個女兒送往皇宮當皇后或皇太子妃。此一時期，連續有八個天皇都是藤原氏的外孫或外甥。

❸ 關白雖不敢忽視天皇的意向，天皇方面亦尊重關白，以便拉攏為自己的親信，盡量不違逆其意見。

土地，其家政與朝政發生密切的關係，產生公私混淆的結果。

藤原氏以外戚身分控制皇室，獨攬大權。攝關家壟斷了朝廷大部分的要職，甚至連朝廷的最高政務機關「公卿」會議，亦仰賴藤原氏的最後裁決。律令制度下的太政官制，至此已名存實亡。

## 三、地方政治的混亂

十世紀初期，被譽為天皇親政的理想時代，卻也是律令體制開始變質崩潰的時代。自奈良時代後半起，農村已產生擁有大量稻米與金錢的富農，以高利貸貸放給升斗小民，並進行墾田的開發，以增加私有土地。富農甚至從國司的支配下脫離，與中央的大貴族或寺院勾結，奉獻其所有地作為私有的莊園，而擴大其勢力。

律令制的統治基礎由是大為動搖，朝廷乃於 902 年頒布一連串的法令，禁止違法的莊園，勵行班田制，以重建律令制，但卻完全失敗❹。

律令體制的渙散，尤以地方為最。視官職為權益的風潮極盛，頗多捐獻私財，贊助朝廷的財政或營造寺社，藉此取得官職❺，或獲任國司而不赴任，卻能坐領乾餉（「遙任」）❻。受任國司赴任而執國政的「受領」，卻使盡手段私肥斂財。朝廷對此只求其能年年繳付一定額度的租稅給中央，其餘則一概置之不問。在此狀態下，各級政府日趨腐化，到處發生火災、竊盜與鬥爭，中央與地方政府均無力壓制。

# 第三節　莊園與武士的發展

## 一、莊園的成立

❹　當時的戶籍與實際的情況不符，因此甚難實施班田制。902 年以後，已不再見到班田制的記載。

❺　「成功」(Jōgō) 乃是賣官鬻爵的一種陋習。

❻　「國」之守多不在現地，因此稱現地的國廳為「留守所」。從地方豪族甄選的當地官吏執掌實務，這叫「在廳官吏」，其地位卻是世襲的。

　　莊園本來是指貴族或寺院在私有土地上所建住宅、倉庫或附屬的土地。莊園制即是指莊園地主受到律令國家的委任，徵收莊園田租之權，進而從事經濟活動的土地所有制。

　　自八世紀以來，有力貴族與寺社占有山林、原野，進行開墾，並收購農民所開墾的土地，進行大規模的土地經營，於是在現地設置「莊」（倉儲建築物）。不久加上其全部土地與貴族、寺社自行開墾的土地為中心的墾田，役使附近浮浪人❶直接經營，稱之為自墾地型莊園❷。

　　由於班田制的實施方法複雜，可供分配的口分田不敷人口增加的需求，且在土地私有化趨勢中，官吏與豪族占據土地之勢益盛，律令政府不得不以法律形式認定其私有田的合法性，因此，班田制乃日趨崩潰。封建政權的財政惡化，朝廷遂採取增加公營田、擴大官田等措施，以確保財源，維護中央集權統治。但隨著土地經營方式的改變，出現了新的土地制度「莊園」。這是特權階級占據國有土地，導致土地私有合法化的結果。

　　化國有土地為私人占有而出現的土地制度「莊園」不斷發展，促成班田制度下的國家土地國有制，過渡到私有制。

　　另一方面，郡司等地方豪族，亦利用家族與附近農民的勢力進行開墾。自墾地型莊園的內部，亦出現富農對土地擁有強大的權力，而成長為小規模的土地支配者。他們為了保護其土地不受國司與其他豪族的干涉，乃將之捐獻給中央有力的貴族或寺社，仰賴貴族與寺社作為本家、領家❸，自任莊官，充當莊園的管理，只要每年繳納一定的年貢，即能確保領主的實質支配權。此一風潮在自墾地型莊園衰微的十世紀以後，

---

❶　依據「令」，離開鄉里而流浪他國者稱為浮浪人。

❷　自行墾田作為莊園者稱為自墾地型莊園，收買墾田作為莊園者為既墾田地型莊園，兩者總稱為初期莊園或墾地型莊園。

❸　受莊園捐獻的貴族、寺社稱為「領家」，莊園再往上級有力者捐獻，則稱上級的領主為「本家」，多數是攝關家或皇族。

快速的廣傳到全國。

捐獻地型莊園的地主，須具有擺脫國司、郡司剝削的政治勢力，因此擁有最高政治地位的皇室與攝關家，乃成為各方捐獻的對象，土地於是更集中於少數權門貴族之手。

捐獻地型莊園，名雖為莊園，其實並非限定於一個地方的田地，而是分散於數個地方，亦有包圍口分田或其他莊園的情形。耕作者未必僅限於專屬的農民，很多是自己擁有相當多的土地，進而雇用農業技術的富農，以「佃耕契約」，負責耕作，這類農民稱為「田堵」(tato)。

「佃耕契約」從一年契約逐漸長期化，田堵的耕作權亦隨之轉強，其所佃耕的田地一如私田化的口分田，稱為「名」或「名田」(Myōden)，院政時期的「田堵」如同名田之主而稱之為名主 (nanushi)❷。

以兼併、捐獻等手段建立的莊園，大體係由貴族或寺院直接經營，且須按照規定繳納年貢，但王公貴族（本家、領家），卻利用其地位權勢，獲得免除田租不納租賦之權（「不輸之權」❷），復由於向莊民課徵的調、庸之免除，獲得拒絕國司派遣的「檢田使」進入莊園干預莊務的「不入之權」。這種「不輸不入權莊園」的出現，正顯現莊園制的形成。

「不輸不入」的莊園，對朝廷的統治構成威脅，因此醍醐天皇乃於902 年開始加以整頓，遏制這種不正當手段所建立的非法莊園，朝廷雖三令五申禁止，但仍無法制止這種捐獻地型莊園的蔓延。

日本的莊園制是封建土地所有制領主制的一種形式，莊園不僅受到國家法律的保障，享有種種特權，「領主」取代原來的國衙，擁有課稅、賦役、甚至司法、警察權。莊園的生產，無論是農產品或手工業產品，都是提供莊園領主衣食住等物品，屬於自給自足的自然經濟。

這種封建莊園，大都是由下而上奉獻土地的形式所形成，莊園的土

---

❷　名主之中很多是擁有大規模經營所成的莊園，稱為「大名田堵」。

❷　持有太政官與民部省「符」（證書）而被認定為免租的莊園稱為「官省符莊」，其後有經由國司的裁定而享有免租者，稱為「國免租」。

地領有權，經歷了不斷上移和集中的過程，出現了多層的縱橫分割，造成土地領有關係的混亂與複雜。莊園這種多元領有、層疊分割的特徵，卻是日本封建專制統治延續的基礎，且是孕育新統治階級武士的搖籃。

## 二、武士的崛起

武士是在天皇為首的中央集權制瓦解和莊園制發展之下的產物。

大化革新以來所實行的徵兵制，隨著中央集權制的衰落而日趨鬆弛。九世紀初，曾改為「健兒制」，徵調郡司、豪族與富家子弟。服兵役成為貴族的特權，軍隊的素質乃一落千丈，武備漸弛。

及至莊園普遍設立，莊園領主之間，常為擴大領地而發生衝突，武裝的莊民逐漸脫離農業生產而成為專門從事保衛莊園及對外爭鬥的武士集團。甚至連寺院、神社的莊園，亦組織「僧兵」自衛。

武士階層內部有組織其同族或所從 (syojyu)、下人 (genin)、支配下的隸屬農民，形成武裝小集團，其後逐漸與近鄰的武士階層接觸，相互連結，超越莊園的範圍，其間逐漸成立主從關係，產生各地的小武士團。

當中央政權的威令達不到地方，地方治安紊亂時，莊官或地主因得不到遠地貴族的保護，為了保衛莊園的秩序，甚至和國司抗爭，另謀自力保護，乃由當地富豪組成郎黨 (rōtō) 等家臣武士團。不久以豪族為中心，成長為中小武士團的聯合。在反覆的相互鬥爭之中，逐漸統合、組成強大的武士團。

武士在戰場上的驍勇以及對主人的獻身精神，乃是武士個人和武士團的基本要求，這種新的倫理觀念，遂成為維持武士團組織的重要思想支柱。可見武士團是訂有嚴格規制，實施主從統制關係的軍事武裝集團。

## 第四節　國風文化

## 一、國風文化的興盛

　　平安時代的文化，在十世紀以後，出現嶄新的趨向，這就是文化的「國風」（日本式）化，稱之為國風文化（藤原文化）。國風文化的傳統在平安時代以後長久流傳，而其基礎則是在攝關政治時期建立。

　　此一時期，遣唐使廢止後，過去盛行吸收唐朝文物的風氣已衰退。另一方面，多年流入的中國大陸文化，大體已消化，基於此而自然產生以固有文化為基礎，適合日本的風土與人情、嗜好的貴族文學。

　　平安時代文化上達到最高境界的是文學。就國風文化的意義上言，此一時代的文學發揮極為重要的作用。最足以顯現文化國風化的是假名(kana) 的發達，結果國文學大興。使用漢字以表現日語而構思的萬葉假名自古即有，但不久簡化為草書體 (sōgana) 而成的平假名 (hiragana)，並產生取漢字字形一部分偏旁的表音文字片假名 (katakana)，十世紀初，其形狀大致已定型❷。

　　假名文字的使用，產生了平安時代貴族社會與宮廷生活的特殊性。平安時代初期一時衰退的和歌，再度顯得有力。《古今集》論述和歌的本質，井井有條的分類與排列，成為以後勅撰集的規範。紀貫之編纂的勅撰和歌集《古今和歌集》，取代了過去《勅撰漢詩集》。貴族在正式場合仍經常使用漢字，但撰寫的文章逐漸與漢文有一段距離,傾向於「和式」。

　　假名的「物語」（故事）、日記等極盛。「物語」有以傳說為題材的《竹取物語》、歌謠故事的《伊勢物語》，隨後又產生紫式部的傑作《源氏物語》。這些主要是以宮廷生活為舞臺，描寫理想的貴族生活的傑作。同樣以宮廷生活的體驗，以隨筆寫作的清少納言的《枕草子》，亦為國文學最高的傑作。

## 二、淨土宗的發達

　　此一時代的佛教，天台、真言二宗有壓倒性的勢力，兩者均是透過

---

❷　當時男性貴族幾全使用漢字，而婦女則使用假名。紀貫之的《土佐日記》，因混用假名撰寫，佯稱作者為女性，可見假名乃是屬於女性使用的文字。

祈禱而與貴族強力的連結。「神佛習合」之風益盛，產生本地諸神與佛相結合的本地垂跡說❷，寺院亦以其為守護神，在境內奉祀。貴族無不藉口在寺社祈禱，於是產生新的淨土宗。淨土宗主張厭離穢土，一心念佛，即可獲得拯救，死後往生極樂淨土。這種淨土思想頗受沒落中下層貴族的歡迎。

　　淨土宗並非獨立宗派，而是信仰阿彌陀佛，祈願來世往生極樂淨土之教。其思想很早就已流傳，十世紀中葉，空也在京都市中心傳教，稍後源信著《往生要集》，講述淨土教義與念佛往生的方法，遂在貴族及多數的民眾間廣傳。末法思想❷的流行，助長了此一風潮。類此預言，正反映當時紛亂的社會百態。淨土宗乃是面對這種危機的一種救贖。正值此時，適因政治混亂及盜賊、火災、疾病等災厄頻傳，益增世人之不安，人們乃爭相祈求來世的救贖而信仰淨土宗。

　　淨土宗信仰並非外來宗教，而是根源於日本的社會，亦可顯示日本從隋唐文化轉向國風文化的過程。

## 三、造型美術

　　日式的繪畫稱為大和繪，繪有大和繪的屏風為貴族生活的必需品。佛畫則是淨土宗取代密教美術，盛行描畫阿彌陀來迎圖。世俗畫的發達促成畫卷盛行，《源氏物語畫卷》尤為此中傑作。美術工藝的綜合作品以嚴島神社的《平家納經》為最有名。

　　雕刻開始創造了日本式的雕法，表現明亮與柔和的刀法。定朝完成寄木造❷ (Yosegizukuri) 的技法，平等院的阿彌陀佛像為其傑作。

　　書法一改前代的唐式，而表現優美線條的和式。小野道風等人留有

---

❷　以日本的神乃是當地的佛或菩薩為了解救眾生，臨時變形而出現於現世的神佛同體的思想。起源於平安時代，至明治初期神佛分離而衰。

❷　這是釋迦沒後二千年國家將陷於混亂，佛法亦滅的末法之世來臨的想法。

❷　寄木乃是一種嵌木地板的建築工法，使用木塊拼花技法。

日本式的書風。

　　隨著淨土宗之流行，美術領域亦有俊逸雋永的作品。藤原道長所建立的法成寺，也是以阿彌陀堂為中心，其子賴通建立的平等院鳳凰堂，為阿彌陀堂的代表性遺構，堂中央的阿彌陀如來佛，顯示溜肩的柔和之姿。

　　建築以當時貴族住宅的寢殿造 (Sindenzukuri) 形式 ㉖ 最發達，具有日本式趣味盎然的建築。建物內部隔扇與屏風，改變了過去的唐式，採用了日本風物為題材，描寫平穩的線條與美麗高雅的彩色大和繪。

---

㉖　「寢殿造」的建築形式，中央南向建寢殿，背後設「左右對稱之屋」，其間以走廊連結。

# 第二篇　中　世

## 第五章　武家政權的成立

### 第一節　院　政

## 一、院政與古代國家的解體

### 1.後三條天皇

　　攝關政治的主要依據是天皇為攝關家的外孫，但 1068 年即位的後三條天皇，與藤原氏無關，已屆壯年而富剛毅性格的天皇，毫不畏懼攝關家而恢復了天皇親政。

　　憂慮因莊園的增加壓迫國衙領的天皇，於 1069 年，頒發「莊園整理令」❶，設置「記錄莊園券契所」，積極進行莊園的整頓。過去均將莊園整理令的實施委諸國司之手，此次則由朝廷嚴正的裁決莊園領主與國司雙方的主張，並命令攝關家提出證明文件。其成果雖不甚充分，但因此得以恢復國衙領的領地，以及倚賴權門的地方豪族認識到超越攝關家的天皇權威，而使攝關家的威勢大減。

### 2.院政的開始

　　天皇讓位後為上皇（亦稱法皇），卻仍在「院」中執政的一種變態的

---

❶　雖曾屢次頒發「莊園整理令」（902 年、1045 年），但其實施並不徹底。

政治型態，稱之為院政。這是取代攝政、關白的一種政治型態。院政成立的背景，實由於攝關政治的挫折，天皇親政與地方武士自立的表徵。

依當時的法制，天皇亦不能隨心所欲的貫徹己意，蓋朝廷的旨意，均須經由攝關始能下達。國政仍由攝關家把持，天皇的改革似難推動。後三條天皇乃於 1072 年退位，隨即開設「院廳」，力圖壓抑攝關勢力。

後三條天皇開設院政後不久病逝。繼任的白河天皇於 1086 年遽然讓位給年幼的堀河天皇，而自任上皇，在院廳執掌政務，開始實施院政。此後上皇在院廳執行政務成為常例，白河天皇之後，鳥羽、後白河三個上皇的院政連續達一個世紀之久❷。

依慣例，天皇幼少時，都是由外戚的藤原氏任攝政執掌政務，但堀河天皇之能行院政，實因理念上為取代母系尊屬親權的攝關政治，而偏向於父系尊屬親權的優越為理由。此時雖由藤原師實為攝政，但由於後三條天皇的親政而使攝關地位喪失實權，藤原氏本身的基礎亦已動搖，因而得以順利推行院政。

三上皇均有強烈的專制性格，處於上皇這種比較少受制約的立場，不必受制於法制或慣例，可自由發揮，而完全壓制攝關家。過去一直受制於攝關家，畏懼其權威的中下級貴族與領主，乃又改而奉承院，於是上皇周圍乃形成這些貴族與領主為主體的院近臣❸。在院的權威高漲聲中，院方發出的「院廳下文」（院廳發出的公文）或「院宣」（傳達上皇命令），乃具強力的效力，院與太政官為中心的朝廷之間當處於對立。

三上皇均是虔誠的佛教信徒，都是出家而為法皇，投下莫大的財富於六勝寺❹等堂塔營造或供養佛事，屢次參拜熊野、高野神社。由於籌

---

❷ 院起初指的是上皇的居住之所，其後變成上皇本身。警衛院御所的則是北面的武士。

❸ 以院司而服仕上皇的近臣，多數在朝廷的官職不高，而以諸國的國司較多，尤其以上皇乳母近親居多。

❹ 白河上皇所建造的法勝寺，堀河天皇所建設的尊勝寺等，乃是院政時期經皇室

措這些鉅額的經費，捐官與重任❺益盛，政治的紊亂益烈。

　　攝關政治屬於私領域的國政運作，攝關雖為天皇的外戚，但畢竟屬於臣下，不敢過分專擅。但院政則是上皇立於天皇生父的地位而專斷，其專擅的趨向益強。連地方政治，一「國」的國務亦委諸於上皇或公卿、寺社，採行只收取該國收益的「知行國」❻制。

### 3.院政的基礎

　　院有假藉其權威而集中莊園領主捐獻莊園的情形❼，院與攝關家、貴族與寺社的莊園，有重複捐獻的結果，產生複雜的「職」位階層❽秩序，另一方面，莊園的「不入、不輸」的特權普遍化，莊園益加強其獨立性。

　　大寺院亦累積龐大的莊園，成為世俗的權力，徵召領地（莊園）的農民，與寺內從事雜務的下層僧侶，組織為僧兵，與國司相爭，或抬舉神木、神輿，舉行「強訴」(gōso)❾。

　　過去倡導鎮護國家而發展的大寺社之所以對朝廷表示反對的原因，乃在古代國家分裂成各種私人的勢力而對立。朝廷面對寺社的壓力，毫無招架之力，且畏懼神佛威勢的貴族，只能倚賴武士之力，這就造成武

---

之手所建造，附有勝字的六個寺院。

❺　重新任命，延長任期，亦屬賄官的一種。

❻　授與國務執行權（知行權）的人稱為知行國主，知行國主本身不當國司，多數以自己之子為國司，派「目代」（密探）到當地將收入多出的部分飽入私囊。

❼　後白河法皇捐獻給持佛的長講堂的莊園群為長講堂領，多達一百八十所。對此，鳥羽上皇聚集多數的莊園，單只是繼承給皇女八條院的，更多達二百所。這種繼承領，是不斷造成皇室內部紛爭的原因。鎌倉末期兩統迭立問題即為其中的一種。

❽　「職」指的是隨著一般職務而來的土地收益權。就一個莊園而言，從莊園取得的收益，有本家、領家、預所等多數，而莊園全體的支配，則有本家與領家。

❾　僧兵大多為出身地方的武士，發揮等同於武士的武力。常假藉法皇對佛教的篤信，與國司相爭。興福寺的僧兵即曾抬出神輿「強訴」（提出訴求）。

士進窺中央的契機。

## 二、保元、平治之亂

　　在院政之下，天皇只不過是形式上的存在，院的權力以其為天皇之父而獲得法理的依據，因此為了天皇的地位而使院政專制主權者的上皇與其他上皇或天皇之間產生對立，白河上皇與鳥羽天皇之間亦發生摩擦，鳥羽上皇與崇德天皇之間的對立尤其激烈。另一方面，圖謀恢復攝關政治的藤原氏，亦從中策動。

　　進入院政時代，一時衰頹的平氏，又再抬頭，其中尤以伊賀、伊勢為地盤的勢力抬頭，平忠盛得鳥羽法皇的信任，因平定瀨戶內海的海賊有功而受重用。另一方面，源氏自義家以後，因同族爭鬥而氣勢大減，但與平氏同被重用。

　　源、平兩個武士「棟樑」（統領），在中央逐漸得勢。1156 年，首先實施院政的鳥羽法皇去世，被鳥羽法皇嫌惡的崇德上皇、左大臣藤原賴長興亂。此時朝廷號召源氏義朝、與平清盛（忠盛之子）助陣；上皇則招募源為義應戰。最後因朝廷制機先而獲勝，上皇被驅逐到讚岐，賴長、為義被殺（保元之亂）。此一變亂足以印證無論是皇室或外戚，須依靠新興的武力始有勝算。

　　亂後，武士棟樑的源（義朝）、平（清盛）二氏的對立加劇。1159 年，義朝與後白河上皇近臣藤原信賴勾結而舉兵，殺害與清盛親密的藤原信西，占領內裏（宮殿），但被清盛平定（平治之亂）。

　　兩次亂事反映的是，貴族社會內部之爭有賴武家實力解決。武士階層是兩次亂事的真正勝利者。結果，開啟了平氏專權的時代。

## 第二節　平氏政權

## 一、平氏之崛起

　　大武士團的統率者多是國司下放到地方的子孫，其中以桓武平氏與清和源氏勢力最強。

　　平治之亂以後，平清盛得破格晉昇，不久即以武士身分晉昇為太政大臣（1167 年），進而與皇室締結姻戚關係。平氏榮華的起點乃在取得院近臣的地位，歷任西國國司，並從事日宋貿易而積富，以其財力，加強其在中央的權力。

　　平氏只是位居古代國家機構內部的要職，作為自己權力的據點，決非否定舊制而創出新的政治形態，但補授家人為莊園的地頭，將西國（畿內以西之地）的地方武士組織化，以之為基礎，建立軍事的獨裁制，實為平氏政權的特質。

　　平氏原是在院政之下，變成院政下的私軍武士團，其中一部分因平定內亂有功，而逐漸擴大勢力，終於執掌政權。其政治具有以武士團為背景，以及與院近臣出身貴族的色彩相混合的特性。

　　清盛為天皇外戚，其家族亦擁有二十數知行「國」以及五百餘莊園，不失其為貴族性格，但一方面卻與畿內、西國武士締結主從關係，組織「家人」❿集團，任命其為國衙領、莊園的地頭，支配「知行國」，同時與國衙的地方官吏簽署主從關係，加強其對地方的支配，顯現其為鎌倉幕府的先驅。

　　平氏政權的最大特色是特別注意與中國（宋）之間的通商，平清盛修築瀨戶內海航路，推進日宋貿易。十一世紀後半以降，日本與高麗⓫、宋朝之間的商船往來頻繁。在宋朝被興起於北方的女真所建金朝推翻而遷移到江南時，日本與宋的貿易反而日趨興盛。

　　遣唐使廢止以後，中央貴族在對外交涉與通商方面依然採取消極的

---

❿　武士的社會一般稱隨從為家人。鎌倉、室町幕府的家人，由於對將軍的敬意，而稱為御家人。

⓫　自十世紀初，王建滅亡新羅，統一朝鮮半島所建國家。設都城於開城，施行中央集權的統治。

態度，可見平清盛的對外政策有很大的變化。宋船所帶來的珍寶與宋錢、書籍 ❷ 等，對此後日本文化與經濟有很大的影響，貿易利潤甚至成為平氏政權的經濟基礎。

## 二、源平爭亂與平氏的滅亡

隨著平氏權勢增大，反平氏勢力的活動亦轉強。首先是以後白河上皇為中心的院政政權，接著是以延曆寺為中心的寺院勢力崛起。

1179 年，後白河天皇近臣，企圖打倒平氏失敗 ❸。翌年，平清盛的外孫安德天皇即位，高倉上皇開始施行院政，清盛獲得外戚地位而大權在握，遂確立了平氏政權。

清盛掌握全權不久，源賴政奉戴後白河法皇皇子以仁王，舉兵造反，呼籲諸國武士響應。被流放於伊豆的源賴朝以及躲藏於木曾谷的源義仲等各地武士紛紛蜂起，掀起了全國性的內亂。

清盛沒收園城寺、興福寺的莊園，斷然實行福原遷都，以圖挽回頹勢。但遷都引起貴族的反感，反而迫使平氏孤立，內亂遂遍及全國。

清盛掌握昔日腐朽的王朝機構，本身卻又陷於腐化，無法開創新的局面。對於院中藤原氏與寺社等舊勢力，則屢加壓迫。反平氏力量結合的結果，終於激起源氏舉兵，源平之爭愈益擴大。與源氏無關的各地武士亦相繼起事，平氏遂陷入苦戰。

源義仲席捲北陸一帶，進向京都。但因無法壓制部下的掠奪，喪失民心，且與上皇及貴族對立。後白河上皇遂密召源賴朝入京，征討義仲。在東國（畿內以東之地）鞏固勢力的賴朝，派遣弟範賴與義經率兵西上，進京打敗義仲 ❹，最後在長門的壇浦海戰滅亡平氏。

---

❷ 宋船所帶來的《太平御覽》被當作大百科全書而受重視。

❸ 1179 年，清盛終於監禁法皇，停止院政，處分多數反對派的貴族。

❹ 義仲從信濃進兵，平定北陸地方，早賴朝一步進入京都，驅逐平氏於西國。其後與後白河法皇對立，終於被賴朝所派遣的義經所滅。

# 第三節　武家政權的成立

## 一、鎌倉幕府的成立

　　源賴朝於舉兵後不久，即進入源氏發源地鎌倉，樹立政權。為了統制隨從御家人 (gokenin) 而設置「侍所」(Samuraidokoro)，旋置執掌一般政務的「公文所」(其後改稱「政所」)以及擔當裁判的「問注所」(Montyujyo)等，仿效貴族的家政機關，設置各種機關，整備幕府政治的機構。

　　賴朝統制國衙領、莊園，保障御家人的領地支配。1183 年，與朝廷交涉，取得統治東國的事實上承認。1185 年，平氏滅亡後，唯恐賴朝勢力過分強大的後白河法皇，命義經征討賴朝，失敗。賴朝反而迫使法皇下追討義經之令，並乘機迫使朝廷承認其任命諸國守護、地頭、徵收軍糧，以及支配國衙對現地掌握實權的地方官吏之權。至此，成立了幕府軍事政權的統治機構。

　　守護原則上是各國任命一人，主要由東國出身的有力武士選任，平時指揮「國」內御家人，維持治安、行使警察權❺，戰時為「國」內武士的指揮官，同時又是幕府的地方行政官，統制國衙，承接過去國衙所擔當的行政事務。

　　地頭置於全國的國衙領與莊園，其任務乃在年貢徵收、土地管理與治安的維持。地頭的薪俸並無一定的額度，而是依據各地以及慣例而定。原來地頭是指現地之意，其後成為捐獻地型莊園，而在當地具有鞏固統制權的下司 (gesu) 等同樣的莊官職位名。由於全面性的任命遭受莊園領主的強烈反對，起初設置範圍只限定於平氏及其關連的舊領地與叛亂分子的領地，但隨著幕府勢力的擴大而廣泛的任命，幕府的權力乃擴及於全國。

　　其間賴朝出兵攻擊包庇義經的奧州藤原氏，並加以滅亡（1189 年）。

---

❺　其中以「大犯三條」（大番催促、謀叛人、殺害人的逮捕）為其最重要的職務。

翌年，賴朝晉京，授右近衛大將。1192 年，後白河法皇死後，終於膺任
征夷大將軍❶。至此，確立了鎌倉幕府❶。

## 二、幕府與御家人

　　幕府是在武士的首領將軍之下所組織的軍事政權，鎌倉幕府統治的
根基乃是將軍與御家人之間的主從關係。御家人被任命為地頭，接受新
賜與的領地(新恩給與)等恩典(「御恩」)，但以平時擔負「京都大番役」❶、
鎌倉幕府「番役」❶的勤務，戰時參加戰鬥的「奉公」以為回報。

　　一般透過土地的賜與而結合的主從關係稱之為封建制度，將軍與御
家人間的關係，正是這種守護、地頭的設置而建立將軍與武士之間的關
係而成立的封建制度❷。

　　地頭在平氏時代已具雛型，本為莊官的一種，其後由於得到勅令，
使將軍與御家人間的主從關係，一變而為幕府與地頭的關係，成為新的
封建制度，實為國家體制中一種劃時代的改變。

　　鎌倉幕府是最早基於封建制度而成立的政權。此一時代京都的朝廷
與公家、大寺社為中心的莊園領主之力尚強，在政治與經濟方面，均呈

---

❶　幕府本來指的是征伐蝦夷的將軍，賴朝以後逐漸變成表示武士統率者地位的官
　　職。

❶　所謂幕府乃是指出征中將軍幕營的漢語，日本則用之於近衛大將或征夷大將軍
　　的中國式稱呼，轉而指稱武士首領所統率的軍事政權。

❶　一定期間到京都擔任朝廷警備之責。「大番」本來是課賦諸國武士的義務之一，
　　以自費警衛京都皇宮。勤務期間起初定為三年，賴朝把它減為半年，並改為御
　　家人的義務。

❶　警衛幕府的勤務稱為鎌倉番役，由東國御家人承擔。

❷　封建制度原有二種意義，一是透過土地的給與，在主從間訂定「御恩」(賜恩)
　　與「奉公」關係，意味統治階級內部法律秩序的層面。二是原持有土地、農具
　　的小農民，被剝奪其從土地移動的自由，作為農奴而須向領主繳納實物地租的
　　經濟社會制度。

現二元統治的特徵。朝廷在形式上與過去同樣任命國司，統轄全國的一般行政，「東國」實質上卻屬於幕府的統治地域，其他地方國司支配下的國衙領，也是透過莊園領主，被幕府所統制。貴族與大寺社，作為國司或莊園領主，依然掌握土地收益權，但多數地區，卻轉換為莊官而變成地頭，遂亦改而由幕府加強其對當地的統制。如此一來，產生朝廷與幕府的二元統治，形成在國衙領是國司與守護，在莊園則是莊園領主與地頭的對立。

　　幕府的經濟基礎乃是關東御領與關東御分國❷，以及幕府直接統治的莊園與知行國。就此而論，幕府亦是建立在國衙領、莊園等經濟體制之上的政權。御家人領地的「安堵」❷與賜與，並非土地本身，而是採取一種基於莊園制度地頭職的莊官職任命形式，顯示幕府政治的特殊性。

---

❷　幕府命國衙製作國內的國衙領、莊園的田地面積，調查莊園領主、地頭名字的「大田文」，足以顯示其中的詳情。「關東御領」乃是賴朝自平氏舊領獲得的莊園。關東「御分國」則是賜與賴朝的「知行國」，初期即有八至九「國」。

❷　「安堵」(Ando) 乃是幕府給與武家、寺社領地所有權保障的證件。

# 第六章　鎌倉武家社會的發展

## 第一節　執權政治

### 一、北條氏的抬頭

優秀的領導者賴朝之下，一邊吸收幕府創立的東國武士團，一邊以將軍獨裁的體制運作。但賴朝死（1199年）後，繼將軍職的賴家，缺乏器量，御家人之間的對立表面化，賴朝之妻政子的娘家北條氏（伊豆）的勢力乃逐漸抬頭。

1203年，政子之父北條時政，滅亡賴家的外戚比企氏，監禁賴家❶，擁立其弟實朝為將軍，自任政所長官，但因陰謀事件而失勢。其後由政子與時政之子義時，推動北條氏的執權政治。北條氏積極壓抑有力御家人，於1213年，討滅和田義盛，時政兼任侍所長官，掌握大權。北條氏在幕府政治機構上確立了自己的權力，成立執權政治。此後執權成為北條氏的世襲，其所以取得霸權的主要背景並非將軍獨裁，而是東國武士的團結，正適合武士的政治需求。

將軍的地位化為虛名，繼賴家之後的實朝，完全與幕府政治脫節，終於1219年被北條義時所暗殺。

### 二、承久之亂

其間京都的朝廷，後鳥羽上皇施行院政，把過去分散的廣大皇室領地再度收在上皇手上。除了北面武士之外，新設西面武士，增強軍事力，

---

❶　時政在伊豆的修禪寺暗殺賴家。

奪回守護與地頭的任免權，極力挽回朝廷的勢力。將軍實朝暗殺事件，引起朝幕之間的葛藤❷，終於 1221 年，上皇發出追討義時詔令，舉兵討幕。

實朝死後，北條義時為了阻撓源氏繼承將軍，要求皇族將軍「下向」❸，遭受上皇的拒絕，義時遂奉迎九條道家之子賴經（二歲）為第四任將軍，保持幕府內部的統制。

拒絕皇族「下向」的上皇，提出罷免皇室愛妾所領有莊園地頭的要求，被拒絕，遂於 1121 年發出追討義時的院宣，招集諸國武士，推動討幕計劃。

院方期待幕府御家人的倒戈，但一時呈現動搖之勢的御家人，終究集結於代表本身階級利害的幕府。最受期待的近畿大社寺的僧兵，多持觀望，有力御家人，始終忠實於北條氏，實出上皇意料之外。及至北條泰時與時房所率領的幕府軍西上後，經一個月的激戰，亂事終於弭平。後鳥羽、土御門、順德等三上皇均被流放，仲恭天皇則被罷黜（承久之亂）。

由於此一勝利，幕府開始介入皇位繼承爭議，在政治上朝幕並立的形式雖未改變，但實質上幕府轉居優勢。於是在京都新設六波羅探題，專司朝廷的監視，京都的護衛，及西國地方的統制，探題遂成為僅次於執權的重要職位，且為北條氏一族所世襲。

在經濟上依靠朝廷的貴族與武士的領地三千餘所被沒收，並重新任命多數的地頭。至此過去勢力所不及的畿內與西國的國衙領，莊園，全劃入幕府的統治之下，由是克服了幕府與皇室二元政治的問題。

---

❷　義時於實朝死後，有意擁立皇族為將軍，為上皇拒絕，反而要求撥給上皇的寵姬領邑攝津的長江、倉橋莊地等的罷免權，交涉未果。幕府乃迎接攝關家出身的賴經為將軍。此後兩任將軍相繼由攝關家出身，稱為藤原將軍或攝家將軍。

❸　「下向」意指居高位的皇族降格而任將軍。

## 三、執權政治

　　承久之亂後，幕府實權操在執權北條泰時手裏，進入武士政權的發展時期。泰時設置輔佐執權的「連署」，由北條氏充任，並從御家人之中選任代表十餘名為「評定眾」❹，設置一個裁決幕府最高政務與裁判的會議。

　　1232 年，泰時制定有體系的武家法典「貞永式目」（御成敗式目），以為新補授地頭的設置而激增的土地紛爭與訴訟事件的公平裁判基準❺。「式目」透過守護、御家人，在幕府的勢力範圍內施行，同時在朝廷的支配下尚有承繼律令系統的「公家法」，以及莊園領主支配下的「本所法」。但隨著幕府勢力的發展，「式目」等武家法發揮效力的範圍亦隨之擴大。

　　泰時時代為執權政治最盛時期，合議制的採用及式目的制定，顯示承久之亂後御家人的政治自覺。泰時之孫時賴任執權之後，又將此一政策更徹底的執行。

　　時賴致力於裁判制度的確立，設置「引付」(Hikituke)，並從「評定眾」所選任的頭人之下，設「引付眾」，專司御家人領地相關的訴訟，以求裁判的公正與迅速，以應御家人的要求。另一方面，時賴將實朝死後繼承將軍職的藤原氏出身的賴經送還京都，順勢滅亡豪族三浦氏。其後迎接皇族將軍，以鞏固北條氏的地位，使執權政治成為北條氏獨裁。

---

❹　泰時選任的評定眾十一人，為老臣或有擔任政務的有力者。評定眾為僅次於執權、連署的重要職位，選任的都是北條氏一族或大江、清原氏等對政務練達之士。

❺　式目的內容，規定守護、地頭的職權，重罪犯人的處罰，領地的支配與繼承，裁判等事項，都是依據賴朝以來幕府的先例，稱之為「道理」的武家社會慣例與道德而成的文化。

# 第二節　武士與農村社會

## 一、武士社會

　　與鎌倉幕府成立的同時，成為御家人的武士，多被任命為地頭，取得加強土地支配的端緒，承久之亂的勝利給他們很大的刺激。莊園領主多在京都、奈良，因此很難壓制紮根於當地地頭的行動，而不得已簽訂委任地頭管理莊園，使其承包年貢的「代理地頭」的契約。更有與地頭訂立將莊園折半，各自支配土地與住民契約的「下地中分」(Sitajityubun)。由於幕府推動此一制度，莊園等地的支配權乃逐漸移轉到武士之手。

　　從平安時代後期到鎌倉時代初期的武士，大都選擇交通要地，建造數百平方公尺的廣大邸宅，之中設置「館」(Yakata)❻，其周圍有土壘與濠溝。邸宅內部或附近有須繳地租及其他無租稅負擔的直營地，使用「所從」（僕從）、「下人」（genin，賤民）耕作。自己則為國衙領的郡司或鄉司，莊園的莊司、下司等，統制周圍地域一帶，並從附近農民徵收地租，向國司與莊園領主繳納❼。

　　以分割繼承❽為原則的當時，同宗的子弟，各自朋分，但非營造完全獨立的家，而是依然奉宗家（本家）為首長，遵從其命令。這一宗家與分家的集團，當時稱之為「一門」、「一家」，首長的宗家之長稱為「惣領」、其他為「庶子」。戰時「一門」團結而戰，由惣領為指揮官，平時祭祀祖先或氏神，亦屬惣領的權利義務。對幕府的郡司勤務，莊園領主、國司的地租、勞役，亦由惣領負全責，指定「一門」庶子效力。這種體制稱之為惣領制，幕府的政治軍事體制，亦建立在這種制度之上。

---

❻　武士所居住的館舍乃是「寢殿造」簡化的建築形式，亦稱武家造。

❼　當時武士團的主要收益是地租與加徵山林收益的米。

❽　當時的家族制度女性的地位較高，繼承之際，享有與男子相同分配權，甚至有女性任御家人與地頭的例子。

　　武士的生活相當樸素，為了自行保護其地位，重視武藝的鍛鍊，時常舉行各種武藝訓練。他們日常生活之中所產生的「武家之術」、「兵之道」(tuwamono no miti) 等精神、道德，視為對主人的獻身或「一門」、「一家」的榮譽而受到重視，以知恥的態度等為特徵，成為後世「武士道」的淵源。

## 二、農村社會

　　自鎌倉中期以後，農村結構開始發生變化，武士的勢力轉趨強大，乃脫離農村的經營，奪得莊主的權力，自成為莊主。地頭以其權限，致力直接支配「名主」階層。

　　農民之中，除了隸屬於名主的「下人」與「所從」之外，尚有小名主與佃農。農民的負擔很重。到了鎌倉末期，農業生產力提高，小名主與佃農的獨立性加強，「下人」與「所從」漸得解放，農村亦出現一種趨向新組織的傾向。

　　鎌倉時代，農業技術有顯著的進步，在關東和九州有大規模的新田開墾，畿內地區則專力推動農業技術的改進，因此農業生產力大增。在農具的改良、獸力的利用、灌溉用水的發達、肥料的使用、兩季耕作的普及，較之前一時代均有長足的進步。

　　中期麥的種植為「復種」的二毛作（一年收穫兩次）普及於先進地帶，草木灰等肥料的利用，牛馬的使用與農具之普及亦滲透到一般農民之間。以這種技術的發展與生產力的上昇為背景，尤其先進地域有半自耕農等小農民成長為名主，過去隸屬於名主的「下人」、「所從」獨立而變成小農民或名主。

　　隨著農業生產的增加，手工業亦發達。各地特產的手工業製造隨之專業化，如京都、美濃的織品、瀨戶的陶器等，均極聞名。由於各種產業的進步，農產品商業化，已有每月數次交易的定期市。

　　另一方面，對抗地頭與莊園領主的非法、壓迫農民的趨向加劇，以

致引起集體逃亡。但畿內及其周邊由於莊園領主的勢力強，因此，破壞莊園制度的地頭或志在獨立的農民活動，無不受到強烈的限制。至此，不僅御家人，連非御家人的新興武士，乃有訴諸武力以抵抗莊園領主的趨向。

## 三、貨幣經濟的發展

因農業技術的進步促使生產提高，增進剩餘生產物，貨幣經濟逐漸滲透到各地方。律令國家所鑄造皇朝十二錢的流通範圍只限定於奈良、京都為中心極少數地域。到了十一世紀，米、絲、棉布等取代了貨幣。但對宋貿易輸入大量的宋朝銅錢，在全國各地流通。

莊園中心地與交通要地，或寺社門前開辦了定期市集，甚至每月有三次的市集。當時手工業大多為農民副業，地方市場則是特產品與米等買賣，有從中央載來紡織品與工藝品等的小販。

京都與奈良有很多從莊園徵收地租與物資的莊園領主居住，手工業者與商人集中，街市之外有常設的零售店。這些工商業者，從平安時代末期，在各自莊園領主之下，結成同業者團體——座，依賴領主的權威獨占販賣與製造。

連結偏遠地區的商業交易亦盛，大阪淀川及其他河川的港埠等交通要地，已有商品轉運與委託販賣、運輸為業的「問丸」❾。他們發行「為替」（kawasi，匯款）作為代金結帳的方法，出現了很多專門從事貨幣交換與貸款的高利貸業者。向莊園領主繳納的貢糧亦改為貨幣❿。

❾　在港灣與重要都市經營水上運輸的仲介業者，兼營保管、委託販賣與住宿，為批發商之前身。

❿　年貢以錢繳納，但莊官與地頭所徵收的地租，則須換成錢，向莊園領主繳納，直接耕作的地租，依然以實物繳納為主。

# 第三節　幕府政治的動搖

## 一、蒙古襲日

在平氏政權積極的海外交通之後，日宋間並未訂立正式的邦交，但民間貿易與僧侶的往來等兩國的通交卻極盛行。

十三世紀初，興起於中國大陸北部的蒙古族出現成吉思汗，統一蒙古所有部族，征服中亞到南俄、更遠及於東亞北部。其繼承者更遠征歐洲，滅亡金國，建設一個橫跨歐亞東西兩洲廣大地域的大帝國。蒙古建立元朝帝國後，伺機併吞南宋，並企圖侵日。

成吉思汗之孫忽必烈，遷都到大都（北京），改國號為元，服屬高麗 ⓫ 之後，於 1268 年，遣使日本要求進貢 ⓬。執權北條時宗拒斥朝廷的妥協態度，嚴拒元使，並命令西國守護與地頭加強戒備。元朝終於 1274 年，派遣蒙古、高麗合組之軍三萬餘，乘九百艘船艦，侵襲對馬、壹岐兩島，大舉登陸九州北部博多灣。幕府動員在九州擁有領邑的御家人迎擊。面對元軍的集團戰法，日軍勇敢抗戰，但一對一的打法無甚效果，加上武器質量之懸殊，日軍陷於苦戰。在元朝聯軍的密集戰術與「鐵砲」（步槍）的攻擊下，日軍敗退到大宰府附近。但元軍的損害亦大，全軍撤回船上，適值當夜暴風雨而撤退（文永之役）⓭。

---

⓫　經過三十年的抵抗後高麗始服屬於蒙古。忽必烈利用高麗作為與日本的交涉與攻擊日本的重要基地，其後高麗對元朝的抵抗一直沒有間斷，這也是忽必烈遠征日本失敗的原因之一。

⓬　元世祖招諭日本的動機，過去有兩種說法，一是以為世祖垂涎日本富庶，欲占為己有；一是認為世祖受征服慾的驅使。其真正原因，應是為打開海道伐宋的準備工作。

⓭　根據學者研究，當時並無大風雨，且日本方面的資料均無元艦遇難紀錄，所謂大風雨，實為元軍掩飾傷亡的藉口。此役之結束，本為元軍預定的撤退，並非因暴風雨所致。弘安之役，則確實有大型的颱風。日人則稱之為「神風」，甚

　　幕府為了防範元軍復至，在北九州沿岸築造石壘，命西國御家人加強防衛。其後，滅亡中國南宋的元，又於 1281 年，再揮軍襲日，分成從朝鮮半島的東路軍（四萬）以及長江的江南軍（四萬）二軍進擊博多灣。但元軍經過二個月攻防戰而受挫，又再遇到大暴風雨，元軍船艦四千餘艘大都沉沒，兵員折損大半，終於被迫撤回（弘安之役）。

　　蒙古武力席捲歐亞，但兩次東征日本卻均遭失敗，其主要原因係由於天時以及不習於海戰，而元軍組成之複雜❶亦為失敗要素之一。

## 二、幕府的衰退

　　元軍二度襲擊日本，雖被擊退，其後元朝仍有侵攻日本的計劃，但因國內情勢不穩，致未實行。鎌倉幕府始終不敢鬆懈，加強警戒體制❶，取得動員莊園、國衙領內非御家人武士的權利，並從莊園徵用物資，乘機伸張勢力於西國❶。

　　幕府內部北條氏確立了絕對的地位，其中尤其以繼承家督的得宗❶勢力特別強大，得宗家的僕從與舊有御家人的對立轉趨激烈。在承擔御家人期待於一身的安達泰盛滅亡（1285 年的「霜月騷動」）之後，幕府的政治遂掌握在管領之手，得宗家的專制體制加強。不僅全國守護大半為北條一門所占，地頭等領邑亦大量歸於北條氏手中。

　　幕府權力表面上似極鞏固，背後卻發生嚴重的事態。元軍迫使多數御家人犧牲生命，但與內戰不同的是，此次戰役沒有沒收領地，無法給

---

　　　至在太平洋戰爭之前，還因此喻日本為「神國」。
❶　征日軍都是臨時由各地徵調，大部分為南宋降軍等烏合之眾。且因軍令不統一，以致調遣無方，不得人和而失敗。
❶　在文永之役前夕，防備元軍來襲，九州地方的御家人，課賦「異國警固番役」，此後仍加強北九州的警備。
❶　幕府任命北條氏一族為鎮西探題，充當御家人動員計劃與西國的政務與裁判。
❶　指執權北條氏的嫡系當主。由於執權義時號「得宗」，故名。

與充分恩賞，御家人在經濟上處於困苦的情況，導致幕府的信賴度受到動搖。原來鎌倉中期以降，逐漸顯著的「分割繼承」造成領地的細分，又不能適應日益發展的貨幣經濟而沒落的御家人日益增多。幕府遂採取一些因應措施，禁止御家人領地的典當與買賣，無償取回過去典當或出售的御家人領地❸，但仍無法解決問題。

　　鎌倉幕府派遣北條氏為鎮西探題，加強統制九州御家人的軍事與內政，因此導致財政支絀，御家人苦於負擔。至於兩次戰爭的論功行賞亦多不平。幕府與御家人的關係原係建立在「恩賞」之上，但恩賞的財源無著，原擬調查田地，整理「隱田」，但數量有限，且因調查而引起田地的訴訟糾紛，因此，無論御家人或非御家人，均對幕府不滿而產生反抗情緒。此外，由於財產分配繼承的關係，御家人的領地愈分愈小，加以貨幣經濟的發展，生活日趨貧苦。於是武士之間彼此爭奪領地，侵占公領與莊園日甚。

　　此後，武士團的繼承法亦從分割繼承轉化為單獨繼承，嫡子繼承所有一切，庶子完全從屬於嫡子。此後血緣的結合日淡，反而地緣的結合日強。其間出現很多沒落的御家人，但也產生因經濟情勢的轉變而坐大的有力武士，尤其守護之中，有利用地緣的結合而大有勢力者。

## 第四節　鎌倉文化

### 一、鎌倉文化的特色

　　鎌倉時代是政治、社會、經濟各領域，開始從公家轉到武家主導的時代。文化方面，除傳統的文化之外，還加上新的因素。以深邃的信仰

---

❸　1297年頒布「永仁德政令」，禁止御家人典當土地，賣給地頭、御家人的土地，在出售後不滿二十年者，以無償歸還所有人，出售給御家人以外的武士、庶民的土地，均以無償歸還。此外禁止再審（越訴），與御家人有關的金錢借貸的訴訟一概不受理。

為本的新佛教，生動描述武士生活的戰爭故事，表現強力個性的雕刻，吸收中國大膽手法的建築樣式，以繪畫表示個人傳記的畫卷，都是因應新時代所產生的新藝術要素。

鎌倉時代有兩種文化的對立：一是傳統的「公卿」文化，一是新興的「武家」文化。著重情緒、形式的「公卿」貴族文化，仍以京都、奈良為中心，保持傳統文化的特色，居領導地位，但已喪失創造性。新興武家文化的萌芽，為此一文化的主要特色。

但此一時代文化的創造者，仍以貴族、僧侶居多。他們生活在古代傳統之中，面對武士、庶民等社會的變局，促進了傳統文化的反省，此一時代的貴族文化即在這種反省之下產生。因此貴族文化的性格，與過去不同，即在武士階級的新社會變化影響下形成，此為其特色之二。在創造文化的過程中，民眾扮演了積極的角色，武士與民眾為主的新佛教以及神道之興起，很多作品亦以他們為對象，這是第三個特色。此外則不可忽略其深受宋代文化的影響。

這些鎌倉文化共通的特色，乃是古代貴族文化開始開放給武士與庶民之手。另一方面，鎌倉文化具有庶民之中所孕育新要素的特質，同時吸收中國大陸文化的兩面性。新興的武士階級，在廣泛接受日本傳統文化與外來文化之中，形成武士為主體的文化。

## 二、鎌倉佛教的誕生

戰亂頻繁，加上相繼而來的天災地變與僧兵等佛教界腐敗的實況，使人們感到末法❶之世即將到來。如此世態之中，應人們迫切期望的是鎌倉佛教。

法然倡言從宗教的善根與多數倡誦念佛即可救贖。法然之教為多數門弟所傳承，在眾多的流派中產生淨土宗，被武士、貴族、庶民各階層

---

❶　進入末法時期，佛教即將衰微的預言性思想。自平安後期至鎌倉時代甚為流行，使人們陷入不安，但促使佛教追求真正的「求道」。

廣泛的接受。親鸞為法然子弟之一，為淨真宗（一向宗）的開祖。他更進一步推進法然之教，如有一度興信心念佛，即時能決定往生，強調煩惱（罪）愈深的人（惡人），更是阿彌陀佛所想救贖的人（「惡人正機說」）。親鸞之教普受當時名主階層以及農民信仰。

在武士統制安定的鎌倉中期，倡說新教義的是日蓮與一遍。一遍不問信心之有無，淨或不淨，倡導所有人均能被救贖的徹底念佛之教，遊行全國，以誦念佛陀而教導庶民與武士。其教義稱為「時宗」。

日蓮選《法華經》為釋迦的正教，唱誦題「目」（南無妙法蓮華經），接受《法華經》所具有的功德於身，而得救贖，成為日蓮宗的開祖。日蓮對新舊兩佛教持批判的態度，集地方武士的信仰於一身。

## 三、藝術新傾向

### 1. 文　學

古代的大學與國學的制度，至鎌倉時代變成有名無實，學問只不過是當作公卿的家業而傳授。他們從事古典的研究，盛行研究朝廷儀式與先例的《有職故實》之學。武士對學問的關心相當薄弱。

起自中國的朱子學，由中國的禪僧傳到日本，其大義名分論給與鎌倉末期朝廷很大的影響。鎌倉時代末期，假藉儒教與道教產生伊勢神道，一反本地垂跡說，倡導神才是佛的本尊，促成神道的獨立。

另一方面，和歌因後鳥羽上皇之命而勅撰《新古今和歌集》。此後的和歌，只是死守傳統而陷於低調。支持歌壇的大部分是公卿，武士之中亦有學萬葉調的歌而留有作品集《金槐和歌集》。和歌之外，公卿與僧侶創作民間傳說集、隨筆等，著名的作品有鴨長明《方丈記》[20]。

### 2. 建　築

建築有寺院建築的新鮮味。建築樣式自平安時代以來廣泛採用日本式（和樣），至此一時代，傳授天竺樣式（大佛樣）、唐樣（禪宗樣）新

---

[20]　用無常觀檢視世道的演變，視人性如漂浮於流水上的水泡。

樣式。「和樣」是以柔軟之美為特色。天竺樣式乃是重建東大寺時重源所採用，以豪放強力為特色❷。「唐樣」則是使用細緻的木材，以井然有序之美為特色。

### 3. 藝　術

佛像雕刻、肖像雕刻充滿了朝氣，有很多傑作。運慶、湛慶父子與快慶等為代表性作家，其作品富於寫實性與剛健，充滿豐富的人情味。

繪畫以佛畫較盛，此一時代占中心地位的是畫卷，當時亦稱為「物語畫」，以寺社緣起、高僧傳記、戰亂等為題材。寺社與高僧的畫卷，亦有作為向民眾說教之用。

---

❷　這是為了復興源平爭亂之時燒毀的東大寺所使用的樣式。此一樣式在用材方面，頗多不符日本風土之處，在重源死後即衰退，而只止於細部手法應用於折衷方式而已。

# 第七章　室町武家社會的發展

## 第一節　鎌倉幕府的滅亡

### 一、建武新政

　　鎌倉中期以後，皇室分成持明院統與大覺寺統兩個系統而展開皇位與皇室領地與莊園之爭，雙方均向幕府施加壓力，以便取得有利的地位。幕府乃於十四世紀初創始兩統交替即位的方式作為解決之道，採取名為調停，實則暗中操縱朝政的兩面手法❶。御家人制度的破壞與新興武士對鎌倉幕府的反抗問題，帶來社會情勢的緊迫，使鎌倉幕府陷入危機之中。

　　在鎌倉幕府的政治經濟混亂，社會矛盾尖銳化，危機重重之際，京都的天皇與貴族，將此視為重振皇威，恢復政權的絕好時機。1318年即位的後醍醐天皇遂廢除院政，實行親政，乘機展開討幕運動。兩次討幕運動均遭失敗，但激起全國討幕勢力的集結，各地勤王軍四起。

　　1333年後醍醐天皇逃出隱岐，重樹討幕大纛。幕府派遣足利尊氏迎戰王軍，但尊氏卻宣布倒戈，進軍京都，攻滅六波羅府。上野國的新田義貞及時響應，攻陷鎌倉。至此，享祚一百五十年的鎌倉幕府終歸滅亡。

　　同年，後醍醐天皇回京都，斥退光嚴天皇，廢止攝政、關白，親掌朝政。誕生了後醍醐天皇為中心的公家政權。翌年，改年號為「建武」，是謂「建武新政」（建武中興）。

---

❶　此時，攝關家分成五家（近衛、鷹司、九條、二條、一條），交互任攝政、關白職位，這也是幕府作為控制朝廷的手段而加以利用。

後醍醐天皇企圖借用朱子學的大義名分論，以提振朝廷政治。在中央恢復「記錄莊園券契所」，處理領地所有權問題，設置「雜訴決斷所」，專管訴訟。

地方制度方面，在陸奧、鎌倉設立將軍府，各地行政機構則採取公家制度原有的國司與守護並置的方式，恢復律令時代已有的國司制，但實際上卻沒有收到任何效果。從官制來看，含有極濃厚的公家、武家兩種官制的折衷色彩。

新政府採取幾項企圖實現天皇理想主義的政治措施，如營建「大內」（皇宮），交還皇室舊有的神社，發布德政令❷，但推行並不順利，反而招致民怨。

建武新政使那些不滿意鎌倉幕府，為推翻幕府建立新政府而參戰的武士與農民大感失望。蓋公家只顧昔日的盛世，沉醉於統一大業的成功，對於武士採取疏遠的態度，更因賞賜不足不公，引起武士的反感，反而期待武士脫穎而出，建立新的武家政權。

在新政府成立之初，足利尊氏與護良親王等，即已發生衝突。在此情形下，尊氏遂密謀舉事，重建武家政治。

## 二、南北朝的動亂

1335 年，足利尊氏以討伐新田義貞為名，反戈相向，翌年 (1336) 攻進京都。不足三年的建武新政崩潰。但後醍醐天皇依然主張皇位的正統性，於同年年底逃出京都，到吉野山中，其後成為京都的朝廷（北朝）與吉野的朝廷（南朝）對立的局面。

自鎌倉後期起，農村發生很大的變動，武士團從血緣結合轉為地緣的結合，「惣領制」崩潰，社會遽變。為了地方新武士團指導權之爭引起全國性嚴重的內亂達六十年之久。

❷　為了救濟御家人的困窮所發布的「德政令」，旨在免除其典當的土地、物件等債務。

其實京都的北朝朝廷，在足利氏新建的武家政權室町幕府嚴密控制之下，僅擁有極有限的警察權和裁判權。因此，南北朝的對立，實際上可說是志在恢復王朝政權的吉野朝廷，與室町武家政權的抗爭。

倚恃天險之地吉野為根據地的南朝，依靠熊野水軍，以反抗興福寺的大和土豪、控有河內與和泉的楠木氏及伊勢的北畠氏勢力為後盾。雖一度壓倒幕府軍，但南朝本身的軍力終究僅限於一隅，在北畠等人戰死後，南朝大勢遽衰。各地的武士亦為自己的政治軍事利害，時而加入北軍作戰，時而加入南軍作戰，最後在幕府權力的統一與強化之下，南朝宣告結束。

南朝幾無組織性的戰力，北朝卻無法一舉加以殲滅，其原因除了南朝據有吉野等險要之地，且能透過伊勢、紀伊水軍勢力，得與東西國維持海上連繫，其根本的原因實在北朝，蓋支撐北朝的幕府受到內部嚴重的分裂而動搖。

# 第二節　室町幕府政治的展開

## 一、室町幕府的成立

1336 年，後醍醐天皇被迫讓位後，足利尊氏即制定「建武式目」❸，揭示施政的根本方針，不啻明確宣示實質上再興幕府。尊氏任命高師直為政所執事，太田時連為問注所執事。1338 年，尊氏補授征夷大將軍，室町幕府於焉成立。

尊氏在京都室町建造華麗的邸宅（花之御所），施行政治，因此稱之為室町幕府。

室町幕府的組織大體仿照鎌倉幕府，略加變化而來。鎌倉幕府自北條氏執政以來，將軍徒擁虛名，室町幕府的將軍則大權在握，政事均親

---

❸　內容除考慮新政府所在地應設於何地的問題之外，強調承襲鎌倉幕府的政治制度，因而可視為尊氏開設幕府的聲明。

自裁決。

新政府恢復統攝政務的機關──「引付」、任尊氏弟直義為長官，並大量錄用北條氏以外的鎌倉幕府舊官員。統制軍隊、掌理警察與刑事裁判的「侍所」(Samuraidokoro)，亦由尊氏直系家族（高氏）充任長官。室町幕府初期的政治制度與前代最大的不同，乃是鎌倉幕府是以「評定」為最高決策機關，而室町幕府的政權則是操在將軍尊氏兄弟手中。

幕府的機構亦在第三任將軍義滿的時代大體定型。政治機構的基本，乃是承繼鎌倉幕府中期以降的體制，除了「侍所」外，另設管理財政的「政所」。統轄這些機關的管領是最具核心的職位❹。

室町幕府的體制可說是將軍與守護大名二個中心。守護領國制的大名，並未達到自力統制諸國之力，尚有倚賴將軍權力的必要。將軍亦處於不依靠有力守護大名之力，即無法維護其權威與勢力情況下，幕府的權勢無異處於將軍與守護大名的妥協與均衡之上。

將軍義滿致力統制或削減勢力跨數國的強力守護大名❺。1391 年，乘山陰、山陽有很大勢力的山名氏的紛爭加以消滅，1399 年，推翻有力大名大內義弘於堺，確立將軍的地位。義滿以太政大臣之尊，在出家之後，仍在幕後操縱幕府與朝廷，以提高將軍的權威❻。

諸國與鎌倉幕府時代同樣置有守護與地頭，但性質不同。鎌倉時代的地頭都是將軍屬下的御家人，與將軍有主從關係，但室町時代則為了對抗南朝，將軍需要守護與地頭的協力，形成一種聯合政權。因此，守護與地頭對將軍並無絕對服從的觀念，有時甚至要看利害關係以定行止。

除了由管領輔佐義滿而馳名的細川之外，斯波、畠山等足利一門的

---

❹　管領與鎌倉幕府的執權不同，是在將軍之下，專事輔佐為其主要職責。

❺　山名氏一族合併兼任十一個「國」的守護，領國相當於全國六分之一，稱為「六分一殿」。

❻　義滿之妻為天皇的「義母」（名目上的母親），義滿於其死後一時被賜與天皇之父的太上法皇稱號。又值日明貿易之際，自稱「日本國王」，明朝亦加公認。

有力守護大名交替任職成為慣例（「三管領」），任侍所長官的赤松、一色、
山名、京極諸子（「四職」）亦參預幕政。

　　地方機關在尊氏時設置「鎌倉府」，由尊氏的次男基氏為長官（鎌倉
公方）管轄東國，此後由其子孫世襲此一職位 ❼。除守護任免權等之外，
甚少受到幕府干預，享有很大的權限，儼然小幕府之觀，後來每每成為
與幕府發生衝突的原因。此外設置九州探題，統括各地方，在諸國設置
守護，諸莊園設置地頭，但實質上則是守護大名居於最重要的地位。

　　幕府財政起初主要財源來自「御料所」的直轄領 ❽ 收入，必要時亦
向諸國課稅。又有臨時向守護、地頭課稅，或向一般人徵收房屋稅與「關
錢」等，但亦不甚順暢。至義滿時，幕府獲得了全國工商業中心的京都
支配權，可給與高利貸的「土倉」（金融機關）、釀酒業者「酒屋」等特
權，並徵收巨額的「倉役」與「酒屋役」，成為幕府的重要財源。此外日
明貿易的利潤，亦為幕府財政基礎的一大財源。

## 二、守護大名的成長

　　成為新幕府體制的主角是守護大名。在內亂之中有必要組織地方武
士勢力的足利尊氏，任命同宗的細川、斯波、畠山等為諸國的守護，加
強守護的權限。利用這些職權，守護的「國」內支配乃更為鞏固。

　　1352 年，幕府發布「半濟令」(Hanzeirei) ❾，將一「國」的莊園一半

---

❼　鎌倉府統轄關東八「國」，加上伊豆、甲斐共十「國」（其後又加上陸奧、出羽
　　二國）。其政治組織仿效幕府機構，問注所以下的機關，在行政、司法、軍事
　　方面享有獨立權。與鎌倉幕府時代六波羅探題的地位相當。其長官稱為鎌倉公
　　方（Kubō，鎌倉御所），稱其輔佐官的執事為關東管領，歷代都由上杉氏充任。

❽　直轄地以公方御料所、政所料所之名，分散在全國各地，由足利氏譜代世臣統
　　轄，徵收年貢與公事。與鎌倉幕府相比，倚賴直轄領的比率較低。

❾　1368 年，集一系列的「半濟令」之大成。除了特定的皇室、貴族與寺社領之外，
　　將全國所有莊園，均分給「本所」與「半濟給付人」（武士），對象亦擴及於全
　　國。

地租給與守護，再由守護分給地方武士。守護利用這些手段，侵蝕莊園，將之給與家臣而強化其「國」內的支配權❿。為此，除了幕府所擁有的一部分寺社領地之外，在南北朝內亂之中，多數的莊園已遠離莊園領主之手，而變成有名無實。

室町幕府自其創立以來，有力的守護參與幕政，甚至屢次製造動亂。南北朝的對立，更給與守護擴張勢力一大機會。守護乘此紛爭時期，不斷侵占寺院的莊園，擴張自己的領地，確立其統制權。

守護的權限除了原有的「警察權」之外，還增加有關土地糾紛訴訟的裁決權。更由於戰爭頻繁，幕府不得不加強各國軍事指揮權，陸續授與守護徵收軍糧與充公土地給與武士的權力。幕府一方面默認守護權限的擴大，一方面經常下令禁止越權的非法行為。守護大名的領地大多只有一「國」，但細川氏等有力守護，卻兼有數「國」。足利義滿時，幕府威勢極盛，尚能壓制守護，其後因守護勢力人增，將軍威權衰微，幕府的基礎乃開始動搖。

## 三、倭寇與勘合貿易

室町幕府的財源大部分來自貿易收入，即使在蒙古襲日之後，日本與元朝之間雖無邦交，但貿易、交通卻很盛。為了籌措寺院營建費，幕府屢次遣送天龍寺船⓫到元朝。九州與瀨戶內海沿岸的土豪亦頻繁赴元從事貿易。出現貿易不順暢時，他們則搖身一變而為倭寇（海賊），成為武裝商人集團，掠奪中國大陸與朝鮮半島沿岸。曾於 1368 年，驅逐元朝於北方，建立明王朝的朱元璋，翌年催促日本朝貢，要求日本禁止倭寇。

1401 年，足利義滿要求九州探題取締倭寇，同時派遣使節到明朝，

---

❿　但沒有設置地頭的莊園，則從「半濟令」的對象剔除。

⓫　尊氏為了祈求後醍醐天皇的冥福，建設天龍寺船，為了籌集建造費用，派遣貿易船赴元貿易（天龍寺船），這是仿效鐮倉時代末年，為了籌措建長寺的資金，派遣建長寺船的先例。

要求重開國交。1404 年，以勘合符 ❿ 作為公私船隻的明證。明朝因畏懼倭寇，禁止民間貿易，日本則渴望重開貿易，取得商機。

　　日明貿易乃是依循中國傳統的外交方針——屬國的朝貢形式進行，義滿自稱「日本國王臣源」❸，向明朝執臣下之禮，收取不少貿易上的利益。義滿死後，第四任將軍義持不以為然，一時斷絕與明朝之間的貿易。但第六任將軍義教又重開日明貿易，勘合貿易的規定亦於 1432 年改定。

　　勘合船在中國寧波接受檢查，在首都北京進行交易，採取朝貢貿易的形式，沒有關稅，且生活費、運搬費、旅費等均由明朝負擔，因此可以獲得龐大的貿易利潤 ❹。

　　起初，操在幕府手中的勘合貿易的實權，不久轉到大內氏以及博多商人、細川氏以及堺商人之手，兩者之間不斷展開激烈的競爭。1523 年，終於在寧波發生衝突（寧波之亂）。結果大內氏壓制對方而獨占貿易利益。至 1551 年隨著大內氏的滅亡，勘合貿易斷絕。此時再度出現倭寇肆虐 ❺，一直延續到豐臣秀吉的禁制為止。

　　倭寇的受害，高麗較之明朝為尤甚，國內亦分成親元與親明兩派的對立，且逢歉收，社會益增不安。適有擊退倭寇而聲名大噪的武將李成桂，得親明派的支持，於 1392 年，推翻高麗，樹立李氏朝鮮王朝。朝鮮

---

❿　勘合貿易是十年一貢，每次限定船隻三艘，船員三百人。使用「勘合符」以區別公私船。對日貿易時，將「日」字和「本」字各從當中裁開，一半叫做「勘合符」，另一半叫做「勘合底簿」，日中各保存一半。貿易船攜帶這種勘合符到對方，與當地的底簿核對，以確定其來由。

❸　明朝亦稱之為「日本國王源道義」。「道義」是義滿的法名。

❹　主要的輸出品是銅、硫磺、金、刀劍、扇、漆器等，輸入品以銅錢為主，其後則以生絲、綿絲、絹織物居多。

❺　與十四世紀轉盛的前期倭寇不同，十六世紀貿易斷絕後的後期倭寇，與其說是日本人，毋寧說是以中國人及其他國人居多。倭寇船隻小型有二至三艘，大則多達二百至三百艘之多。倭寇的主要根據地是松浦、對馬、壹岐等島嶼。

要求日本禁止倭寇，義滿應之，並開拓國交，日朝貿易亦繼續採取勘合貿易形式進行，由對馬的宗氏與朝鮮締約，掌握其統制權❶，但其後倭寇仍甚猖獗。1419 年，朝鮮軍襲擊倭寇的根據地對馬，但因朝鮮並無侵略意圖，因此貿易仍得以持續。及至 1510 年，三浦之亂❶發生，日朝之間的貿易遂中斷。

此外，沖繩則自十五世紀前半，尚氏統一中山、北山、南山三王國，最早樹立琉球王國，利用明朝的走私貿易禁止政策，廣泛的與東亞諸國間開拓轉運貿易。以其利潤為基礎，移植中國與日本的文化，一時大為發展。十六世紀中葉，轉運貿易衰退，琉球王國也喪失其過去的隆盛。

## 第三節　幕府的衰退與庶民的抬頭

### 一、鄉村自治

鎌倉後期的農村，經過南北朝之亂有更進一步的發展。尤其畿內及其周邊之地，為了對抗領主與國人的不當要求，或從戰亂自衛，新成長的小農民包含在內的村民（惣百姓）自治集團的村莊發達。這些村莊的領導者，同時也是具有武士性格的有力上層農民，稱為「地侍」(Jisamurai)，從他們之中選任「番頭」、「大人」(Otona) 等村莊胥吏。

村莊召開集會 (Yoriai)，舉行鎮守祭❶與山林共有地的管理，灌溉用水的整備，以及村莊規約（村掟，muraokite）的訂定，並行使警察權與裁判權。向領主繳納的地租，由村莊負責承包。這種村莊的自治組織又

---

❶ 日本的輸出品除銅、硫磺之外，有胡椒、藥材、香木等糧餉貿易所取得的南海諸島特產品，自朝鮮輸入的主要是綿布。交易在富山浦（釜山）等港，此處設有倭館，以接待日本的使節並進行貿易。

❶ 住在三浦的日本人享有種種特權，其後特權逐漸縮小。為此觸怒了日本人而興亂，但不久即被鎮壓。

❶ 舉行村莊神社祭禮的村民組織（宮座），對村莊的共同生活有很大的影響力。

稱惣或惣村 ⑲，有時有數個村莊聯合為鄉 ⑳。

　　結合於村莊的農民，進而集體抗拒莊園領主的支配，進行對非法的「代官」要求罷免或減免租稅的強訴 (Gōso)、逃散、一揆（暴動，起義）等抵抗行動。當時稱之為「土一揆」的農民起義，從近江坂本的交通業者要求「德政」 ㉑ 蜂起，到京都近郊農民參加，掀起了襲擊京都的土倉、酒舖、錢莊與寺社的農民暴動。「一揆」很快擴及於畿內一帶，在各地以實力推動「德政」。要求德政令的頒布與減免地租的一揆，稱之為「德政一揆」。此後以畿內為中心反覆的發生，使幕府大傷腦筋。

## 二、室町幕府的衰退

　　第四任將軍義持及之前的幕府，在將軍與有力守護大名的勢力平衡之上大致保持安定，繼續維持鼎盛時期。但到了第六任將軍義教，志在加強將軍權力而施行強勢的專制政治，因此與逐漸顯露領國獨立化傾向的守護之間的矛盾日顯，復與自始即有強烈獨立傾向的鎌倉府之間的對立加劇。1438 年，義教派軍討伐，翌年，迫使鎌倉公方足利持氏自殺 ㉒。接著有力守護大名亦相繼被懲罰，政治愈益不安。

　　1441 年，四職之一的赤松滿祐謀殺將軍義教，滿祐不久被幕府軍討滅，但將軍的權威大為動搖。從義教的時代開始，土一揆與德政一揆轉盛。義教死於非命之後，嘉吉的大規模土一揆（德政一揆）起事，幕府被迫發出德政令。此後屢頒德政令，幕府的衰退日顯，其中第八任將軍義政怠惰政務，浪擲鉅費於營造事業，耽溺於享樂。幕府政治實權轉到

---

⑲　尤其畿內的農村，有作為副業而從事工商業者，「惣村」同時也是工商業的組織。

⑳　這種村落結合亦有稱之為鄉村制者。

㉑　使借貸、典當等契約無效，抵押亦可無償取回，甚至可以免除年貢。

㉒　此亂發生時，鎌倉府正值公方與關東管領上杉氏對立，上杉氏支持將軍義教，成為後來關東管領上杉氏掌握鎌倉府實權的契機。

管領家細川勝元與新抬頭的四職之一的山名持豐手裏，成為兩者對立的形勢。將軍家的繼嗣問題❷與畠山、斯波兩管領家的繼承之爭成為導火線，對立日益激化，有力守護大名分成細川、山名兩派相爭，終於 1467 年發生應仁之亂❷。

十一年的亂事使淪為戰場的京都慘遭傭兵步卒的恣暴而夷為廢墟。戰火波及於地方，其中加強獨立性的守護與「國人」，在各地霸占莊園，南北朝內亂期間遭受大打擊的莊園制度，至此幾乎全毀。收入來源全被斷絕的公家與僧侶，依賴大名或親朋關係而下放到地方的人增多。幕府的權威喪失，甚至有將軍的支配力所及的地方，只剩山城一國的情況。聚集於京都交戰的大名，在宗全、勝元相繼死後，為了壓制領國內部的動搖，紛紛返回地方。

## 三、產業的發達

充滿動亂的此一時代，同時也是產業經濟發展的時期。農業有集約化經營與多角化的進展，一年種植兩期（二毛作）作物的農耕普及到關東地方。栽培技術的發達、灌漑的進步與肥料的有效利用，使先進地域的稻米收穫增加。手工業原料的桑、漆等栽培盛行，茶的栽培推廣。

漁業與製鹽業甚盛。礦產品亦隨著國內手工業的發達與對外貿易的發展，產量大增。

手工業隨著國內需要的增加與對外貿易的盛況而有顯著的發展，手工業者的分化獨立亦有進展。金屬工業有鍬、鎌、鋤等農具，鍋、釜等日用品的製造增多。尤其刀劍因國內需要大增，且為日明貿易重要的輸出品而大量的生產。

---

❷　將軍家起初因義政無子，立其弟義視為繼承者，其後因妻子日野富子生義尚，於是發生將軍繼承問題。

❷　亂事的原因乃由於將軍家內部、將軍與重臣之間以及地方領主之間的衝突不斷所造成。

纖維產品有絲織品、麻織品業的興盛，尤其京都等地高級品的生產為最。此外製紙業在各地興起，釀酒亦在全國盛行，其中以京都與河內、大和、攝津等地最盛。

手工業品與農產品的交換轉盛，農村市場的數目與市集日次數增加，小販增加。應仁之亂後每月六次的市集普遍化，市集的日期亦在各自的市場之間協定。都市常設的零售店增加，大都市周邊與特產品的產地，產生只賣特定商品的專門市場。

工商業者結成的同業者組合──「座」的規模擴大，種類與數目顯著增加。「座」起初發揮了保護工商業者的角色，但室町時代中葉起，因其封閉性，與不加入座的新興工商業者對立，反而妨礙工商業的發展。

隨著產業的發達與商品經濟興盛，貨幣流通日益旺盛，不僅地租，連各種稅賦亦可用錢繳納。不僅國內鑄造的粗劣私鑄錢流通，宋錢、明錢（「永樂通寶」）等外幣亦可使用。幕府及其後的戰國大名，為了促使交易的順暢，訂定各貨幣之間的交換比率，發布限制流通貨幣種類的「撰錢令」❷❺。土倉、酒屋等金融機關則兼營典當與高利貸，接受幕府的保護而賺取暴利。鎌倉時代開始的匯兌制度愈益普及。

交通的發展顯著，連結各港口的運輸船頗盛，陸上則有「馬借」與「車借」❷❻等交通業者增加，輸送各地產品。其中近江的大津與坂本的「馬借」活動頻繁。隨著交通的發達，商業亦隨之興盛。提供批發商與商人住宿的「問屋」(tonya)，出現在水陸交通要地與大都市。偏遠地之間的商業交易亦盛。物資運輸之外，流行朝拜寺社之風，庶民的旅行風氣甚盛，街道的設備亦逐漸整備，都市的發達日顯。

但著眼於交通運輸增進的幕府、寺社，在水陸要地設置關卡 (sekisyo)，將其徵收的關錢充當財政的一部分。這種關卡對交通的發達當形

---

❷❺ 由於貨幣經濟尚未發達，市面流通的貨幣需要有一定的比例，以哄抬「惡錢」的價格，因而由幕府頒布「撰錢令」，以資調整貨幣的價位。

❷❻ 利用馬與車的運送業者。

成一大障礙。

# 第四節　室町文化

## 一、室町文化的特色

　　此一時代有南北朝動亂為背景的南北朝文化，接著是以將軍義滿的北山別墅（建有金閣寺）為代表的北山文化，與第八代將軍義政的東山別墅（建有銀閣寺）為代表的東山文化。北山文化具有傳統的公家文化與新興的武家文化相融合的特徵，東山文化則是公家文化、武家文化、宋代文化以及新興庶民文化相融合的複合文化。它蘊涵古來的風雅與禪的精神，具有重視簡素幽玄境地的特色。

　　鎌倉時代克服公武二元性而形成的武士階級，到室町時代，在各方面均壓倒公卿階級，進入安定時期。武士以過去所吸取的傳統文化與新從中國吸收的宋文化為基礎，創造了新文化。

　　另一方面，室町時代的文化則不僅是以武士為中心而展開，其中有較廣泛的庶民性格。覺醒於鎌倉文化的庶民性，更深邃的擴大室町文化的內涵，具有階級或地域特性而傳播了中央文化。

## 二、新佛教

　　天台、真言舊佛教，以其保護者朝廷、公卿的沒落，寺院經濟基礎的莊園崩潰，因而喪失了宗教界的主流地位。反之，鎌倉佛教的各宗派，得到武士、農民、工商業者的信仰，滲透到都市與村落。

　　臨濟宗得到足利將軍的信仰，鞏固其宗勢的基礎。將軍義滿仿效宋的官寺，在京都與鎌倉整備「五山之制」❷，並確立了十剎之制❷。這

---

❷　京都五山以南禪寺為五山之上，以天龍、相國、建仁、東福、萬壽為京都五寺，建長、圓覺、壽福、淨智、淨妙諸寺為鎌倉五山。

❷　次於五山的官寺，起初有十個寺，稱為十剎，其後此一定數被破壞。

些官寺的住持，由幕府任命，受到保護與統制。五山的禪僧之中，有參與明朝外交貿易，或精通朱子學或漢文學者❷。

曹洞宗加強與地方武士的結合，向地方伸張其勢。淨土宗於法然死後分成很多流派，得到武士與公卿的信仰，尤其在關東、京都最盛。

淨土真宗（一向宗）於鎌倉時代創建本願寺，本願寺派於室町時代中期，一直被佛光寺所壓抑而不振。但應仁之亂後，由於蓮如的活躍而快速的發展，在北陸、東海、近畿地方的農村傳播，門徒以僧侶為中心，有「講」❸的組織，在各地對大名發動「一向一揆」。

日蓮宗在各地取得武士與都市居民的信仰而發展，並獲朝廷與公家篤厚的信仰而確立其宗勢。

## 三、文藝與美術

鎌倉時代以來，在政治經濟上已無力的公卿，專成傳統文化的旗手，著重《有職故實》的學問與古典研究，一條兼良等留有多數的研究著作與註釋書。吉田兼俱基於反本地垂跡說，以神道為中心，統合儒學、佛教，完成「唯一神道」。

此一時代產生了武士與町眾、農民亦能享樂的文化。連歌❸是南北朝時代公卿與武士流行的大眾文藝，至室町時代，已脫離和歌而獨立，出現優秀的歌集作品。

與連歌同為整個時代受歡迎的藝能有「能」與「狂言」。能是集謠、舞而成的演劇，由專門的能樂師演出，他們在寺社保護之下結成座。其後「能」離開了寺社的保護，在武士的援助下發展。

---

❷　由五山的禪僧所創作的漢詩文稱為五山文學。南北朝時代到室町初期為全盛期。

❸　「講」有大小不同，講依類別，每月舉行一至二回的集會，加深門徒的信仰，論述娛樂與世間的問題。

❸　連歌最初是將和歌分成上下兩句吟遊，其後成為數人共吟數十句的吟詩形式。

　　寺院建築隨著禪宗的發展，唐式建築影響到整個建築界。此外混合唐式與和式的新和式（折衷樣式）亦逐漸發達。僧侶、公卿、武士的住宅大多採用「書院造」(syoinzukuri) 的建築樣式，成為近代和風住宅的典型。這些建築樣式，與禪宗樣式的寺院，營造了依據禪宗世界的精神相調和的庭園。不用水而顯現出流水模樣的「枯山水」(Karesansui) 式庭園，乃是當時獨特的創作式樣。

　　大和繪、畫卷逐漸衰退，取而代之的是自元朝傳來的水墨畫。水墨畫的題材起初多人物，其後流行山水畫。水墨畫由明兆、如拙等所建立，至雪舟而集大成。

## 四、文化之普及

　　武家文化隨著社會經濟的發展，逐漸普及到各地，成為大眾文化。文化的大眾化和地方化，是武家文化的特點。

　　室町時代，守護大名及其家臣都在京都，因此很早就與京都文化接觸，吸取其文化。連歌師的地方周遊，在其傳播給大名、武士、庶民方面，發揮了很大的作用。

　　因對明貿易而積富的大內氏的城下町山口，聚集很多公家、僧侶，有儒學與日本古典的講義（講授），出了很多出版品。肥後的菊池氏、薩摩的島津氏，延聘了桂庵玄樹，講授儒學，土佐亦有南村梅軒講授朱子學（被稱為南學）。

　　在文化的普及扮演重要角色的出版業亦盛。這時的出版業，除了大名之外，尚有五山的僧侶與堺的町人出版佛書、詩文集、辭典等。

# 第八章　大名領國的形成

## 第一節　守護大名的成長

### 一、下剋上的社會

隨著應仁之亂波及到地方，各地「國人」與農民暴動日劇。幕府身旁的山城亦於 1485 年，發生「國人」聚會，依據決議，迫使守護畠山軍退出境外，由「國人」協議下施行自治，長達八年之久（山城的「國一揆」）。

加賀亦興起一向宗（淨土真宗）門徒的「國人」、僧侶，率領農民起義的「一向一揆」❶。1488 年，終於推翻了守護富樫氏，此後約一世紀，根據雙方的合議統治該「國」。

在此一情勢下，不僅將軍，連細川、斯波、畠山等，曾經顯赫一時的守護大名，由於家族的分裂與家臣（國人）的叛離而走向衰亡。接連發生依靠實力推翻主君的家臣叛逆，反抗當權者的農民與都市民眾起義連續不斷的發生，下剋上的風氣盛行於世❷，此後進入約一世紀之久的戰國時代。

### 二、戰國大名的出現

戰國大名的崛起，其時代背景有三，一是近畿、北陸、東海等社會

---

❶　近畿地方的宗教暴動。一向宗僧侶、門徒向大名領地統治挑戰。

❷　應仁之亂的主將細川氏，實權轉到家臣三好長慶之手，長慶勢力又為其部下松永久秀所奪，領地亦被家臣瓜分。斯波氏領地尾張、越前，各被代理守護織田氏與重臣朝倉氏所奪。

經濟較發達的地區，守護大名的家臣、代理守護等，憑藉武力與權謀，在戰亂中取代主君（如織田氏、毛利氏等），二是關東、東北、九州等後進地區，由守護大名乘戰亂之機宣告獨立，逐漸轉化為戰國大名（如武田氏、大內氏、島津氏等），三是從商賈或食客發展而來（如美濃的齋藤氏、北條氏等）。

各地有力大名割據爭鬥，這些大名稱之為戰國大名。他們除了島津、大友、今川、武田之外，幾乎都是代理守護或由「國人」而起，足以顯示其間社會變化之大。

## 三、戰國大名的分國統治

在各地成立的戰國大名，不同於幕府任命的守護大名，他們以武力奪得的支配領域稱之為分國，已不再服屬於幕府的統制，而實行獨裁的專制統治。

戰國大名在領地內否定莊園制，沒收莊園土地，以武力或政治手段迫使小領主臣服，並將其領地轉換為己有。

處於戰國之世的大名，為了確保領地內的統治，嚴密控制家臣的行動，制訂分國法（家法），禁止家臣私訂同盟，領地的自由買賣以及分割繼承，厲行長子單獨繼承，明定其對大名的軍事效力、嚴禁家臣之間的相互攻戰，甚至連家臣的子女婚姻亦需得到主君批准，違者處以嚴厲的刑罰（「喧譁兩成敗」❸）。但分國法❹之中，亦多採取大名與家臣協議方式，保障家臣團的利益，抑制大名濫權。

戰國大名無不致力於富國安民的產業開發，競相興修水利、開墾農田，以增進農業生產，同時實施檢地❺，管制其領地。

---

❸ 喧譁兩成敗，即爭鬥雙方都作制裁的一種刑法。

❹ 「分國法」又稱「家法」、「國法」、「壁書」等，有名者如今川氏的《今川假名目錄》、武田氏的《信玄家法》等。

❺ 與後來豐臣氏的檢地不同，即由家臣報告領地的面積、佃耕者、收穫量。

過去從朝鮮與明朝輸入的棉織品，亦在戰國大名之下，開始在三河等地栽培棉花，增進木棉產品的生產，並盡力採掘金銀礦藏，鍊製技術與礦山業的發達特顯。同時致力改良領地內的道路，撤廢非必要的關卡，突破過去莊園制度下狹窄的經濟圈。

## 四、都市的發展

戰國時代都市的發展尤其顯著。京都與奈良自古都是以政治、經濟、文化的中心而繁榮，室町時代則興起以寺社為中心的門前町，戰國時代各地城下町以及港町、驛站町、寺內町的發展亦著。

戰國大名進行強力支配，大名的居城亦從過去的山城轉移到交通便利而進行開發的平野，形成家臣與御用商人聚居的城下町❻，以領地政治、經濟、文化中心地而繁榮，連結各地城下町與京都、奈良及偏遠地區商業中心更有顯著的發展。戰國大名對城下町的發展亦給與保護，過去形成工商業發展障礙的「座」的特權被否定，為了促進自由商品流通，施行「樂市」、「樂座」❼的管理政策。

原來從「惣村」產生的都市，有力町民為中心的自治組織發達。尤其堺、平野、博多等地，利用戰國大名間的對立，從領主支配中獨立而施行自治市政，其中有雇用浪人挖掘水溝以建設自衛性的自由都市❽。與「一向一揆」對立的日蓮宗的「法華一揆」，亦是以町眾教徒的自治組織為基礎。

---

❻　大內氏的山口、今川氏的府中（靜岡）、北條氏的小田原、島津氏的鹿兒島都是此一時代興起的城下町。

❼　座是工商業者的行會組織形式。樂為自由之意。戰國大名推行廢除座的特權、免除非座商人的市場稅、營業稅，實行自由營業的政策。

❽　堺市採取三十六人會合議制的町政，博多則是由十二人「年行事」來運作町的政治。攝津亦有類似的組織。

# 第二節　室町幕府的衰退

## 一、幕府權力的變質

在一系列一揆（民變）使國內騷然之際，足利幕府的權力開始發生動搖。1408 年，足利義滿死後，繼承將軍大位的是義持。因其在乃父在世中受到冷淡對待，義滿死後無論在國內政治或對外方針，無不執意改變乃父的政策。在其執政時期，得到管領斯波、畠山等的輔佐，勉強保持其權威。但在臨終之前仍未能決定繼承者，最後以抽籤方式決定，充分顯露將軍專制已喪失其威權，幕府權力只是奠基於有力守護的勢力均衡之上。

足利義教就將軍位（第六任）的 1428 年，乃是近江發生「土一揆」之年，幕府的權力基礎已瀕臨崩解。義教對於此一危機，如同義滿，採取高壓政策，藉以恢復將軍的專制，但中途即被一個對他的壓制態度感到不安的赤松滿祐所暗殺（1441 年）。大名之間互相猜疑，幕府決定討伐赤松之議竟拖延一個月之久，暴露出當時幕府的無能。其後更未出現意圖恢復權威的將軍，將軍於是成為完全無力的存在。

## 二、關東管領的滅亡

幕府創立當初對其所設置的關東管領，無不抱持一種鞏固武家勢力根據地關東的期待。但事與願違，基氏及其子孫世襲管領之間，關東的獨立性提高，與幕府之間的關係日漸疏遠，終於形成對立。關東內部，管領的支配無法確立，管領、守護階層的豪族、國人等的紛爭不絕。幕府乃利用這種內部糾紛，致力於支援、培養反管領勢力，發生於管領滿兼時代的伊達氏叛亂即是其中之一。

1409 年，持氏繼承滿兼為管領之後，關東的情勢愈加多難。代代任執事而為管領中心，且致力調停與幕府之間衝突的上杉氏，卻於此時分

裂成四家，其中尤其以山內、犬懸兩家的對立最甚。1415 年被持氏與山內家的憲基剝奪執事職的犬懸家的氏憲，於 1423 年叛亂，驅逐持氏與憲基出鎌倉。幕府支持持氏，迫使氏憲陷於孤立而敗死。但此亂的勝利卻不代表持氏權力的確立，亦非意味著與幕府關係的改善。守護、國人拒絕管領的支配，「國」內的勢力之爭正酣，關東與京都的對立依然持續。

義持死後，窺伺將軍大位的持氏，對新將軍義教表現露骨的敵意，1432 年，義教來駿河時亦拒絕會見。持氏乃於 1438 年舉兵迫討駐紮分國上野的上杉憲實，與支援憲實的幕府軍全面衝突。亂事由於大半的守護與國人不支持持氏，其劣勢已明，持氏自殺。至此，長達百年的關東管領事實上消滅。

# 第三篇 近 世

# 第九章 統一政權的成立

## 第一節 織豐政權的成立

### 一、織田信長的事業

應仁之亂後約一世紀的戰國時代，開啟了統一的端緒，各地出現有力的大名，逐漸走向統一的趨勢。戰國大名夢寐以求的「上洛（晉京）以令天下」，首由織田信長❶達成。

織田信長滅亡其主君斯波氏，統制尾張。1560 年於尾張的桶狹間之戰，打敗駿河的今川義元，即快速擴張勢力。旋與三河的德川家康結盟，消除後顧之憂，進而滅亡美濃的齋藤，擁戴流浪的義昭（前將軍足利義輝之弟）進入京都，及至平定畿內，乃擁立義昭為將軍。

1570 年，織田信長在近江的姊川打敗近江淺井長政與越前朝倉義景聯軍。旋即與義昭簽署協定，掌握幕府實權，進而占據京都，挾持天皇、將軍，號令天下，為統一奠定基礎。翌年，火燒比叡山延曆寺（擁護淺井、朝倉勢力），消滅強大的寺院勢力。

---

❶ 織田氏原是越前國織田莊園的莊官，其後成為管領斯波氏的家臣，任代理守護，成為統治尾張的戰國大名。

　　信長於 1573 年，將陰謀結合武田信玄❷、朝倉與毛利氏，抗拒信長
的將軍義昭，逐出京都，至此，室町幕府已名實俱亡。1575 年的長篠合
戰，信長以步槍的威力與新戰法，大敗宿敵武田勝賴（信玄之子）之軍。
翌年於琵琶湖畔安土山建造雄偉的安土城。

　　其後數年，信長以畿內為中心伸張勢力。信長最大的敵人是以石山
本願寺為核心，在全國各地擁有寺院與寺內町的「一向一揆」。此後展開
了十一年的石山戰爭。1580 年，終於弭平了「一揆」勢力，長達一世紀
的「一揆」遂解體。

　　信長壓制了京都，控制近畿、東海、北陸地方，正將完成其統一大
業之際，卻於 1582 年，率軍赴援豐臣秀吉與毛利氏對戰途中，在京都本
能寺遭遇家臣明智光秀的反叛，敗死（本能寺之變）。信長的稱霸事業功
虧一簣。

　　信長之所以能在群雄中脫穎而出，著統一全國之先機，主要是以肥
沃的濃尾平野❸為根據地，且受惠於接近京都的地理優勢。信長徹底彌
壓自古代、中世以來誇稱威武的延曆寺、本願寺等寺院勢力，對基督教
則加以保護，採用步槍戰術❹，即其優異之表現。

　　信長在經濟政策方面，採取「樂市」、「樂座」制，獎掖自由營業，
積極推展工商業，使岐阜、安土的城下聚集眾多的商人，加強領地內的
經濟力。此一政策對於以前取得商業特權的山城、大和等諸座保護者的
寺社與公卿，給與很大的打擊。此外廢止以徵收關錢為目的的各地關卡，

---

❷　武田信玄原為名將，同抱挾天子以令天下之志，但猝死，齎志以沒。

❸　此一地方生產力較高，產業發達，但不像畿內有強大的農民勢力，發起「土一
　　揆」（土民暴動），武士與農民有適當的分化，乃是最適合新的武士勢力抬頭的
　　地方。且以其舊的莊園領主權力無畿內的滲透，亦有利於大名權力的成長。

❹　步槍（「鐵砲」）是 1543 年葡萄牙人傳到日本（九州南部），此後二、三年，即
　　在堺等地仿造。步槍徹底改變了日本的戰術。信長巧妙的利用這種新武器於戰
　　場，採用「足輕」的集團戰術，擊敗強敵而嶄露頭角。

修築道路橋樑，整備交通設施，促進物資的流通，加強領地內的經濟力。
他征服自治都市堺，利用豪商，提供軍費與軍需品，有利於其統治體制
的整備。

## 二、豐臣秀吉的統一事業

繼承信長事業的是豐臣秀吉。秀吉出生於尾張農家❺，隨從信長而
嶄露頭角。在滅亡淺井氏後，成為近江長濱的城主。本能寺之變當時他
正在備中與毛利氏交戰，聞訊立即揮軍赴援，破明智光秀於京都西南的
山崎。翌年打敗信長重臣柴田勝家於琵琶湖北岸的賤岳，進而平定北陸，
確立其為信長繼承者的地位。

秀吉在大阪石山本願寺的舊址，建造大阪城作為根據地❻。旋與德
川家康、織田信雄交戰於尾張的小牧、長久手（1584 年），不久媾和。翌
年，降伏四國的長宗我部元親，平定四國。旋任關白，翌年晉昇為太政
大臣，朝廷賜姓豐臣。1587 年，討滅擁有九州大半的島津義久，1590 年，
滅亡小田原的北條氏政，終於平定東北地方❼，統一全國。

秀吉隨著統制地區之擴大，賜與有功將士領地，或重新配置，自己
則擁有直轄領二百萬石，再以京都、大阪、堺、長崎等都市為直轄地，
統制籠絡富裕商人❽。復置佐渡、生野礦山為直轄，鑄造貨幣，廢止關
卡，促進海陸交通❾。

秀吉於 1588 年，在新建的聚樂第款待後陽成天皇，乘機使諸大名向

❺　秀吉之父曾為織田氏的步卒（足輕），在秀吉出生時，退隱於中村（名古屋市）
而居百姓身分。

❻　大阪為水陸要地，是在經濟上與住吉、平野、堺等富裕都市接近的樞要之地。

❼　此時，陸奧的伊達政宗等亦歸屬，東北地方被壓制。

❽　多數的戰國大名，假藉豪商之力，籌措武器與軍糧的輸送。秀吉亦利用堺、博
多的商人，協助糧食運輸。堺商人小西隆佐（行長）等，後來亦被重用，負責
財政。

❾　一里統一為三十六町，主要街道建造里程碑。

其效忠，採取以傳統的權威為背景，號令諸大名的手腕。

政務多由秀吉獨裁，但設置五奉行，分掌行政、司法、財務。另任命有力大名五人為五大老，重要事項以合議決定，但這種制度在逐漸上軌道之前秀吉即去世，因此其統制體制甚為薄弱 ❿。

## 三、太閣檢地與刀狩

秀吉的事業中，留給後世影響最大的是「檢地」與「刀狩」。檢地是為掌握農民，訂定租稅基礎（在戰國大名之間亦有施行者）。秀吉自山崎會戰以來，每征服過後即派遣家臣實行，在其統一全國後，普遍的施行，稱之為太閣檢地 ⓫。由於這種丈量土地，把過去雜亂的面積單位加以統一，訂定田園、邸宅等級，依米穀收穫量（石高，Gokudaka）負擔租稅。耕地與邸宅所有人，均記載於丈量土地帳冊中，作為租稅與勞役負擔的依據，藉以確立一地主一耕佃制，此後在一塊土地上有好幾個所有權人分享收穫的莊園制度乃解體。

有力農民之中，多數擁有「下人」（賤民，僕人）、武器，而具有武士性格，秀吉乃於 1588 年，發布「刀狩令」，沒收民間所有武器，防止農民暴動。同時於 1591 年發出「身分統制令」，禁止武士變更身分為町人、農民，或農民變成商人或日工，固定了士農工商的身分。至此，建立了兵農分離，農商分離的原則。

總之，「檢地」與「刀狩」，兵農分離交互施行，具有維持農村統治和封建統治體制的重大意義。

織豐政權有三項政績值得一提：一是廢除莊園式統制關係的遺制，

---

❿ 五奉行為淺野長政、增田長盛、石田三成、前田玄以、名束正家，大老為德川家康、前田利家、毛利輝元、小早川隆景、宇喜田秀家、上杉景勝等有力大名，隆景死後，稱為五大老。加藤清正、福島正則、細川忠興等武將與五奉行之間不甚融洽，秀吉死後很快即發生摩擦。

⓫ 豐臣秀吉所實施土地丈量與年貢（地租）的統一。

經由全國性丈量土地的強制施行，建立統一的農民統制、地租徵收體制。二是藉此完成兵農分離，使武士聚居城下（城下町），確立了身分秩序。三是「樂市」、「樂座」制的實施，促成商品流通，更由於度量衡、幣制的統一，得以有效統制全國的經濟。

# 第二節　對外關係

## 一、西力東漸

1492 年，義大利人哥倫布 (Christopher Columbus) 得西班牙女王伊沙貝拉 (Isabel I) 的援助，橫渡大西洋抵達美洲大陸。1498 年，葡萄牙人達伽馬 (Vasco da Gama)，繞道非洲大陸，抵達印度的西海岸加爾各答 (Calcutta)，自此開啟了歐洲人進窺美洲、亞洲之路。此後，美洲成為西班牙的殖民地，再進而於十六世紀中葉占據菲律賓，以馬尼拉為東方貿易的根據地。葡萄牙則以印度的臥亞 (Goa) 為根據地，逐漸向東方擴展，以中國的澳門作為對明貿易的據點。

## 二、南蠻貿易與基督教

1543 年，航向明朝寧波的葡萄牙人，漂流到日本九州南方的種子島，這是歐洲人來日的開始。此時島主種子島時堯，取得葡萄牙人的步槍，使其家臣學習使用與製造。由於日本與南蠻人 ❷ 之間的貿易與交往，使日本受到很大的影響，尤其西方新銳武器步槍的普遍性使用，徹底改變了過去以騎兵為中心的戰法與築城法。此後葡萄牙人與日本的貿易益盛。

1549 年，耶穌會 ❸ 創設者之一的沙勿略 (Francisco de Xavier)，航抵

---

❷　「南蠻」指的是南洋的外夷（西葡義等國南歐系的西洋人），至於江戶初期來日的英荷人，則稱為「紅毛人」，以資區別。

❸　當時歐洲正在進行宗教改革，新教勢力強大，天主教亦擬擴大其勢力於東洋，其中之一即是耶穌會。

鹿兒島。不久到京都，對荒廢的都城與天皇、將軍權威之式微感到失望。旋即訪問大內（大分），得到大名大內義隆、大友義鎮的保護，在中國、九州地方傳教，基督教因此得以傳播到各地。

葡萄牙船隻只進入允許傳教的大名領地，傳教士則利用大名的權威從事傳教❹。大名之中有接受洗禮的，稱之為切支丹 (Christian) 大名，其中大友、有馬與大村等三人，依傳教士的勸告，於 1582 年，派遣少年使節團赴歐晉見羅馬教皇❺。

西班牙人稍後來到平戶（1584 年），參與對日貿易。日本把葡萄牙人與西班牙人稱為南蠻人，與之有關的，或他們攜來的東西，都冠上「南蠻」之語。

基督教屬於一種與神道、佛教迥然不同的一神教，與過去的思想對立，但在被迫過著貧困生活的農民之間卻被廣泛的信仰。尤其傳教士從事社會事業與醫療活動，在吸收信徒上發揮了很大的作用。

大名與武士之中，亦有因信仰基督教而取得貿易上的利益，復以其信仰而受神加護並祈求武運長久。基督教自其傳來之後半世紀之間，在西日本各地先後建立教會、傳教士學校、神學校等，勢力大有進展。

## 三、豐臣秀吉的對外政策

### 1. 禁止基督教

1584 年，在菲律賓馬尼拉擁有根據地的西班牙船隻，漂流到平戶，領主松浦憤葡萄牙貿易港為長崎所獨占，對耶穌會不滿，有意開放貿易。

秀吉於 1587 年出兵九州之際，明令限制大名信仰基督教❻，旋即頒

---

❹ 島津氏禁止基督教，在其領地內沒有葡萄牙船，但得肥前藩松浦氏的保護而入平戶港。經過十年後，松浦氏禁止傳教，葡萄牙船乃改停泊於大村領地橫瀨浦，最後始進入長崎。

❺ 依據傳教士的勸告，派遣伊東等四名少年赴歐（彼等於 1590 年歸國，稱之為天正遣歐使節）。

發「驅逐令」，但禁教政策卻不徹底，蓋仍獎勵貿易，因此傳教士依然潛入日本傳教。適逢遠赴菲律賓的日本人與西班牙人發生衝突，秀吉乃於1591 年，要求菲律賓入貢，甚至有遠征計劃，遂使通商無法展開。遠征菲律賓計劃其後因出兵朝鮮而未實現，但日菲使節往來頻繁。旋又允許西班牙傳教士在日本傳教，於是引起葡萄牙、西班牙兩國傳教士間的對立，加上豐臣秀吉後來採取鎮壓基督教的政策，南蠻貿易遂中斷。

## 2. 對外貿易的獎勵

由於海外貿易的刺激，日本人航行國外者日益增多。秀吉亦有往外發展的雄心，他一面禁絕倭寇，一面設朱印船❶，航行南洋，採取和平貿易的保護方針。

在西班牙人到達呂宋之前，該地已有日本人與中國人的移民。其後日本人來者更多。呂宋的西班牙政府，鼓勵日菲貿易，因此呂宋與平戶之間，船隻往返日多。十六世紀末，在馬尼拉及其東北岸，已有日僑二千多人。

朱印船曾溯航至湄公河金邊 (Phonom-Penh)，當地日僑曾參加柬埔寨的內爭。交阯（法屬安南）亦為朱印船出入的地區。廣南的外港峴港 (Tourane) 與會安 ( Faifo)，均有日本街。此外，暹邏、澳門、馬六甲群島，以及安南東京一帶，都有日僑的蹤跡。

## 3. 出兵朝鮮

秀吉企謀恢復與明朝之間的貿易，於 1587 年命令對馬的宗氏要求朝鮮入貢，但對中國（明朝）持從屬關係的朝鮮置之不理，遂於 1592 年，出兵朝鮮（文祿之役）❶。秀吉以肥前的名護屋為本營，派遣小西行長、

---

❶ 秀吉發布基督教信仰的限制令，雖不禁止一般人信仰基督教，但大名則在禁止之列，對不放棄基督教的大名，則沒收其土地。

❶ 秀吉禁止倭寇等海賊的行為，頒發給長崎、京都、堺等地商人出國許可證（「朱印狀」），獎勵「朱印船」的和平貿易。

❶ 秀吉傾全國之力遠征朝鮮，其原因有謂其喪子，為發洩憂鬱，而興無名之師，

加藤清正率領十五萬大軍，登陸釜山，不久攻陷京城（漢城）。加藤軍渡豆滿江，進入滿洲，但遭遇朝鮮義軍的反抗，日本水軍處於劣勢，復因明朝救援朝鮮，戰局轉趨不利。其間雖舉行和談，日軍撤退，但未達成媾和協議[19]。秀吉復於 1597 年再派十四萬軍遠征朝鮮（慶長之役），但戰況不利，自始即陷入苦戰，翌年秀吉病死，日軍撤退。

前後七年的出兵，使日本將士曝於異域，且無端傷害朝鮮人民，不僅引起朝鮮與明朝的反感，也耗費龐大的戰費與兵力，促使日本國內疲弊，終於導致豐臣政權的衰亡。

# 第三節　安土、桃山文化

信長、秀吉的時代，以其居城的地名稱為安土桃山時代[20]。此一文化乃是處於社會大變革時代的產物。由於一世紀的戰亂已平息，出現了統一國家，各地盛行經濟文化交流，與外國的交涉日趨活絡，反映到文化上，產生富有新鮮豪華壯麗的文化。同時展現新統治者武士以及利用戰爭、貿易與時代的變動而贏得財富的豪商之風尚與經濟力。最大的特徵乃是創作了很多擺脫佛教色彩的繪畫與雕刻。

文化的主角是戰亂中建立大功的諸侯與武士以及在貿易上獲得鉅利的富商。他們不拘於舊有陳規，為誇耀權勢與財力，以赤裸裸的人性樸實的形式，顯示其優越性，反映出闊達豪放的精神。其文化的表現強勁有力，與高雅纖細而誇大的貴族文化迥異，與絢爛頹廢的江戶町人文化

或謂欲藉對外戰爭，以消除內部的危機，但以當時日本的社會情勢而論，有急迫打開對外貿易的需要，所以禁教而不禁商，足見其藉此恢復室町時代以來的封貢貿易的企圖心。

[19] 對馬的宗氏冀望對朝鮮貿易，自始即傾向於和平主義，擔任和議的小西行長亦傾向於此。因此秀吉所提出明朝投降，割讓朝鮮半島一半的條件，完全被明朝所忽視，小西行長所能取得的回答只是「封汝為日本國王」而允許朝貢的條件而已，秀吉大怒，媾和交涉決裂。

[20] 因秀吉晚年居城伏見，其後稱之為桃山，遂稱之為桃山文化。

亦有不同。

　　因與海外交涉頻繁，此時文化受到強烈的西歐文化影響。透過基督教輸入的南蠻文化，使文化內容變成多彩。學問亦因傳教士而有天文學、醫學、地理學等實用的學術，美術亦受到西洋繪畫的影響而有油畫、雕刻的特殊技法。耶穌會傳教士凡里那尼 (Valignani) 傳來活字印刷機，刊印宗教書籍的翻譯與辭典、日本古典（切支丹版、天草版），並傳來其他葡萄牙語、西班牙語❷❶。

　　安土、桃山文化獨具的特色是城堡建築、繪畫和茶道。

　　象徵此一時代的建築是城廓。這是基於軍事、政治的理由，從過去的山城，轉而在交通方便的平地建造，由多層天守閣❷❷的「本丸」（城堡中心部）、堡壘與濠溝所圍繞的幾個廓所構成。多數建築物，各自有其立體之美，城主的居館採取「書院造」建造方式，附以豪華的雕刻與繪畫，充分展現桃山文化的特色❷❸。神社與寺院的建築亦充分顯示此一時代的特色。

　　繪畫以裝飾城廓殿舍的隔扇與屏風等障壁畫為中心，顯示出強烈的色彩效果。在安土城、大阪城、聚樂第描畫的狩野永德，稱為城廓繪畫的創造者。其門人狩野山樂，更建立具有強力裝飾性的畫風。與狩野派相提並論的海北友松等，亦有濃彩的裝飾品傑作。水墨畫亦留有優秀的作品。

　　雕刻因佛像雕刻已衰微，盛行裝飾住宅格窗的雕刻，工藝亦多豪華裝飾，建築物金屬裝飾與泥金畫的家具，顯現華麗之風。

　　出兵朝鮮期間，從朝鮮傳來活字印刷術，出版了幾種書籍。出征的諸大名帶回朝鮮的陶工，製造有田燒、薩摩燒等，創造了日本陶瓷器的

❷❶　至今仍然殘存的葡萄牙語有蛋糕 (castera)、紙牌 (carta) 等。

❷❷　天守閣是純日本式獨特的多層樓閣建築，不僅具有領袖群倫的權威象徵，且為建築、雕刻、繪畫與工藝美術、庭園等造型藝術的總匯。

❷❸　信長的安土城、秀吉的伏見城、大阪城等為其代表性遺構。

大阪城天守閣

新時代。

起源於室町時代的茶道、插花與「能」、「狂言」等，在此一時代大為流行。堺出生的千利休完成品茶會的方式，茶室、茶器、庭園等亦相應的興盛。武將與町人亦成為茶的品茗會愛好者，廣泛的採用於日常生活之中❷❹。

十七世紀初，出雲的阿國在京都開始跳「歌舞伎舞蹈」，此後女歌舞伎轉盛。由琉球傳來的三味線作為伴奏樂器，配合淨瑠璃而操作人形淨瑠璃逐漸流行。

---

❷❹　由吃茶發展為茶道是日本所特有。茶道發展的起源是在堺等近畿都市。千利休以簡素、和敬、閑寂所表現的寂靜為茶道的根本精神。即在閑寂的境地，以茶室為中心，作質樸的品茶。

# 第十章　幕藩體制的確立

## 第一節　江戶幕府的成立

### 一、幕府的創立

豐臣秀吉死後，掌握政權的是德川家康。德川氏是三河的小諸侯，其與家臣間的強勁連繫成為最大的力量，數代之間即伸張其勢力。在征伐小田原後，受秀吉之命從東海移駐關東，但領有關東的大部分，為五大老首席、最有力的諸侯。秀吉死後，子秀賴幼少，家康掌握了實權❶，終於將企圖排斥他的石田三成所組聯軍擊敗於美濃關原（關原之戰），確立了霸權。

1603 年，德川家康任征夷大將軍，開創江戶幕府。開啟了此後長達二百六十年的德川幕府統治時代，亦稱江戶時代。

家康為了鞏固權力，使德川氏世襲將軍地位，於 1605 年把將軍職讓與其子德川秀忠，自行引退駿府，卻仍以「大御所」❷身分操縱幕政。

由於豐臣秀賴仍雄據大阪，家康假藉京都方廣寺的重建，挑起戰爭❸，於 1614 年的「大阪之役」（大阪冬之陣、夏之陣），攻滅豐臣氏，

---

❶ 豐臣秀吉初設五奉行，分掌政務，復於五奉行上設置五大老議事，德川家康為五大老之首。

❷ 親王或將軍隱居之所，常指德川家康。

❸ 方廣寺初為秀吉所建，因地震而倒塌，秀賴重建。家康假藉寺的鐘銘中有「國家安康，君臣豐樂」詞句，証解為懷有「豐臣為君，斬殺家康，始能國安」的居心而進攻大阪。

消除了反抗德川氏的腹背之敵。

「大阪之役」以後，德川家康訂定管制朝廷與大名的法令。第二任將軍秀忠，亦對有危幕府的大名加以處分。第三任將軍家光主政時，幕府的組織制度已完備，對外鎖國體制亦已鞏固，於是形成了江戶幕府的統治體制（幕藩體制）。

## 二、幕府的統制

### 1.官　制

從家康到第三任將軍家光，是德川幕府的奠基時代，也是集權的「武家政治」時代。家康晚年，將軍的直轄地（俗稱天領）有二百萬石，其後逐漸增加，至十七世紀末，已達四百萬石。此外重要都市與主要礦山亦屬將軍直轄地，並壟斷貨幣的鑄造與發行權，因此將軍的經濟力與軍事力非其他大名所能望其項背。

江戶幕府的官制，最高職位是大老，但非常設，通常由老中執掌重要政務。若年寄輔佐老中，並監督旗本❹。此外三奉行（寺社、町、勘定等首長）司一般政務，均設置二至數名，通常採取按月輪值，交替處理政務，如有重要政務則採合議制。

地方以「京都所司代」為最重要，專司朝廷的監視、西國大名的監督。重要都市京都、大阪與駿府，則設有「城代」（城的首長）與町奉行❺。長崎奉行處理貿易與海防，佐渡奉行管轄佐渡礦山。這些幕府直轄地的奉行總稱遠國奉行。其他直轄地由勘定奉行❻管理。司法、警察，由三奉行、所司代與遠國奉行等斟酌地域與內容分擔，重要事件則由評定所❼

---

❹　旗本為直屬將軍的家臣，俸祿一萬石以下，但有直接參謁將軍的資格。

❺　武家的官職，分掌政務的部門首長。

❻　直屬老中管轄，監督幕府直轄地的「代官」，專司稅務、金錢出納等以及幕府財政及領內的農民行政與訴訟。

❼　幕府職制之中，大番、小姓組番等以警備為主的職務，稱之為「番方」。如三

處理。

　　將軍賜與領地一萬石以上的稱為大名❽，有親藩、譜代（原為德川部屬的親藩）、外樣（關原之戰後從屬德川氏者）之別❾。大阪之役以後，大名的居城只限定一座（一國一城令），連大名的結婚亦需幕府許可。軍役則是應戰時「石高」（米穀收穫量——俸祿），提供一定數量的兵馬。

　　關原之戰後，德川幕府推行比豐臣更徹底的諸侯統制方策，即將旗本、譜代大名分布於關東地方，將「外樣大名」移置奧羽、四國、九州等偏遠地區或非軍事、經濟地區。

　　秀忠為了統制大名，於 1615 年公布「武家諸法度」❿，明示大名所應遵守的事項。至家光時再加改定，此後每遇將軍更替，均加修訂⓫。幕府於初期臨之以「武斷主義」，對違反「武家諸法度」者，或無後嗣者，處以「改易」（罷免或沒收其領邑）處分。但影響大名最大的是「參覲交替制」⓬。大名的統治組織稱為藩⓭。藩的統治組織與幕府機構大同小

奉行以行政、司法為主者則稱為「役方」。外樣大名很少參與幕府政治。

❽　大名（Daimyo，即諸侯）起初不足二百名，中期以後，增至二百六十至二百七十人。

❾　親藩乃是御三家（家康的三個兒子被封的尾張、紀伊、水戶等三藩），德川氏一門的大名。譜代自始即為德川氏的家臣，外樣則是織田信長與豐臣秀吉的家臣，在關原之戰後從屬於德川氏者。

❿　最初的「武家諸法度」，乃是德川家康命南禪寺金地院的崇傳起草，以將軍秀忠之名公布。

⓫　其內容除了政治、道德上的規制，維持治安等規定之外，也訂定有關大名之施政與儀禮。

⓬　這是家光時所定，強制規定大名的妻子居住在江戶，大名必須交替參覲。一般是在府一年，在「國」一年，關東的大名則是半年交替。領國與江戶間的往復費用以及江戶邸宅的支出相當沉重，成為大名財政很大的負擔。但江戶卻因此而發展為大都市，且因大名的往來而促使交通發達，文化亦普及於地方。

⓭　藩的制度是將幕府的制度小規模化，置有家老、町奉行、郡奉行等。藩的收入大體以收穫量一半的年貢米為主要，其中一半為家臣的俸祿，以其剩餘供作領

異。藩的大名稱藩主，其下設家老、年寄、番頭、奉行、代官等各官職，負責掌管家臣團、財政與軍事等部門。

大名起初將其領地的一部分分給家臣，其他作為直轄地徵收租稅。分給家臣領地的制度稱之為「地方知行制」(Jikatatigyōsei)，至十七世紀中葉，多數的大名廢止不用，改為全部列為直轄地，改採俸祿制度。於是家臣無法支配土地與人民，大名的力量轉趨強大❶。

將軍直屬的家臣領地未滿一萬石者為旗本、御家人❶。具有旗本與御家人資格者，始可任勘定奉行、町奉行、代官、與力❶等官職，但亦有被編成大番、徒士組等軍隊者❶。

### 2. 朝廷與寺社

此一時代的天皇已完全遠離政治，形式上將軍由天皇任命，但其領地極少，幕府甚至訂定「禁中並公家諸法度」（1615 年），對天皇、公卿的行動加上種種限制，且由京都所司代嚴格監視，天皇與公卿的政治活動幾乎全被剝奪。

寺社勢力由於喪失其經濟基礎──莊園而顯著衰退，幕府又訂定寺社的「法度」，嚴加統制❶，佛寺遂成為幕府的御用機關。全國主要的神

---

地內的政治與參覲交替的費用。

❶ 藩士在大的大名家，大體領一萬石以上，但多數只有數百或數十石。下級的步卒（「足輕」）所得甚少。

❶ 御家人與旗本同為直屬將軍的家臣，但不具有參謁將軍的資格。據 1722 年的調查，有旗本五千二百零五人，御家人一萬七千三百九十九人，他們與家族及傭人同住江戶，成為完全的消費者。有領地者可徵收貢米，無領地者則從淺草的幕府「米藏」領取春夏冬三期的俸祿米，把其中的一部分換成金錢充作生活費。

❶ 隸屬於奉行、所司代的輔佐官職。

❶ 這些武士（「諸隊」），平時充當江戶城或將軍外出之際的警衛，以及二條城、大阪城的警備。

❶ 「寺社法度」，確立了本寺與末寺制度，規定末寺必須服屬於本寺，佛寺絕不

社、寺院，大多由將軍或大名賜與領地，或由朝廷授與神職或官位。

寺院依照宗派組成本寺、末寺，由本山授與種種稱號之外，亦有由朝廷賜與紫衣或上人號者。幕府利用寺院的組織作為基督教禁教政策的對策，規定所有人必須屬於任何寺院的「檀那」（danna，施主），由寺院出具證明（寺請制度），硬性規定寺院不能任意改變「檀那」的方針。為此很多僧侶不再從事真正的宗教活動，寺院變成以葬儀與供養為主的地方。

## 三、農民統制

幕藩體制乃是由將軍與大名的強力領主權所統治的政治機構，支撐此一機構的是負有租稅義務的本百姓（自耕農）❶。社會上則以士農工商的身分之別，父權強大的家族制度為基礎的組織為基本架構，而以自耕農為中心的村落為行政單位。

封建社會原是以農業生產為中心，手工業只是農家的副業經營，在貨幣經濟尚未發達的時期，大部分的人都過著自給自足的生活。幕府與諸藩盡力保持這種狀態，但隨著經濟的發達，自給自足的生活發生變動，不久封建制度亦趨於崩潰。

將軍與大名等領主，對農民均施以最嚴厲的統制。當時的農村多為五十到六十戶的自然村落，領主以之為行政單位，設置名主 (nanushi)、組頭、百姓代等村莊胥吏。名主由各村的百姓擔任，起初多為世襲，其後經由選舉產生。名主負責年貢的分配、水利的管理、治安的維持。組頭為名主的輔佐，一村有數名。百姓代為一般農民的代表，負責監督名主與組頭。

受幕府以外的命令。

❶ 持有土地，負有租稅與勞役義務的百姓。雖為自耕農，但田地少者，亦同時從事佃耕。佃農之外，雖屬少數，初期稱為名子 (nago)、被官 (hikan)、家抱 (ke-hou)、門 (kado) 等，隸屬於自耕農的農民。

村民分成擁有田地與邸宅的自耕農，以及沒有田地而從事佃耕的佃農，參加村落自治事務的，只限於自耕農。官吏甚少參預村政、戶籍、納稅、土木工程等大部分事務由名主負責。

為了村民的統制，實施「五人組」制度，這是集合鄰近的五戶農家組織而成。五人組對於租稅的滯納與犯罪，負有連帶責任。對於紊亂村莊秩序者，在村民的協議下，以「村八分」❷的成規加以制裁。

租稅有地租與房屋稅，通常以繳納米穀為原則，但一部分為繳納現金。其他尚有山林等收益所課賦的雜稅、土木工程等徭役。稅賦以土地為主，商業利益並未受到重視，因此與都市的町人相較，農民的負擔非常重。貢米徵收率雖是收穫的三分之一左右，但佃耕的百姓還要繳剩餘的一半佃租，幾無充裕的生活。

幕府為了防止自耕農沒落，維持年貢的徵收，採取盡可能取得耕地與勞力的均衡政策。1643 年發出「田畑永代買賣禁令」，禁止田地的買賣。1673 年，規定普通百姓限定田地面積一千平方公尺，米穀收穫量十石為標準，禁止土地分割（分地制限令）。此外，設法使農民不至於被捲入貨幣經濟之中，禁止種植菸草、木棉、菜種等（田地任意種植禁令），但因農民渴望栽培收入較豐的作物，禁令逐漸有名無實。

幕府與諸藩為了徵收更多的租稅，對農民的衣食住加以嚴格的限制。尤其 1649 年，幕府發出「慶安告示」，詳細規定約束農民日常生活的事項。

要鞏固幕藩體制，當有必要維護社會秩序。為此，立士農工商身分之別，提高統治者武士的地位，釐定其與農工商之間的嚴格差異❷❶。農工商之下的穢多 (Eta)、非人等賤民，禁止與一般庶民交際，作隔離式的統治❷❷。

---

❷　全村絕交（全村都不得與之往來）的制裁制度。

❷❶　武士的身分標識，允許其稱名道姓、帶刀，當其權威被庶民傷害時，認定其享有「殺無赦」的特權。又公家、神官、僧侶也享受與武士同等的特權。

在各種身分之中有不同的格式，同為武士，下級者對上級者的態度、語言亦需有所不同，主從關係則更甚。無論武士或庶民，反抗主人的罪最重。此一時代的中心是家，家之中家長的權力最大，家長對於背叛自己的親族，可以「勘當」（斷絕父子關係）或絕緣（斷絕夫妻關係）。將來繼承家的長男較之次男、三男受到重視。男尊女卑之風甚盛，武家女子不能享有家業繼承權❷。

# 第二節　對外關係與鎖國

## 一、初期的外交

德川家康的外交方針，一改豐臣秀吉的強硬外交，採取以貿易為主的政策，雖禁止基督教，貿易卻照常進行。當時荷蘭與英國開始向東洋擴展，在國家保護之下，積極從事東洋貿易❷。

1600 年，當荷蘭商船漂流到豐後時，家康聘請其航海士約士登 (Jan Joosten) 與英國人三浦按針 (William Adams) 為外交、貿易的顧問。1609 年，荷蘭船航抵日本，家康頒給貿易許可證朱印狀，允許其自由貿易。1613 年，英國使節攜帶國書來航，要求開放通商港口，認可其自由旅行，承認治外法權。兩國均在平戶開設商館。

家康致力於振興與西班牙的貿易，派遣使節要求與西班牙屬地墨西哥通商❷。仙台藩主伊達政宗亦派遣支倉常長到西班牙，希望打開與墨

---

❷ 穢多從事皮革手工、雜業與農業等，住在一定場所，「非人」則指乞丐。一般庶民如有犯罪，則降低為非人。

❷ 歐洲有女性國王與領主，沒有因為結婚而喪失其領主權，但日本則無女性膺任大名或旗本。

❷ 荷蘭原屬西班牙屬地，1581 年發表獨立宣言，成為新教的新興國。英國於 1588 年打敗西班牙的無敵艦隊，急速在海上稱霸。英國亦信仰獨自的新教英國國教。英國於 1600 年，荷蘭於 1602 年創設東印度公司，擴展其東洋貿易。

❷ 與西班牙的通交，自聖菲律培號事件（1596 年）以來中斷。1609 年，呂宋的

西哥的直接貿易，卻未實現❷。

　　家康促進與呂宋、安南、柬埔寨、暹邏等南洋諸國的邦交，於是自豐臣秀吉時代以來盛行的日本人海外發展更為積極，前往該地交易的日本人增多。另一方面，幕府於 1604 年，實施「絲割符制度」❷，採取統制生絲輸入的方法，因此販賣中國產生絲獲暴利的葡萄牙商人，受到很大的打擊。

　　隨著對外貿易盛行，日本人爭相赴海外，且有滯留者，其中有數百人甚至數千人聚集創設日本町，實施自治的地方❷。

　　家康企圖與一直陷於交戰狀態的朝鮮恢復邦交，命對馬的宗氏與之交涉。至 1607 年，朝鮮使節（通信使）來日，其後將軍更替之際，均派遣慶賀使節來日。1609 年，朝鮮與對馬的宗氏訂約，宗氏每年派出二十艘貿易船，與朝鮮進行貿易。

　　琉球自十五世紀以降，為尚氏所統治，與東亞諸國間進行轉運貿易而獲利。薩摩的島津氏，自十五世紀即與琉球通好貿易，但因不能直接派船赴明貿易，乃於 1609 年，出兵征服琉球，雖名目上仍保留其為明朝的朝貢國，卻透過琉球，將明國的物產運到薩摩牟利。

　　德川家康最熱望與明朝通商，但明朝卻懼倭寇而採取鎖國政策，因此沒有打開邦交。但明朝商人卻常來平戶及其他地方進行貿易，雖屬小船，每年卻多達數十艘。但日本船與明船在明朝的領土之外相逢而交易

---

　　總督敦羅洛里哥於回墨西哥途中，漂流到上總，翌年，德川家康送一般船，遣送其回墨西哥。

❷　支倉常長於 1613 年經由墨西哥到歐洲，謁見西班牙國王與羅馬教皇，但沒有達成締訂通商條約的目的。

❷　由特定的商人組織「絲割符仲間」，此一團體每年春天自行決定輸入生絲的價格，以其價格統籌生絲的輸入額，其後再配售給「仲間」（行會）會員的制度。這是為了壓抑葡萄牙商人的暴利所採取的制度。加入絲割符仲間的京都、堺、長崎、江戶、大阪的大商人稱為五所商人。

❷　渡航日本人之中，有被暹邏的王室重用而任六昆 (Regol) 國王的山田長政之例。

的「相逢貿易」最盛的是在臺灣、呂宋、交阯、柬埔寨等地。

## 二、鎖國體制

　　十七世紀初盛行的海外貿易，逐漸受到限制，最終處於鎖國狀態。其原因主要是基督教的問題。天主教教徒強烈排斥異教徒，與舊有的宗教毫無妥協的餘地。當時西班牙與葡萄牙，正值以武力擴張其海外的殖民地，傳教士多採配合本國殖民政策的行動。信徒凝聚力強，對大名形成一大威脅。

　　家康為了取得貿易利益，甚至利用傳教士，默認基督教的傳教，耶穌會以外的舊教各派亦陸續前來傳教，因此信徒大增，至 1605 年，已達七十五萬人之眾。傳教地區亦從九州、中國地方擴展到關東、北陸、奧羽地方。旋因新教國英荷向幕府告密，指斥葡萄牙、西班牙的領土野心，佛教徒亦對基督教加以責難，江戶幕府遂於 1612 年對直轄領地（江戶、大阪、京都、長崎）發出基督教禁令。翌年禁教令擴及全國，不僅驅逐傳教士，並且強制信徒改信。雖有多達數十萬的信徒被迫改信，但一部分信徒卻始終不屈服，幕府與諸藩愈益感受威脅。這是採取鎖國政策的原因之一。1616 年，秀忠決定將對外貿易港限定於平戶與長崎。家光於 1623 年禁止西班牙人入國和通商。1633 年，日本人的航海僅限於「奉書船」❷，至 1635 年甚至全面禁止日本人出國與海外日本人的歸國，清國船亦限定於長崎。1636 年，在長崎港內建造「出島」，將葡萄牙人遷徙到該島。

　　在日益加強鎖國政策的同時，爆發了島原之亂。原因是島原城主松倉與天草領主寺澤的苛政。領民之中多基督教徒，遂奉此一地方的舊領主有馬、小西兩氏的浪人為領導，推舉一少年天草四郎時貞為總帥，於 1637 年至翌年與幕府軍交戰，終於彈盡援絕而敗。

---

❷　除了朱印狀之外，另由江戶幕府老中頒發「奉書」（特許證）給長崎奉行，特許出國的船隻。

　　此次亂事更使幕府大為震驚，決定徹底禁教，並嚴禁日本人對外貿易或航行海外，至此完成鎖國體制。同時施行信徒證明制度，在基督教徒較多的九州北部，每年實行「繪踏」(ebumi)，以證明其為非基督教信徒❸。

　　幕府之所以斷然實行鎖國，主要是因為當時的日本貿易，在輸出入方面都沒有與國內產業廣泛連結，因此並沒有因鎖國而產生經濟上大變動的顧慮，而排斥荷蘭的傳教，只進行貿易，因此透過荷蘭人即可取得必需品。同時幕府的貿易統制亦是其主要原因。蓋幕府以為貿易轉盛，促使工商業發展，必然招致貨幣經濟，迫使封建社會的基礎發生動搖，唯恐與貿易有關的大名與有力商人富強，亟欲將貿易置於幕府權力統制之下。復因歐洲各國對於偏遠地區的日本，沒有特別為此而採取武力等非常手段，逼使日本開國的必要，也是長期維持鎖國體制的原因。

　　但鎖國的結果，日本人的海外發展受阻，南方的日本町不久消滅，國內則工商業停滯，社會的進步遲緩，封建社會得以長久的延續。鎖國期間雖創造了日本的特殊文化，產生了具有特色的文學與美術，但所失卻大於所得。

　　鎖國後，航行長崎的貿易船只限於荷蘭船與清國船，貿易港亦限定於長崎一港。但幕府當局卻也能從荷蘭商館長所提供的荷蘭《風說書》（傳聞），瞭解海外的情形。荷蘭以爪哇 (Java) 與蘇門答臘 (Sumatra) 為殖民地，以巴達維亞（Batavia，雅加達，Jacarta）為根據地，在長崎設置分店，不求基督教傳教而專圖貿易之利，務求符合對方國家的政策。

　　由於葡商貿易與朱印船貿易的中止，日本對外貿易遂由荷蘭與清朝獨占。其後由於清船繼續來航，輸入額與年俱增，幕府乃於 1685 年對荷蘭船與清船嚴加限制，但清船數反而日益增加，遂於 1688 年強制限定為七十艘，清國人的居住地亦侷限於特定的區劃內（唐人屋敷❸）。

----

❸　為了根絕基督教的信仰，實施強制性的繪踏（或稱踏繪 fumie），踏上黃銅製耶穌或聖母瑪利亞肖像，以逼迫信徒放棄信仰。

# 第三節　農工商的發展

## 一、農業的發達

　　幕府採取扶植小農和獎勵開墾的農業政策。農產品的生產額雖有種種限制，但在改進生產技術方面頗為積極，農業生產有顯著的發展。其原因第一是耕地面積之擴大。以人工灌溉稻作為主的農業，端賴水利條件為耕田好壞的關鍵。江戶時代積極修築水利工程，使沼澤地變成良田，耕地面積大增。新田開發，因有領主的積極獎勵，尤其初期由富庶農民充當，且作為幕府與諸藩的事業而有進展，其後町人投資者增多。由於使用油粕等人造肥料，農具亦有改良式的耕作器具及灌溉用具（水車、龍骨車等），農業技術大有進步。

　　宮崎安貞的《農業全書》等農學書籍的出版，促進收穫量的增加。尤其隨著貨幣經濟的發達，桑、麻、棉（衣料原料）、菸草、茶葉、蔬菜等商品作物發達，充裕了農家經濟。

　　農村生活，在用水與公共（入會地）、肥料的使用等方面，需要相互協力。在祭禮等宗教儀式與通婚等，亦以村莊單位居多。為此，村民在經濟上或社會上亦為了互助而連結，蓋一離開村莊就很難維生。

## 二、產業的發達

　　漁業自十七世紀以後有顯著的進步。過去在攝津、紀伊方面為中心的京畿漁法，傳到全國。捕鯨業從十七世紀初，在紀伊、土佐、肥前等地盛行，其他如土佐方面的鰹、蝦夷地（北海道）的鯡魚、昆布等頗為著名。十八世紀中葉在長崎製作海產品輸往清國。

　　礦業早已為幕府所注意。金銀礦多為幕府直轄，礦山的發掘是戰國

---

❸　1689 年，幕府在長崎街上，設置「唐人屋敷」（唐人街），在三萬平方公尺的範圍內，限定清國人的居住，俾便監視。

時代以來富國強兵的政策之一。江戶初期因貿易旺盛，銀的需要量大增，加以貨幣需求量日增，幕府遂積極進行金銀礦的開發，且引用西方的發掘技術。銅、鐵、煤等礦的開採亦頗普遍。

工業起初只是與農業結合的自給自足的農村家庭工業為主流，其後業務逐漸專業化，技術亦有進展。纖維工業的發達特著。陶瓷器、漆器的生產與製紙業、釀造業等頗為發達，產生很多名產。此外宇治的茶等各地特產物，受到藩的保護與專賣政策的鼓勵，農村的商品生產更盛。十八世紀，批發制家內工業日益普遍。這是具有商業資本的批發商貸與農家原料與工具，收買其製品的經濟型態。

## 三、都市與商業的發達

### 1. 城下町的繁榮

近世的都市以城下町的發達最為顯著。江戶及大名的城下有領地內商人與工人聚集，供給武士的必需品。城砦附近住有大名的家臣，商人與工人依其業種別而集中居住，形成魚町、鐵匠町、木匠町等。其中江戶居住有很多大名、旗本、御家人等武士及其家僕，十八世紀初人口已達百萬人。商業都市的大阪，稱為「天下的廚房」，十八世紀初有人口三十五萬人。皇宮所在地兼具工藝、宗教都市的京都，十七世紀時亦有四十萬人口。著名的港埠長崎與堺亦有五、六萬人口。

生產力的增進與都市交通的發達，帶來商業的繁榮。商品之中主要的是大名作為年貢而徵收的米及領地內產品（「藏物」）。諸大名為了出售這些米，在大阪與江戶設置的「藏屋敷」(Kurayasiki)㉜日益增加。

### 2. 商品貨幣經濟的發展

商人日趨專業化，於是有批發商、零售商等的分化，後因批發商與經紀商企圖獨占商業，各行業的同業乃組成「行會」（稱之為「株仲間」，

---

㉜　大阪諸藩的「藏屋敷」（儲藏兼出售糧食的棧房）櫛比，全國物產集中於此，堂島米市場的行情左右全國米價。

kabunakama）。其壟斷性營業受到幕府與諸藩特權的保護，行會以外的營業一概被禁止 ❸。

　　江戶幕府以直轄的主要礦山生產的金銀銅為基礎，一手包辦貨幣的鑄造。設置金座、銀座，促使金銀錢三種全國共通貨幣流通，對商品經濟的發達有很大的影響。貨幣的種類有大判（十兩）、小判（一兩）等金幣，丁銀、豆板銀等銀幣，一文錢等錢幣。德川中期以後，領主為了拯救財政的匱乏，同時發行紙幣（藩札）。

　　不同的貨幣有不同的換算率，都市有以匯兌與秤量為業的匯兌商。他們之中多富裕的商人，匯兌之外，亦營公款存放、借貸，具有金融機關的機能。大阪天王寺屋、鴻池屋，江戶的三井等，都是規模很大的匯兌商。

# 第四節　幕政的安定

## 一、文治政治

　　德川幕府為了鞏固政權，建立嚴苛的統治體制，推動「武斷政治」，對付反抗幕府的大名。第三任將軍家光時，幕府的基礎大體已確立，社會漸趨安定，文運興隆，於是逐漸轉變為整頓法律、制度，維護社會秩序，提高幕府權威的「文治政治」。

　　家光死後，由於幼少的家綱繼位問題而引起亂事 ❸，亂事平定之後，幕府放寬大名的「改易」條件 ❸，續又禁止大名家臣殉死，訂定廢止戰

---

❸　行會的功能主要在協定價格、統一品質、調節販賣量，以維護同業的權益，但須繳交費用或捐款。

❸　此亂是由於井正雪等浪人不滿所發起。

❸　無後嗣的大名於臨終之前急忙請准繼承人的「末期養子」，過去一直都不被准許，成為大名改易（貶為平民）的一大原因，至此，此一禁令已放寬，改定五十歲以下大名即可獲准。

國時代征戰風氣的政策。文治政治著重以儒學為一切學問的中心，以教化推動文治主義。保科正之、德川光圀等好學大名輩出，儒學益盛。

## 二、元祿時代

文治政治的風潮最盛的是第五任將軍綱吉的元祿時代。綱吉愛好學問，建設湯島聖堂，任命儒官林信篤為大學頭 (Daigakunokami)，起用北村季吟為「歌學方」(掌管歌學研究)、安井算哲為天文方 (掌管天文)，盡力推動學問的興隆。

經濟的發展亦著。大名與其家臣被迫過都市生活，支出漸大，勢須開源，遂積極開發新田，提高農業生產力，加徵農民的稅。另一方面則鼓勵農民生產活動，栽培經濟作物，增產生絲與紡織品，工商業乃得以蓬勃發展。

快速的經濟成長，造成以自給自足經濟為前提的幕府與諸藩財政的窘境。幕府的財政，初期有重要礦山的直轄收益與外國貿易的利益，因而相當充裕，其後因金銀產量減少，鎖國造成貿易利益銳減，加上家綱時代，發生明曆大火災，江戶城等市街大部分燒毀，重建工作需款孔急，所儲存的金銀幾已用罄，財政極為拮据。

德川綱吉的生活奢侈，復因深信佛教，大興土木，益增幕府財政的困難。綱吉採用荻原重秀的意見，鑄造劣質貨幣，以其差額作為幕府的收入，但只能救一時之急，反而因此發生物價高騰，引起庶民的不滿。

元祿時代雖經濟發展，文化百花齊放，但封建經濟已出現破綻，社會逐漸呈現混亂局面。

# 第五節　元祿文化

## 一、元祿文化的特色

在鎖國狀態之下，江戶時代的文化，少受外國的影響，逕自創造了

符合日本風土與社會需要的文化。但長達二世紀半的鎖國時代，文化的性格亦有相當的變化。

江戶時代的文化特色是，承續室町、安土、桃山時代萌芽的庶民文化而有顯著的發展。另一方面，統治階級武士之間，深研儒學，使儒教道德沉浸到各階層。這種文化發展，主要是由於封建制度已確立，維持了長期的太平歲月，以及幕府採取積極的文治政策，促進生產的提高，提昇庶民的生活，而有愛好學問與藝術的餘裕。加上印刷術的發達，書籍普及，更促進文化的提昇。

江戶文化並非外來文化的移植，而是將外來文化消化以後發展的日本文化，也可說是平安時代以後第二次日式文化成熟的時代。

元祿文化反映在創造幕藩體制的武士精神以及肯定現實人生的町人精神。其最大的特色是高度的顯示現實主義傾向。幕府與各藩積極獎勵的儒學，與政治深深的連結，排除佛教思想，在古典的研究與自然科學的研究方面，充分發揮了合理的精神。

元祿的美術、工藝主要的舵手是京都、大阪等京畿的豪商，他們繼承過去文化的傳統，承繼過去豪華的桃山文化之後，給與美術世界與生活、風俗更洗練之美。

## 二、儒學興隆

學問的主流是儒學，其中以朱子學最盛，蓋朱子學明辨君臣、父子之別，重上下秩序，大義名分之辨。這種理論最契合盡力維持封建秩序的江戶幕府，因而獨尊儒學。

藤原惺窩起初為京都相國寺的僧侶，還俗後務期從朱子學解放禪宗。其門下林羅山亦為建仁寺的僧侶，學朱子學，不久為德川家康所用，其子孫代代執掌幕府文教，朱子學遂大被重視。諸大名亦仿效幕府，起用朱子學者。朱子學者多以儒教解釋日本的神道，山崎闇齋即運用朱子學倡導垂加神道㉟。

古學不以朱子學、陽明學為然，主張回歸孔子、孟子的古典學派，可說是日本創始的儒學。兵學家山鹿素行，著《聖教要錄》批判朱子學，主張應回歸古代聖賢，因此為幕府所忌，被流放到赤穗。在京都堀川開設私塾（古義堂）的伊藤仁齋，據《論語》、《孟子》，重視經驗的知識。受仁齋古學啟發的荻生徂徠，重視治國之道，著《政談》，主張壓制都市的膨脹、武士的土著化。

## 三、學　問

在歷史學方面，採取依據確實的史料記述的態度。除了林羅山等的《本朝通鑑》，水戶德川光圀的《大日本史》等的編修之外，新井白石的《讀史餘論》乃是依據階段的時代區分，論述武家政權的推移，頗具特色的史論。

自然科學方面，藥學研究出發的本草學❸❼（博物學）、醫學、農學等實用的學問相當發達。貝原益軒的《大和本草》實為博物學的本草學之集大成。數學由於土地的測量以及土木工程的必要，有相當優異的研究❸❽。天文、曆學有安井算哲修撰的曆法❸❾。

## 四、元祿藝術

大和繪有尾形光琳採取俵屋宗達的畫法，強烈表現裝飾的意境。這些都是上層社會所欣賞，庶民尤其町人社會所愛好的則是浮世繪❹⓿。

---

❸❻ 山崎闇齋首倡的神道說，以天道、人道一元的思想為根本，集唯一神道、吉川神道諸家神道之大成，以守護皇室為本旨。

❸❼ 本草乃是足為藥物基本的草類，研究植物、動物、礦物的藥用效果的本草學逐漸帶有博物學的色彩。

❸❽ 關孝和以類似筆算代數學與微積分的方法，推算圓的面積。

❸❾ 澀川春海（安井算哲）自行計測，創作「貞享曆」，為幕府所採用，改變了平安時代以來慣用的「宣明曆」。

❹⓿ 江戶時代流行的風俗畫。浮世繪意指一種由厭世產生的享樂主義（今朝有酒今

此一時代的繪畫，已遠離公卿與寺社的關連而具有庶民的特色，其中心是浮世繪。以美人、官吏、相撲等為畫題，起初是單色墨畫，元祿時代開始，施加簡單的彩色，其後產生多色的浮世繪版畫。元祿時代的菱川師宣開創新畫風，用木版印刷。至十八世紀中葉，鈴木春信創始「錦繪」（彩色浮世繪版畫），開創了浮世繪的黃金時代。

陶瓷器的技法是豐臣秀吉出兵朝鮮時傳授而來，因九州各藩的獎掖而廣及各地。佐賀藩的有田燒即為其中之一。

## 五、日常生活與信仰

幕府與諸藩，對百姓與町人的生活發出許多禁令，但到了元祿時代，町人的生活相當奢侈，穿著元祿時代模樣華美的衣裳，居住亦有加上「書院造」的。但大部分的居家還是用木板或茅草葺成。江戶町人大都使用磚瓦，直到十八世紀中葉以後，始有改變。農村大都使用麥薰、茅草或木板葺成，磚瓦的使用是禁止的。

衣料以麻布與木綿為中心，絲綢與捻線綢亦在禁止之列（農村）。飲食在都會區以米為主食，農村則是參雜麥、粟等雜糧，或多用麵類。砂糖因國內出產少，一般不易使用，直至十八世紀才開始普遍。

庶民之間，自古即對神道與佛教的信仰根深蒂固，尤其神佛習合的思想，而同樣禮拜神與佛。生病時多倚賴「山伏」（在山野中修業的僧侶）等的祈禱。

基督教在嚴苛的彈壓之下，幾已銷聲匿跡，九州離島尚有少數秘密信仰者，但與民間信仰混合而成為與基督教有別的信仰。

---

朝醉）的人生觀。以男女間的戀情、社會上的生活情景風俗為體裁的一種繪畫。

# 第十一章　幕藩體制的動搖

## 第一節　封建社會的動搖與改革

### 一、武士的貧困與農村的變化

　　到十八世紀，原甚鞏固的幕藩體制已呈現重重矛盾，其中之一是武士的窮困。苦於財政窘境的幕府與諸藩，力求開闢新財源，對兼營釀造與典當業的富裕農民，課賦雜稅，或向專利的行會徵收營業稅。但諸藩大多向大商人借款，以應一時之需，亦有專賣藩的特產品救急。以地租收入為基礎的封建領主乃日漸衰弱。

　　旗本、御家人與藩士等的貧困日益嚴重。他們的俸祿收入始終未變，支出卻日益增加，唯有向商人借款，或違反禁令從事兼職而勉強度日。這種情形到十八世紀末愈益惡化，甚至有收富裕町人作為養子或出售武士身分的情形。

　　但幕藩體制從根本動搖的是農村的變化。由於貨幣經濟的滲透，都市商人逐漸進入農村，因生活困難而拋棄土地的農民日增。元祿時代的富農已有役使譜代大名屬下賤民或家僕耕作，進而出借土地以供佃耕，收取高率佃租的寄生地主，至此，自耕農為中心的農村結構遂崩解。

### 二、享保改革

　　十七世紀，以農業為中心而發展的生產活動，其後亦在各種產業繼續擴大。全國市場樞要之地的江戶、大阪、京都三都，與領地內市場中心的城下町，港灣都市等工商業流通的重要據點商人日趨富裕，足以貸

款給窮困的大名與武士，甚至出現掌握藩財政的商人。

1716 年，第七任將軍德川家繼早夭，本家絕嗣，遂由「御三家」的紀伊藩主德川吉宗繼任。吉宗近三十年將軍任內，揭櫫德川家康的政治理想，力圖恢復將軍的權威，重建日益腐化的幕藩體制。

吉宗盡力整備法制，制定《公事方御定書》(*Kujikata osadamegaki*)，作為裁判的基準，簡化裁判事務，並凍結金銀借貸有關的訴訟。又在評定所設置「目安箱」（民眾投書箱），讓庶民投訴。

吉宗改變綱吉以來幕僚政治，拔擢譜代大名，以加強將軍的權力。為了解決財政困難，發出「節約令」，壓抑財政支出，並要求大商人出資，獎勵新田開發，採用「定免法」❶，提高稅率，以增加收入。同時實施捐米制（「上米」）❷。這些政策確使幕府的財政有了起色。

但增收地租，成為農民一大負擔，因而引起反抗。以米作為生計的武士與農民，由於受到米價影響，生活困苦，因而蠢蠢欲動。幕府苦心積慮於米價的調節，但米價卻不斷地浮動，對幕府的不滿與日俱增，因而搗毀事件❸頻起。米的價格下降，其他物價卻居高不下，於是頒降低物價之令，但無實效。旋又改變貨幣制度，鑄造金銀成色減半的貨幣，以安定物價。

及至起用青木昆陽，推行甘藷的栽培，甘蔗、朝鮮人參的種植，對以米穀為中心的農業政策作了些許改變，經濟狀況始稍有起色。此外輸入阿拉伯種的馬，放寬漢譯洋書輸入限制，顯現其對時代脈動因應的態度。吉宗的改革以其年號稱之為享保改革。

---

❶　「定免法」(Jōmenhō) 乃是以年貢租稅率，依據五年或十年，訂定一定比率收取地租，除了歉收之年，年貢率不變。

❷　「上米」(Agemai) 乃是命大名每年捐獻收穫量的百分之一，而以參覲江戶期間減半為回饋。但僅實行數年即中止。

❸　搗毀 (Utikowasi) 的主要對象是胥吏的宅第與米店

## 三、田沼時代

　　吉宗之後，第十任將軍家治時代，掌權的是老中田沼意次。田沼一改過去的重農政策，採取重商主義經濟政策。擴大專賣制度，允許行會的設立，利用商業資本，加徵各項營業稅，以圖強化幕政。此外，改鑄貨幣，增加發行量，以適應貨幣經濟的發展。但因質劣，反而引起經濟界的混亂。

　　對外貿易亦頗積極，對於長崎貿易，逐漸緩和正德新令的限制，在定額以外，改以銅與海產，作為換取金銀輸入的積極方針。同時調查各地銅山，促進銅的增產與專賣。嗣又以海產輸往清國，以遏止銅的大量外流。

　　田沼的政治與過去以農業為中心的作法不同，而是改採利用商業資本，收取實利的政策，頗具創意，但卻引起利益被剝奪的農民反抗，更由於「求利」之風普遍，以致賄賂風行，官吏的地位亦用金錢買賣，導致幕府統制力之衰退。

　　1783 年發生天明大饑荒，餓死者眾，各地連續發生民眾暴動。田沼的改革被指為秕政，並受到各界的嚴厲批評，田沼遂成為眾矢之的而失勢。田沼的改革因此半途而廢。

## 四、農村凋弊與農民暴動

　　整個十八世紀，貨幣經濟滲透到農村，導致以自耕農為中心的村莊組織解體。給與農民生活直接打擊的是歉收與饑荒。其中 1732 年發生於西日本的蟲害（享保大饑荒）、1782–1787 年、1833–1839 年東北地方凍害的天明、天保大饑荒，餓殍滿道，農民生活陷入無底的深淵❹。農村的荒廢極為慘重，拋棄村莊而流向都市的農民驟增，引發新的社會問題。

　　貧窮的農民出售田園與家財以度日，這些田園則被富裕的農民與町

----

❹　除了因饑饉與疾病而死亡之外，還故意溺嬰，使農村人口陷於停滯。

人所收購，貧富的差距愈大。地主之中，有經營貸款或釀酒、經商獲利，而有更多兼併田園者。地主與佃農的對立，村莊胥吏與百姓之間的對立愈益激烈。反映這種狀況的是民眾暴動頻仍，都市貧民屢次發生不滿米價高漲，要求廉售的搗毀事件。

在享保以後，暴動與搗毀事件驟增，同時暴動的性質亦逐漸有所變化。起初多是名主等胥吏代表農民，向領主要求減免地租，其後逐漸發展為一般農民廣泛的揭竿而起，提出政治要求，更有與地主、高利貸業者對立、以貧農為主力的暴動。

暴動與搗毀事件，一般都是欠缺組織與統制，雖多突發性的暴動，但在不斷暴動的過程中，封建社會的基礎遂日趨動搖。

## 五、寬政改革

田沼意次失勢之後，江戶與大阪等地有十幾個都市，發生搗毀事件。面臨此一危機之際，實際掌權的是輔佐第十一任將軍家齊的老中松平定信。

松平起用新人，整肅綱紀，命大名、旗本、武士與商人勵行節約，並採取嚴刑峻法，強調維護封建身分制度的決心。

他摒棄意次以營利為主的政策，恢復重農政策，力圖復興農村。為了防止農村人口減少，嚴禁殺嬰陋習，頒布「舊里歸農獎勵令」❺，防止農民湧入都市。為了籌應饑荒，命各大名儲藏米糧，並積存公款以應急需❻，同時補助大阪、京都等地設置社會與義倉，以資救濟。

幕府為了拯救大名與旗本的財政困難，獎勵經費的節約，發出「棄捐令」❼，免除旗本與御家人的借款負擔。在江戶石川島設置「人足寄

---

❺　限制前往江戶或其他地方的「奉公」或出外做活，禁止溺嬰，發放旅費給因饑饉而流入江戶的人，勸導回歸農村。

❻　每一萬石儲藏五十石米（圍米）。節省町經費的七成為「公積金」（「七分積金」），充作救濟之用。

場」❽（流浪者收容所），收容江戶的流浪者，輔導其學習技術與就業。

定信於 1790 年，定儒學為朱子學的正學，其他學派為異學，禁止在聖堂學問所以外的教學（寬政異學之禁），改聖堂學問所為官立昌平坂學問所。幕府的胥吏任用考試亦限於朱子學。林子平倡說國防重要性的《海國兵談》，被斷定為無用之說，蠱惑人心而處以監禁之刑。

此外，採取嚴厲的統制政策，為了端正風俗，禁止奢侈品買賣，婦女結髮，男女共浴。甚至以小說批判政治或認定其為紊亂風俗者，均在禁制之列 ❾。

定信的改革稱為寬政改革，對幕政的緊縮有相當程度的效果。但這種表面的對策，卻無法解決封建社會的矛盾。

定信引退後，德川家齊執掌政治，其生活依然極盡奢華之能事，綱紀鬆弛，賄賂風行，世風日下，追求享樂風潮盛行，政風更一蹶不振。

## 第二節　幕府的衰退與近代的胎動

### 一、西力東漸

歐美自十八世紀末，發生美國獨立（1776 年）、法國革命（1789 年），十九世紀後，拿破崙稱帝，法國與英俄交戰，荷蘭一時被法國所併吞，國際情勢產生很大的變化。其中俄國船與英國船相繼航抵日本近海，日本面臨國防上的危機。

俄國於十八世紀初，經過西伯利亞到日本近海。在此情勢之中，十八世紀末期，工藤平助與林子平等，倡說海外情勢之緊迫，倡導海岸防

---

❼　六年以前的欠款消帳，五年以內則降低利息分期還債，並由幕府貸與低利資金給米倉代理店。

❽　收容流浪者，課勞役之所。

❾　以遊樂場為舞臺所描畫的「洒落本」被禁止，其優秀作者山東京傳處以五十日手鐐之刑，洒落本完全衰落。

衛的必要，海防論盛極一時。1792 年，俄國使節拉克斯曼 (Adam Laksman)
航抵北海道根室要求通商。

幕府於 1798 年，命近藤重藏到千島探險 ❿，翌年將北海道東部劃歸
直轄地。其後（1804 年），俄人雷薩諾夫 (N. P. Rezanov) 來到長崎，要求
通商，遭到幕府拒絕。其後北海道西部亦劃歸直轄，由函館奉行（地方
官）管轄，命秋田、仙台、會津等諸藩加強北海道的警備，派遣間宮林
藏到「北方」探檢。但其間俄國船登陸擇捉、國後大肆掠奪 ⓫。

英國已在十八世紀中，建殖民地於印度，再伸張其勢力於中國。十
九世紀初，拿破崙征服荷蘭，英國乘勢攫奪荷蘭的東方殖民地。1808 年，
英國軍艦費頓號 (Faeton) 追逐荷蘭船侵入長崎，逮捕商館人員，幕府至為
恐慌。此後英國與美國的捕鯨船時常出沒日本近海，強行要求供水與糧
食。

幕府於 1825 年發布「異國船驅逐令」，命各藩除了清朝與荷蘭船隻
之外，驅逐所有接近日本海岸的外國船隻。1837 年，為了與日本交涉貿
易，載運日本漂流民抵日的美國商船莫里遜號 (Morrison)，在相模的浦賀
與薩摩的山川被擊退。其後批判此舉的高野長英、渡邊崋山等，受到幕
府嚴厲的處分。及至鴉片戰爭清國敗戰的消息傳到日本，朝野大為震驚。

## 二、社會的動搖與大鹽之亂

十九世紀中葉（天保年間），連年歉收，發生天保大饑荒。不僅農村，
都市亦充滿貧困的民眾，在各地連續發生農民暴動與搗毀事件，幕府與
諸藩卻束手無策。

1836 年的恐慌尤其嚴重，大阪有許多人相繼餓死，豪商卻囤積居奇，
獲取暴利。町奉行（市長）不僅不尋求救濟貧民之策，幕府反而將京畿

---

❿　淡路的商人高田屋嘉兵衛隨近藤重藏參加擇捉的探險，並開拓航線。

⓫　1881 年俄國軍隊來到國後島，艦長哥羅寧登陸。日本的警備兵捕獲哥氏入牢，
　　俄國於翌年監禁高田屋嘉兵衛作為報復，至 1883 年，事件始獲解決。

一帶的米運送到江戶。眼見此狀的大阪町奉行所的前「與力」❷ 陽明學者大鹽平八郎，於 1837 年動員民眾，武裝暴動（大鹽之亂）。亂事雖僅一天即被鎮壓，但幕府官吏，在大阪這一天下穀倉公然向幕府武力反抗，給與幕府與諸藩很大的衝擊，影響所及，全國各地紛紛發生動亂。

## 三、天保改革

大鹽之亂，反映幕府體制已面臨危機。為了要打開僵局，德川家齊死後，以老中水野忠邦為中心，實行天保改革，力求維護幕藩體制。

水野仿效享保、寬政兩次改革，發出嚴厲的「節約令」，嚴禁武士、庶民的奢華，嚴格取締風紀，厲行日常生活的整肅。

節約令雖屬道德風俗匡正策，同時也是為了抑制消費欲望，平抑物價。最重要的措施是解散行會，確保營業的自由競爭。農業政策則限制農民移居江戶，防止都市遊民增加。

為了接濟日益窮困的旗本與御家人，發布「棄捐令」，減免幕府貸款的半數，卻因此造成經濟界很大的混亂。為了增加財政收入，向大阪、堺、兵庫等地商人課賦公務稅（御用金），不啻是強制性的公債。又將貨幣改鑄，降低品質，獲取龐大的利益，但卻招致通貨膨脹、物價高漲的反效果。

同時為了加強幕府權力，將江戶、大阪周圍劃歸直轄領，強制實施「上地令」❸，引起大名的猛烈反對。水野忠邦終於被罷黜，天保改革僅三年即半途而廢。

---

❷ 輔佐地方長官的事務官。隸屬於「奉行」、「所司代」等，分掌事務的基層官職。

❸ 「上地令」(Jyōtiirei) 乃是強制性執行江戶、大阪近郊的領邑劃歸幕府直轄地，而將當地大名、旗本轉封他處，因此引起領主與民眾的反對，迫使將軍收回成命。

# 第三節　江戶後期的文化

## 一、文化東漸

德川時代的文化是日本文化史上最發達的時代，且與古來的文化不同，獨具特色。它的特色有三：一是純粹的文化風格，即與過去模仿隋唐（平安、奈良時代）或宋元文化（鎌倉、室町）的移植文化不同。二是文化普及於上下各階層，可說是國民文化的發達時代。三是「上方」（京都、大阪地區）文化的東漸。

元祿文化乃是「上方」文化。日本的文化中心自古即在畿內，即連德川時代初期，也只是「上方」文化的移入而已，江戶本身並無文化。到了德川後期，隨著政治的發展，江戶終於產生獨自的文化。至此江戶文化且已超過了「上方」文化，於是江戶文化遂成為日本文化的中心。

文化中心移至江戶，至江戶時代後期而開花結果。這是隨著江戶當地經濟的發展，江戶商人實力提昇的反映。但其內容卻喪失元祿文化所呈現的進步性。

關於文化內容，前期的庶民文化傾向濃厚，但沒有前代清新、健康而明朗的風格，江戶文化具有纖細的成熟之美，同時兼有矯揉而頹廢的傾向。

江戶後期文化的特色是喪失了蓬勃的精神。幕藩體制已深深的紮根，加上幕府幾次改革嚴厲的統制，不許紊亂既成的秩序，人們只能以被壓抑的本能假藉諷刺與嘲諷的文藝以求發洩，追求愛欲與歡笑，具有濃厚的頹廢傾向。但文化廣傳於都市庶民之間，更普及於農村。

都市的繁榮、商人、文化人的全國性交流、出版、教育的普及、朝山拜廟的流行等，中央的文化傳到各地，都市生活多樣化，文化的內容亦變成多彩多姿。

## 二、國　學

　　古典的研究始於元祿時代，但以國文學為主要研究對象，並未出現復古主義。至十八世紀中葉，因對《古事記》與《日本書紀》的研究，倡說日本古有傳統之道，始產生「國學」。「國學」源自德川時代初期日本古籍自由研究的學風。日本古典的研究，專門以闡明古典的本來面目為宗旨，已少佛教與儒教的影響，開拓了日本語學，奠定了後來國學的基礎。其後又有人研究古語古典，確立近代實證的文獻學，提倡在儒學之外的日本「古道」──復古運動。及至田沼時代，由於幕藩體制動搖，知識分子普遍萌生危機意識，遂又產生新思想與新學術。元祿時代所奠定的國學，至此，遂告完成。

　　荷田春滿闡明日本固有之道，主張排斥儒教、佛教等外來思想，強調研究古語與古典的重要性。本居宣長則以為人間生活之本乃在真心，如未喪失真心即能過著合乎神的意志的生活。本居的鉅著《古事記傳》，堪稱文獻學上的金字塔，實為集「國學」之大成。他批判文學的勸善懲惡主義，肯定至情主義，萌生自然主義感性說。經由對《古事記》等的古典研究，將「古道」理論擴展到復古的神道體系，但這種復古主義卻都帶有宗教色彩。

　　「國學」原來的精神乃在徹底排除秘傳與口授、解釋古典的封建教條式的附會，重現日本固有的精神。因此產生客觀的分析研究與自然的合理主義，而復古主義多少帶有宗教性，因此本居宣長的最終旨趣，仍陷於神秘主義，而無法發展其合理主義。其門下平田篤胤，強烈主張神道思想之強大，排斥儒教與佛教。他闡明平田神道而更強化其狹隘的國粹主義傾向。這種日本學成為日本中心的復古主義，在明治維新前後，普獲全國農村的神官、村吏與地主的支持，使其對政治的關心導向尊王攘夷論，成為後來攘夷運動思想的根源。

## 三、西學的興盛

十八世紀初年，西學稱南蠻之學，後稱蘭學。在第八任將軍吉宗時，已為「殖產興業」而引進西洋知識。到了田沼時代，更由於幕府與諸藩的殖產興業而促成蘭學的興盛，但只限於對統治者加強封建制度有益的技術方面的研究，至於思想以及社會體制的研究，則仍受嚴密的限制。因此，以自然科學與應用技術，如醫學、地理學、軍事學等，較為發達。

吉宗時代，青木昆陽等學習荷蘭語，旋因放寬漢譯西書輸入的限制，西學遂以蘭學而興。具有劃時代意義的發展則是前野良澤、杉田玄白等所翻譯的《解體新書》。參與者多藩醫，他們首先把蘭學當作實用的學問來研究。十八世紀末，大槻玄澤等出，蘭學愈盛。玄澤門生稻村三伯編纂《哈爾瑪和解》（日荷辭典），對歐洲近代科學文化的移植有所貢獻。

幕府於十八世紀中葉，設置天文臺（曆局），除了天文、測量之外，開始翻譯西書。測量則自十八世紀到十九世紀初，有伊能忠敬實行沿岸實測，作成日本全圖。

幕府設置「蠻書和解御用局」，其後改為「蕃書調所」。醫學方面，起初為蘭學者所建立的種痘館，後改隸幕府直轄，改稱種痘所❹。但不僅自然科學，歷史學、經濟學、政治學亦均有翻譯，且產生有關政治體制的新想法。

長崎有荷蘭商館醫生德國人席伯特（P. F. J. von Siebold），在市外鳴瀧開設診療所與學塾，對蘭學的發達有貢獻❺。高野長英等優秀的蘭學家，組織「尚齒會」（蠻學之社），研究政治、經濟，旋因批判幕府的鎖國政

❹　蕃書調所（其後的洋書調所、開成所）至明治時代改成大學南校。種痘所（後來的醫學所），於維新後改成大學東校，與南校合併為東京大學。

❺　席氏於 1828 年歸國時攜帶禁止出口的日本地圖被發現，受到不准再度入境的處分，相關人員均受處罰（席伯特事件）。席氏於回國後，著《日本植物誌》、《日本動物誌》等，成為日本研究的泰斗。

策，遭受鎮壓，高野等人死於獄中（蠻社之獄）。

其他各藩亦努力採用西學，民間亦有大阪的緒方洪庵創立的「適塾」，培養了優秀的人才。蘭學後來成為吸收西洋文化的搖籃。

## 四、文　藝

小說亦以民眾的生活為題材，與其追求人性，毋寧滑稽描繪的風氣較強。讀本則求其題材於歷史與傳說，於寬政改革後進入全盛時代，瀧澤馬琴為其代表作家，留有《南總里美八犬傳》等長篇小說。但小說在寬政與天保的改革時期受到嚴厲的取締，喪失了自由的風氣而定型。

## 五、美　術

受到中國繪畫影響，長久以來一直都有宋元畫，近世後半期則多明、清南畫的影響。南畫亦稱文人畫❶，由僧侶黃檗宗所傳。南畫的最高峰有池野大雅與與謝蕪村。南畫著重主觀的內容，圓山派則重視客觀寫生（圓山應舉），採用西畫遠近法，表現立體感，但未達到徹底的寫實意境。從圓山派分出來的四條派，始於吳春，日本風味豐富，其後壓倒圓山派，成為日本畫的主流。

西畫自基督教之禁後已銷聲匿跡，但隨蘭學之興隆而復活。首屈一指的是平賀源內，他從蘭書學習西洋畫法，在秋田傳授西畫技法。

## 六、教育之普及

十八世紀末，諸藩為藩士的教育而設置藩學的情形有顯著的增加，其組織亦整備。內容是學問所與武藝學習所合而為一，以富國強兵為目的。離開城下町，亦有為了藩士或庶民的教育而設置的鄉學。

民間的教育機關寺子屋 (Terakoya)，由村吏、神官、僧侶或富裕的町人所經營，其教學內容是以讀、寫、算盤等有益日常生活的簡易教育為主。

❶ 文人畫乃是非畫家的文人、學者的畫。中國的南畫亦多出自文人、學者之手。

# 第十二章　幕藩體制的崩潰

## 第一節　外力衝擊及其反應

### 一、雄藩崛起

在幕府天保改革前後，諸藩亦進行藩政改革。此時，藩政有待解決的共通問題是財政的重建、門閥制度的打破、農民起義與搗毀事件的鎮壓。

薩摩藩封建權力相當鞏固，但財政極為困窘。1830 年起用下級武士出身的調所廣鄉，將巨額借款一筆勾消，推行特產的砂糖專賣，振興與琉球的貿易，成功的重建財政。同時引進西式砲術，加強軍事力量。

長州藩背負龐大的債務，且其在天保初年，發生過要求減輕地租，廢止專賣的大規模民變，面臨嚴重的危機。此時負責藩政改革的村田清風，進行負債的整理與紙、蠟的專賣而重建財政。另一方面，推行殖產興業政策，並採用西方軍備與西學，起用下級武士，以加強藩政。

佐賀藩由藩主鍋島直正實施均田制，以圖重建自耕農的農政體制，推進陶器的專賣，設置反射爐。土佐藩亦有改革派，企圖緊縮財政，加強藩的權力。

其他藩亦在進行藩政改革。水戶藩雖有藩主德川齊昭的努力，但受阻於藩內的反對派而失敗。

成功改革的薩摩、長州、土佐、肥前等西南雄藩，加強藩的權力❶，

❶ 封建制度崩潰至近代社會形成的過渡期政治型態稱之為絕對主義。這是以國王的權力為中心，以中央集權的官僚組織與軍隊壓抑封建領主的力量。長州與薩

使中下層的武士參預藩政，強化與新興的地主、商人勢力的結合。雄藩的改革與勢力之加強，增強其在幕末政治上的發言權與影響力。

## 二、近代工業的萌芽

隨著商品經濟的發達，工業亦隨之發達。農民有很多從事家庭內工業❷的副業。其中有一部分地主與批發商人設置工廠，集合勞工，依據分業的協同作業。江戶時代後期，有棉織品與絲織品的「工廠制手工業」(Manufacture)❸。但受制於鎖國政策，販路受限，幕府與諸藩的統制嚴格，且又厲行專賣制，因此工廠制手工業沒有很大的發展。

幕府末年，因輸入西洋技術，薩摩藩設立了西式紡織工廠❹，但都是屬於幕府或藩直營的工廠。佐賀藩首先製造大砲，水戶藩主德川齊昭在江戶石川島創設造船廠，幕府亦設立橫須賀造船廠。這些屬於幕府或藩的直營工業，成為明治維新後官營工業的母胎。

## 三、政治思想的發達

儒學之中的尊王思想，以尊崇天皇為王者的形式而發達❺。十八世紀中葉，在京都倡導尊王論的竹內式部被放逐，在江戶講述尊王論，攻擊幕政腐敗的山縣大貳則被處死，他們的尊王論其實屬於觀念論，並沒有推翻封建制度的想法。幕末水戶學所主張的尊王攘夷論，雖逐漸與現實的政治運動連結，但仍未達到倒幕論的境地。

---

摩的藩政改革，企圖促進領內產業的發達，朝向軍備近代化等絕對主義的方向。

❷　商人貸與農家原料與工具，作為加工費用，而取得產品交換的批發制家內工業。

❸　江戶時代前期，攝津的伊丹、池田的釀酒業，已有工廠制手工業式經營。這時，大阪周邊與尾張的棉織業，桐生、足利的絲織業，均已出現。

❹　鹿兒島有島津齊彬於 1851 年建造反射爐，續又建設造船所、玻璃製造所、瓦斯燈製造所等。薩摩藩於幕府末年從英國延聘技師，購買機械，兼營紡織廠。

❺　朱子學的大義名分，倡說以德而治的王者，勝於以力支配的霸者的尊王斥霸論，據此推論日本的政治實況，特別強調尊王之論。

　　從復古主義的立場倡說尊王論的國學者，認定幕府政治乃是天皇委任者。但在內外危機感加深之際，平田篤胤派的王政復古主張，逐漸加強其與現實政治運動的結合。

　　由是引起各界批判幕政之聲。越後出身的本多利明，倡說振興貿易以增進國富的必要，佐藤信淵積極推廣海外經綸。八戶醫生安藤昌益，早在十八世紀中葉，揭櫫萬人平等耕作的自然世界為理想主義，強烈否定身分制的社會。懷德堂❻出身的富永仲基，基於合理主義的立場，對儒教、佛教等既成的教學權威加以批判。

　　培里叩關後，倡說開國論者日益高漲❼。西洋的個人主義、理想主義的思想尚未成長，但逐漸對封建制產生疑問。

# 第二節　開國與幕府的滅亡

## 一、鎖國政策的動搖

　　十七世紀後半以來，由於歐美市民革命的進展，至十八世紀後半，隨著英國產業革命的風潮，逐漸擴及於歐洲各國與美國大陸，結果，列強興起一股向亞洲後進地域擴展以攫取殖民地的風潮。自十八世紀末到十九世紀初，歐洲各國船隻即在這種情勢下頻頻來到鎖國日本叩關。

　　對於世界情勢缺乏認識的幕府，依然固守鎖國政策，及至清國敗於鴉片戰爭而被迫開國的消息傳到日本之後，始廢止「異國船驅逐令」。但西力衝擊逐漸加強，首先有英法軍艦航抵琉球，要求通商❽。1844年，荷蘭國王致書幕府，促請開國，卻遭受峻拒，日本仍企圖維持鎖國體制。

---

❻　懷德堂是大阪的商人出資，於 1724 年所設立的私塾，一直延續到明治時代。主要以儒教為中心，充實商人實用的文化教養。

❼　松代出身的佐久間象山，進而倡言採用西洋學術。

❽　琉球以其位置適合為各國停泊地，因此培里在來日之前，即曾停泊於此而整編其艦隊。

首先開啟鎖國之門的是比英俄兩國起步較晚的美國。美國自十九世紀推進產業革命，著力於與清國進行貿易，由於航行太平洋的捕鯨船有停泊的必要，因而要求日本開國，但為幕府所拒絕（1846 年）。1848 年從墨西哥奪取加州而發現金礦以後，美國西部地方快速的開拓，同時與清國的貿易轉盛，乃更需要日本的開國。

1853 年 6 月，美國東印度艦隊司令長官培里 (M. C. Perry) 率領四艘軍艦（黑船）到浦賀，要求日本開國通商。幕府受到培里強硬態度的壓制，只有接受國書，並約定一年後再議。

俄國聞訊，立派普提亞廷 (Evfimii v. Putiyatin) 為特使，率領四艘軍艦開進長崎，要求劃界、通商，但未被幕府接受。

培里叩關，引起日本輿情沸然，政局陷入一片混亂。為了肆應此一難局，老中首席阿部正弘，一反獨斷專行的慣例，不僅向過去無權過問國事的朝廷報告，並徵求各藩大名（包含從未參與幕政的外樣大名）的意見，甚至允許藩士及百姓上書獻策。但反而因此提昇朝廷的威望，給與諸大名參預幕政的機會，成為幕政轉變的契機。

## 二、開港及其影響

1854 年 1 月，培里再度率領七艘軍艦開進浦賀灣神奈川海面，以武力威迫，終於同年 3 月簽訂「日美親善條約」（「日美神奈川條約」）❾。此後復與英國、俄國❿、荷蘭訂定同樣內容的條約。至此，二百年以上的鎖國體制崩潰。

---

❾ 培里與日本全權的會議在神奈川（橫濱）舉行，因此亦稱此約為「神奈川條約」。其中約定：1. 供給美國船隻所必要的燃料與糧食，2. 救助美國漂流船隻與船員，3. 開下田、函館二港，承認領事駐紮，4. 給與美國片面的最惠國待遇。

❿ 繼培里之後，俄國的普提亞廷亦再度來航，在下田簽訂「日俄友好條約」。其內容是除了下田、函館之外，加開長崎等三港，國境劃擇捉以南為日本領，得撫 (Urutubu) 以北為俄國領，庫頁島為兩國人雜居之地，不界定其境界。

幕府為了充實國防，在江戶灣築造砲臺，創設翻譯局、講武所，並在長崎設置海軍傳習所。諸雄藩（水戶、薩摩、長州、肥前）亦建設反射爐，製造步槍，進行軍事改革。

1856 年 8 月，美國總領事哈里斯 (Townsend Harris)，要求依據「日美親善條約」，訂定通商條約。幕府派遣老中堀田正睦與哈里斯交涉，但未獲簽約勅令。

適值清國在鴉片戰爭後接連受到英法的侵略，1858 年阿羅號 (Arrow) 事件 ⓫ 的結果，被迫簽訂「天津條約」。哈里斯即以英法聯軍進攻北京的舉動相威脅，強求簽署通商條約。但因天皇不同意，下級武士極力反對，幕府不敢專擅。但出任大老的彥根藩主井伊直弼，卻在未得勅許之前，即於同年 6 月，與美國簽訂「日美友好通商條約」 ⓬。續又與荷蘭、俄國、英國、法國簽約（「安政五國條約」）。

不平等條約使所有外國人在日本享有治外法權，得以在外國領事包庇下逍遙法外，且有很多外國官吏無視於條約規定，擅自在居留地建造軍事要塞或設施，甚至逼迫幕府承認外國軍隊駐紮橫濱之權，橫濱幾成為外國的軍事基地。

依據通商條約，開放橫濱（神奈川）、長崎、函館等三港，開始對外貿易（1859 年 6 月）。輸出入額都是橫濱占壓倒性的多，交易對象則以英國獨占鰲頭。生絲、茶葉、海產等半製品或糧食的海外需要多，貿易呈出超現象。為此刺激輸出品的生產，提高生產力，促使製絲業等「家內輕工業」的發達。但輸出激增，生產卻趕不上，國內消費物資缺乏，地

---

⓫　清船掛英國國旗走私，被查獲，英國卻以國旗受辱而指責清國，引起糾紛的事件。

⓬　據此，日本約定：1.開放神奈川、長崎、新潟、兵庫與江戶、大阪為通商口岸，2.通商為自由貿易，3.通商港口設置居留地，規定禁止一般外國人的國內旅行，4.承認領事裁判權，5.關稅相互決定的條款，日本不能片面修正，屬於不平等條約。

方商人攪亂市場，江戶、大阪等大都市的物價急劇上漲，下級武士與庶民的生活受到威脅。

　　由於日本與外國的金銀比價差異，多數金幣一時流向國外，國內經濟更為混亂❸。為此引起對貿易的反感，成為激烈攘夷運動的主要原因❹。幕府於是有統制貿易的意圖，於 1860 年，發出命令，規定雜穀、水油、蠟、吳服、生絲等五種物品，需經由江戶批發商始能輸出（「五品江戶迴送令」）。但因地方商人的反對而未實行。另一方面，毛織品、棉織品，纖維製品與艦船、步槍等軍需品輸入增多，尤其以機械生產的廉價棉織品大量輸入，壓迫農村發達的棉織品業甚鉅。

　　依據通商條約，日本不能片面改變稅率，關稅權操在外人之手。出口稅一律徵收 5%，有利於列強掠奪大量的原料。進口稅原定一般為 20%，其後因簽訂「改稅約書」，免稅項目一舉增加到十八種之多，遂多改納 5%，外商得以牟取暴利。

　　開埠後日本對外貿易輸出額增加二‧五倍，輸入額卻驟增十三倍之多。民族工業的發展受到阻礙，使日本成為西方列強商品傾銷市場和原料供應地。

　　西方列強打破日本的鎖國體制，帶給日本的是步中國後塵，淪為列強的半殖民地，而非「先進文明」。

## 三、政局的轉變

---

❸　金銀的比價在外國為一比十五，日本卻是一比五，因此外國人以廉價的銀幣兌換日本的金幣。為此，在短時間內，已流出五十萬兩金幣。幕府乃改鑄貨幣以圖防止，反而加速了物價的上漲。

❹　1860 年，哈里斯通譯荷蘭人休斯堅，在江戶赤羽橋被薩摩藩的浪人殺害，翌年，英國公使館受到水戶藩浪人的襲擊。1862 年，在神奈川縣生麥，發生一起自江戶返回九州的島津久光行列中，有一個橫闖過的英國人被殺傷的事件（生麥事件），成為後來薩英戰爭的原因。

　　當時幕府發生第十三任將軍家定的繼嗣問題。徵求賢明人才以改革
幕政的越前藩主松平慶永、薩摩藩主島津齊彬等，擁護一橋家的德川慶
喜（齊昭之子），與推舉血統相近而幼小的紀伊藩主德川慶福的譜代大名
等南紀派對立。及至井伊直弼（南紀派）出任大老，立即決定不顧一橋
派而由德川慶福繼任（第十四任家茂）。同時未得勅令即簽訂通商條約，
因此招致不喜開港的孝明天皇之怒，引起朝廷與幕府之間的衝突。井伊
始終採取強硬的態度，甚至嚴懲一橋派的公卿、大名以及多數民間志士
（「安政大獄」）❺。

　　1860 年 3 月，水戶藩士刺殺井伊直弼於櫻田門外（櫻田門外之變）。
此後，各藩士逐漸傾向於尊王攘夷，幕府的獨裁政治開始崩潰。

## 四、公武合體與尊攘運動

### 1.公武合體運動與尊王攘夷

　　繼井伊之後任老中的安藤信正，企圖改善與朝廷之間的關係，為了
壓抑反幕府勢力，推進公武合體運動❻，主導將軍家茂迎娶孝明天皇之
妹和宮。這次政略結婚大受尊王攘夷論者的非難，安藤信正於 1862 年 1
月，在坂下門外遭受水戶藩士殺傷而失勢（坂下門外之變）。

　　薩摩藩與長州藩等外樣雄藩均有進窺中央的意圖。長州藩以下級藩
士所主張打破現狀的尊王攘夷論❼為主流，薩摩藩則採取獨自的公武合
體論立場，企圖與朝廷連結改革幕政。中心人物島津久光於 1862 年，奉

---

❺　越前藩的橋本左內與長州藩的吉田松陰等被捕，處死刑。

❻　公武合體乃是主張公家（朝廷）與武家（幕府）合作，以圖安定政局的運動。
　　保守的藩主並不想推翻幕府，傾向於透過「公武合體」，借助天皇權威，改革
　　幕府專制，擴大強藩的發言權，以維護幕藩體制。

❼　尊王攘夷論乃是尊王論與攘夷論相結合，以幕末水戶學思想與藤田東湖等為中
　　心。及至開港問題一起，轉向反幕論，成為現實的政治革新運動，而稱為尊攘
　　派。

旨赴江戶，商討幕政改革事宜。亟思改革的幕府接納島津久光的意見，
任松平慶永為政事總裁，德川慶喜為將軍監護，會津藩主松平容保為京
都守護，推動與有力大名合作的改革方案（文久改革）。

　　其後，由於尊攘派在京都得勢，決定慫恿朝廷，逼迫幕府實行攘夷。
幕府遂於 1863 年 3 月，將軍家茂赴京都時，定 5 月 10 日為攘夷之期，
命諸藩實行。長州藩即於當日砲轟行駛下關海峽的外國船艦。

　　攘夷派決定乘天皇行幸大和之機，興起倒幕軍。對此以長州藩為中
心的尊攘派（薩摩、會津兩藩），於同年 8 月 18 日，與朝廷內公武合體
派的公卿勾結，斥退三條實美等急進派，解除長州藩御所警衛之任，剪
除朝廷內外尊攘派勢力，掌握公武合體派勢力。

## 2. 攘夷運動的挫折

　　開國後，占貿易優先地位的英國，在對日外交方面亦掌握主導權[18]。
此時攘夷運動轉趨激烈，幕府企圖壓抑貿易，橫濱的貿易日益惡化。將
貿易衰退的原因歸諸於攘夷運動的列強，乃於 1864 年 8 月，由英國領頭，
編成英法美荷四國聯合艦隊，攻擊下關砲臺（四國艦隊下關砲轟事件），
打擊攘夷中心的長州藩。長州藩的尊攘派大受挫折[19]。

　　另一方面，1864 年，幕府為了追究「禁門之變」[20]之罪，出兵征伐
長州（第一次）。長州藩的高層由於受創於四國艦隊，不得不壓抑藩內的
尊攘派以求和。

　　此時英國公使巴夏禮 (Harry S. Parkes)，已看破幕府之無力，毋寧期
待以天皇為中心的雄藩聯合政權的出現。薩摩藩亦因薩英戰爭的經驗，
體會外國實力強大，反而採取接近英國之策，並由西鄉隆盛、大久保利

---

[18]　俄國亦對日本表示關心，於 1861 年企圖占領對馬。對馬的民眾起而抵抗，因
英國為了排除俄國，出而干涉，導致俄國艦艇的退出。

[19]　薩摩藩亦於前年，受到英國軍艦為報復「生麥事件」，砲轟鹿兒島灣（薩英戰
爭）。

[20]　長州藩尊攘派志士襲擊京都皇宮（宮門）事變，但被幕府軍擊退。

通等下級武士革新派指導藩政。

但法國公使羅淑亞 (Leon Roches)，依然採取支持幕府的立場，與英國對抗，繼續支援幕府。英法兩國的對日政策形成對立，益增朝廷、雄藩與幕府間的激烈對立。

### 3. 倒幕運動的展開

屈服於幕府的長州藩內，高杉晉作、木戶孝允等，由於下關事件而覺悟攘夷之不可能，改而圖謀建立一個取代幕府以對抗列強的統一政權。高杉以其所組奇兵隊[21]，於 1865 年在下關舉兵，奪回實權。此一革新勢力與領地內的豪農及村吏結合，加強軍事力，使藩論由攘夷轉到討幕。

幕府要求長州藩削減領地，但藩論已統一的長州藩並不遵命，幕府乃又宣言第二次征伐。已轉採開國進取之策的薩摩藩，洞悉幕府征伐長州無望，秘密採取支持長州藩的態度，拒絕幕府出兵的命令，於 1866 年 1 月，在土佐藩的坂本龍馬、中岡慎太郎等的斡旋下，與長州藩簽訂軍事密約（薩長同盟），鞏固反幕府的態度。

第二次長州征伐，晚了半年才出兵，幕府軍已無戰鬥意志，被長州藩新軍打敗，遂以出征大阪的將軍家茂猝死為藉口，中止戰鬥[22]。

由於長年歉收，且因征伐長州藩，各地大名發出米穀輸出領地外的禁令，導致商人囤積居奇，米價暴騰。加上幕府為了籌措征伐長州的軍費，加徵町人臨時稅，社會呈現不安，大阪與江戶相繼發生搗毀事件，各地均掀起農民暴動。

## 五、江戶幕府的滅亡

第二次長州征伐失敗，幕府的威望一落千丈，繼家茂之後就任第十

---

[21] 長州藩由高杉晉作建議藩廳，除了正規的藩兵之外，不拘身分，組織奇兵隊。其後陸續組織包含農民的「諸隊」，成為討幕運動的軍事力。

[22] 這年孝明天皇猝死（一說被毒殺），天皇雖為攘夷派，但不喜激進的討幕，採取公武合體論立場，因此天皇的猝死對幕府是一大損失。

五任將軍的德川慶喜，得法國公使羅淑亞的協力，致力重建幕政 ❷，但因征伐長州的善後政策與薩摩藩起了衝突 ❷。薩摩與長州兩藩決意合力討幕。土佐藩則始終採取公武合體論立場，藩士後藤象二郎與坂本龍馬計謀，由前藩主山內豐信等，向將軍慶喜建議，制倒幕派之機先，提出奉還大政的建白書 ❷。慶喜有鑑於幕府的重建不理想，終於當年 11 月 19 日，向朝廷提出奉還大政的奏摺。

但薩摩藩與朝廷內企謀王政復古的岩倉具視 ❷勾結，於慶喜的上奏同日取得討幕密勅 ❷。於是薩長兩藩的武力討幕論，與主張公議政體論 ❷的土佐藩等勢力對立。倒幕派為了捲土重來，於 1868 年 1 月 3 日發動政變，發出王政復古的號令，樹立以天皇為中心的新政府。

新政府不僅廢止幕府，連朝廷的攝政、關白亦一併加以裁撤，新設總裁、議定、參與 ❷等三職，參與則起用薩摩藩以及其他有力諸藩的代表 ❸，採取諸藩聯合的形式。至此，二百六十餘年的江戶幕府被推翻，

---

❷ 羅淑亞的獻策乃是為了重建幕政，壓抑諸大名，建立中央集權的政治體制，並聘請法國陸軍軍官，推動軍事改革。

❷ 此時除了長州藩的處分之外，還有兵庫開港勅許的問題。幕府以兵庫的開港為先決條件，而薩摩藩則堅決主張以減輕長州藩的處分為優先。由於幕府強烈主張，因此已與長州藩聯合的薩摩藩，終於決意以武力討幕。

❷ 由將軍先行交還政權給朝廷，在朝廷之下設置以諸藩為單位的議會制新政府構想，藉此以削減倒幕派的攻勢，維持德川氏的主導權。

❷ 岩倉具視為下級公卿，很早即策劃恢復王政，不久與薩摩藩相結，於 1866 年開始推動王政復古運動。

❷ 此一勅令秘密的遞給薩摩、長州兩藩，稱為討幕密勅。

❷ 公議政體論實際是雄藩聯合政權論，即是以將軍為議長的諸侯會議的構想，承認德川氏主動權。

❷ 總裁議定是由親王、皇族、公卿、諸侯等十名擔任，參與主要由討幕派公卿與諸侯、藩士擔任。年後頒布新官制後廢止。

❸ 薩摩藩有西鄉隆盛、大久保利通，土佐藩有後藤象二郎、福岡孝弟被任命，不久加上長州藩的木戶孝允與廣澤真臣。

樹立了以天皇為中心的新政府❸。

　　同日，在京都小御所（皇宮）召開會議，商討將軍的處分。岩倉具視、大久保利通等武力討幕派壓倒了松平慶永等公議政體派，決定命令慶喜「辭官納地」。此議引起舊幕府勢力的強烈反彈，慶喜遂返回大阪城，繼續與新政府對抗。

---

❸　總裁由有栖川宮熾仁親王出任，議定由皇族、公卿與松平慶永等十名諸侯充任，參與則由公卿岩倉具視、雄藩代表西鄉隆盛、大久保利通等膺任，採取雄藩聯合的形式。

# 第四篇 近 代

## 第十三章 近代國家的成立

### 第一節 明治維新

#### 一、王政復古與戊辰戰爭

新政府排斥德川慶喜加入，且又要求其「辭官納地」，引起擁幕的會津、桑名等藩士的不滿，乃於 1868 年 1 月，擁慶喜反擊京都，但在鳥羽、伏見之戰被擊敗，慶喜逃到江戶。新政府視慶喜為叛逆，發出征討江戶之軍❶。但在英國公使巴夏禮的斡旋下，經官軍參謀西鄉隆盛與幕府陸軍總裁勝海舟會談的結果，達成不流血開城的協議❷。官軍旋又壓制了奧羽越列藩同盟，攻陷會津若松城，大勢底定。及至固守北海道函館五稜廓的幕府海軍副總裁榎本武揚投降，全國遂被新政府統一❸。這一連

---

❶ 新政府設立之初，財政拮据，因而向京都的三井、小野、大阪的鴻池等商人徵收臨時稅三百萬兩，發行太政官紙幣與民部省紙幣，以為挹注。戊辰戰爭的軍費亦仰賴於此。

❷ 失去戰鬥意志的慶喜，表示恭順之意。同年 4 月，新政府軍得不戰而接收江戶城。

❸ 以新政府成立使政治一新的意義而稱為明治維新。

申的戰事稱之為戊辰戰爭。

打倒江戶幕府的戊辰戰爭，之所以未陷於長期的內戰，而能於短期內收拾戰局，實由於受到歐美列強的外力衝擊而產生強烈的對外危機意識，新政府與幕府雙方都具有堅守國家獨立，避免殖民地化危機的共識❹。

## 二、新政府的成立

1868 年 1 月，新政府通告各締約國，日本施行王政復古，成立天皇為主權的新政權，並得到各國的承認，同時向國內宣告「開國睦鄰」的政策。同年 3 月中旬，在預定攻擊江戶前夕，由天皇率領百官以向神宣誓的形式宣示「五條誓約」❺。雖亦採納土佐派的公議政體論，標榜公議輿論、開國和親的方針，具有近代的意義。但所謂「廣開會議」，指的是列藩會議，「公論」是指公卿與諸藩的意見，表示並非朝廷或一雄藩的獨裁，而是政府立於公卿與諸藩之上，以圖各種勢力集結於新政府，與立憲思想仍有根本的差異。其要旨是集國家權力於中央政府，採用美國憲法三權分立制，模仿近代政治。又規定高級官吏每四年互選交替，公議輿論反映在制度上❻。

政府為了推進新政，從充滿傳統的京都遷都到江戶。同年 10 月，天皇睦仁正式登基（即位大典）。並改年號為明治❼，確立一世一元之制。

---

❹ 此由西鄉隆盛與勝海舟的江戶城無條件開城的談判即可印證。

❺ 其內容是：1.廣興會議，萬機決於公論，2.上下一心，大展經綸，3.自公卿與武家，以至於庶民，須使各遂其志，振奮人心，4.破舊有之陋習，立基於天地之公道，5.求知識於世界，大振皇基。

❻ 實際上立法機關的議政府，為官吏的合議機關，立法與行政間的區別並不明朗，官吏的互選亦只舉行一次。議政官的下局於翌年改成公議所，以各藩為基礎的公議政治乃得以促進。

❼ 明治一詞乃取自中國古籍《易經‧說卦篇》中「聖人南面聽天下，向明而治」一句而來。

同年 11 月，明治天皇從京都巡幸關東，駕臨江戶，改江戶為東京，定為日本的國都。

　　新政府一方具有開明的傾向，一方卻在與「五條誓約」同時，揭示「五榜禁令」，列舉五倫之道，嚴禁徒黨、強訴，全盤繼承幕府的傳統。

　　新政府以王政復古倡言祭政一致，仿效令制，恢復神祇官，發出「神佛分離令」，訂神道為政教一致的方針。為此，全國興起廢佛毀釋❽的風潮。政府於 1870 年，進行「大教宣布」❾，同時制定神社制度、國定假日等❿。

　　在「五條誓約」發布之後不久，公布了一項仿效奈良時代的律令官制《政體書》，實行「太政官制」。其特徵有三：一是太政官掌握全部權力，採用太政官之下三權分立主義。實質掌握權力的行政官，幾全為公卿以及薩摩、長州、土肥、肥前的領導藩士。二是採用議會制度。議會由皇族、公卿、諸侯與藩士所任命的議定、參與所組織的上局，與藩主所任命藩士代表所組織的下局所組成。下局非議決機關，只是上局的諮詢機關。所謂議會制度，充其量只是包含公卿的諸藩會議而已。三是官吏公選制度的採用（三等官以上的上層官吏，由輔相、議定、參與公選）。

　　總之，《政體書》無異顯現內亂過程中，公卿與諸侯、各藩相互間的激烈對立時所成立的政權，透過封建各種勢力的妥協，作為權力集中與創設天皇制官僚階層的手段。旋因內亂的鎮壓，初期的公議輿論政治當無法實現。

---

❽ 排斥佛教運動。各地以神道家為中心，掀起寺院、佛像的破壞與強制僧侶還俗的運動。

❾ 宣導天皇崇拜為中心的神道教義為宣教目標的國民教化運動。

❿ 定紀元節、天長節（天皇誕辰）為國定假日。1872 年，依據《日本書紀》所記載神武天皇即位之年為紀元，換算即位之日正月朔日（1 月 29 日）為國定假日。翌年命名為紀元節，並正確的換算，修正為 2 月 11 日。

## 三、中央集權體制的強化

### 1. 奉還版籍

　　戊辰戰爭之後，新政府沒收、削減幕府及親幕府諸藩的領地為直轄地，新置府、縣，但其餘依然維持藩的割據狀態。且在有功於王政復古的諸藩之中，亦多擁兵自重，只顧藩自身的富強，加強其統治體制。新政府以為對抗歐美列強的壓力，締造近代國家，必須打破這種藩的封建割據體制，樹立以天皇為中心的中央集權體制，因此斷然實行改革，陸續提出奉還版籍、改革藩政、廢藩置縣等革新政策。

　　新政府的領導者（西鄉、大久保、木戶等）論功行賞，取得與藩主同等的地位，躋身於中央政府官僚，完全掌握政府實權。基於早日打破藩的體制，以達成權力的統一，依木戶孝允、大久保利通的策劃，於 1869 年 1 月，首先以薩摩、長州、土佐、肥前等四藩主之名提出「奉還版籍」的奏摺，隨即於 6 月，命令各藩奉還版籍❶。藩主則依據其俸祿賜與「家祿」❷，仍任藩主為藩知事（地方官），依舊執掌藩政。但「家祿」與藩的財政完全分開，藩主遂喪失了領主權。

### 2. 廢藩置縣

　　長州藩以及有力諸藩出現對新政的反彈，庶民之間亦因其對維新的期待落空，各地發生激烈的騷動。木戶、大久保等為了使國內安定，痛感完全廢止藩制以確立中央集權的必要，乃從薩摩、長州、土佐三藩徵募一萬名親兵，組織親兵隊，以武力為後盾，於 1871 年 7 月，斷然實行廢藩置縣❸。

---

❶　版即版圖，即各藩的領地，籍為戶籍，即指領民之意。奉還版籍乃是由政府接收領地、領民，取得全國統治權。

❷　依門第（「家格」），給與華族、士族的俸祿。

❸　起初有三府（東京、大阪、京都）三百零二縣，至年底，改為三府七十二縣，其後經過整併，1888 年，改成三府四十三縣，一直維持到昭和年間。

　　木戶孝允等人以天皇名義召集在京的諸藩知事，命令廢藩置縣。同時解除全國藩知事職務，命其居住東京，新設府縣制，任命各藩領導分子為府縣知事，建立中央集權體制。此後諸藩的地租改向政府繳納，財政上亦採取中央集權的形式。但藩主與藩士的家祿照舊支給，藩債全數由國家負責償還。

　　同年 (1871) 年底，全國改成三府七十二縣，幕藩體制完全解體，全國在新政府直接統治之下，完成政治的統一。

　　奉還版籍之際，新政府恢復「大寶律令」的政治制度，實行太政官制的集權化，實現一元的國政處理體制。在神祇官與太政官之下，改設各省集權的體制。但廢藩置縣之後，為了收中央集權之實，設太政官為正院、左院、右院三院。更於 1873 年征韓派下野後，加強太政大臣與正院的權限，基於參議兼任各省行政長官的原則，進行參議的更迭，布署大久保獨裁體制。

　　新政府成立之初，雖曾廣泛起用人才，但此時所有要職幾全由四雄藩藩士所占據，顯露藩閥政府的特徵。

| | 人　口 | | 勅任官 | | | 奏任官 | | |
|---|---|---|---|---|---|---|---|---|
| | 人　數 | 百分比 | 人數 | 百分比 | 每人與縣民人口數之比 | 人數 | 百分比 | 每人與縣民人口數之比 |
| 薩摩 | 560,200 | | 18 | | 31,122 | 247 | | 2,268 |
| 長州 | 827,500 | | 12 | | 68,958 | 345 | | 2,396 |
| 土佐 | 524,500 | | 7 | | 74,928 | 112 | | 4,683 |
| 佐賀 | 506,600 | | 7 | | 72,371 | 96 | | 5,277 |
| 小計 | 2,418,900 | 7.5 | 44 | 65.5 | 54,975 | 800 | 37.5 | 3,023 |
| 其他 | 29,571,800 | 92.5 | 23 | 34.5 | 1,285,695 | 1,326 | 62.5 | 22,300 |
| 全國總計 | 31,990,800 | 100.0 | 67 | 100.0 | 477,474 | 2,126 | 100.0 | 15,047 |

藩閥政府高級官吏出身別一覽表

### 3.徵兵制度

新政府為了創造近代的軍隊，在廢藩同時解散藩兵，集全國的兵權於兵部省❶。1873 年 1 月，依國民皆兵的方針，公布徵兵令。據此，創造了無論是士族、平民，滿二十歲的男子徵兵的軍事制度❶。成立西式裝備與訓練的新式軍隊，其後在西南戰爭發揮相當大的威力。

徵兵令的公布受到士族與農民的非難，在各地發生暴動❶。於是為了維持治安，於 1873 年，設置內務省，並於翌年，在首都東京設置警視廳，整飭警察制度。

## 四、身分制度的改革

與國內統一同時，進行社會制度的改革。因奉還版籍，藩主與藩士之間的身分關係已消失，乃定藩主（大名）、上層公家為華族，一般藩士與舊幕臣等為士族，農工商等庶民改為平民，廢除封建的主從關係。1871 年，發布解放令，廢止舊有穢多、非人等稱呼，使其身分、職業與平民同等❶。依據「四民平等」的原則，平民亦允許稱姓，可與華族、士族通婚，人人享有遷居與選擇職業的自由，原則上成為四民平等之世❶，

---

❶ 1872 年，廢兵部省，改設陸海軍省。陸軍起初設置六個軍管區，各軍管區設鎮臺，平時有兵三萬餘。

❶ 實施徵兵制建立國民軍，乃是長州藩大村益次郎的構想，山縣有朋加以實現。

❶ 士族指斥其剝奪武士的特權，農民則譴責其新增負擔。徵兵令除了戶主、嗣子、養子、官吏、學生之外，尤其認定繳付人頭費二百七十圓即可免役，實際負擔兵役的只是農村次男以下的人手。1872 年太政官的徵兵告諭中有「血稅」一詞，被誤解為抽取鮮血，引起對徵兵制的恐慌，一時各地發生「血稅騷動」。

❶ 在制度上雖屬平等，但實際上使用新平民的稱呼，住居、結婚、職業等方面的差別待遇一直延續到現代。

❶ 1871 年制定戶籍法，翌年實行統一的戶籍編制（壬申戶籍）。由此，全體國民編成華族、士族、平民三族籍。明治初期的人口結構（1873 年）有華族二千八百二十九人，士族一百五十四萬八千五百六十八人，卒（一時編入的，屬於武

朝向近代國民國家的體制。

武士身分特權雖已喪失，但依然享受俸祿，對國家財政造成沉重的負擔。政府乃於 1873 年定「奉還家祿」之制，再將之兌換為國債的方針，於 1876 年，給與「金祿公債」❶，整理華族與士族的俸祿制度。

新政府復於 1876 年發布廢刀令，禁止象徵武士身分特權的帶刀。如此一來，封建家臣團名實均已解體。

一部分士族改行充當官吏、巡查、教員、新聞記者等，開始新的生活，但喪失經濟特權的多數士族，有的歸農，有的以「金祿公債」為本，體驗外行人經商的拙劣商法而失敗沒落。由是引起士族對政府之不滿，興起叛亂或參與自由民權運動。政府亦採取因應的救濟措施，獎勵開墾、移住，官有地的廉價出售，資金的貸與等，傾注於士族授產之策。

## 五、土地改革

推動近代化改革，須有巨額的經費。因此安定國家財政的基礎，成為重要的課題。明治成立之初，國家財政的經常財源極為匱乏，但歲出與時俱增，為了籌措龐大的軍事費，發行「太政官札」等不兌換紙幣，或依賴豪商巨賈的貸款。

廢藩置縣後，租稅徵收權集中於政府之手，但占有政府經常財源大半的地租，卻一仍舊慣，且各地稅率不一，加以實物（稻米）繳納制，一遇米價變動，歲入即陷入不安定，很難確立長期的財政計劃。在此一困境中，新政府為了鞏固國家財政基礎，勢須確立統一的近代土地制度

---

士，足輕等下級者）三十四萬三千三百八十一人，平民三千一百一十萬六千五百一十四人，其他（僧侶、神官等）二十九萬六千四百九十四人，合計三千三百二十九萬七千七百八十六人。

❶ 士族給與家祿以取代俸祿，旋於 1873 年許其奉還而給與相應的補償。1876 年公債額，華族一人平均六萬四千圓，士族一人平均僅約五百圓。當時的米價一石約五圓。

與賦稅制度。

1873 年 7 月，公布「地租改正條例」，著手改革地租，1879 年大體完成。土地改革的要點有三：一是課稅標準，廢止過去以不安定的土地公定收穫量為準則，改為依據一定地價為標準 ❷，二是廢除繳納實物，改為一律繳現金，稅率定為百分之三，三是定土地所有者為納稅人。

如此一來，各藩不統一的地租，無論其為豐歉，一律徵收，政府財政的基礎乃得以鞏固，同時確立地主、自耕農的土地所有權，加深商品經濟的結合。但地租率仍然是依據當初年貢收入的方針訂定，因此農民的負擔並未減輕 ❷。地主除了耕作所有地的一部分之外，貸與佃農，徵收佃租，同時經營高利貸。佃租依然繳納實物，米價騰貴，因此仍然只有地主享有利益，佃農苦於地主屢屢提高佃租，或收回土地。

土地改革的結果，農民的土地所有權被認定，確定對土地的單一所有權，確立了近代的土地所有制度 ❷，奠定了近代資本主義經濟發展的基礎。

## 六、殖產興業

明治政府推行的近代化政策最重要的課題是，建設一個足與歐美先進國資本主義列強匹敵，在國際社會上並駕齊驅的富國強兵的國家。在經濟層面，引進歐美各國經濟制度、技術、設備、機械等，扶植近代產業（殖產興業）。

---

❷ 地價是由農民基於收穫量申告，由地方官查核而定。為了收穫量的查核與地價的決定，縣當局與農民之間時常發生糾紛，屢生「地租改正反對一揆」。

❷ 農民共同利用的山林、原野等共有地之中，無法證明其所有權者，即被編入官有地。

❷ 地租在國家一般會計所占比率，隨著工商業的發展而遞減（由 1874 年度的81%，1876 年度的 72%，1881 年度的 60%，減低到 1891 年度的 36%），其間以明治初年所占的比率最大。

## 1.金融制度

要發展資本主義，必須確立金融貨幣制度。過去流通的，概屬劣質貨幣，以及大量的藩札（紙幣）、外國貨幣，幣制非常混亂。且因財政困難，屢次發行不兌換的太政官紙幣與民部省紙幣，故於 1871 年制訂「新幣條例」，確立金本位制，採用圓、錢、釐十進法，鑄造新硬幣，同時發行新紙幣以資統一，但仍屬不兌換紙幣。

金融、商業機關則於 1869 年，設立半官半民的通商公司、匯兌公司，但未成功，政府乃思引進近代銀行制度，於 1872 年，訂定「國立銀行條例」㉓，翌年，設立了三井組、小野組出資的第一國立銀行，但無法立刻確立兌換制度。

## 2.通信、交通制度

對近代產業不可或缺的新交通、通信制度的建設亦不遺餘力。通信方面，1871 年，廢「飛腳」㉔制度，開創西式的郵政制度。1873 年已實現全國統一的費率，完成全國主要郵政網。

1869 年，架設東京、橫濱間的電信，1874 年，青森、東京、長崎間的電信幹線完成，至 1880 年初，全國電信網大體已完成。與海外的電信，於 1871 年，長崎與清國上海之間開通。電話亦於 1877 年引進，官營的電話事業則自 1890 年開創。

交通方面，政府仰賴英國外債，著手官營事業的鐵路建設，於 1872 年，東京、橫濱間的官營鐵路開通之後，逐漸在各地建設鐵路（1874 年完成大阪、京都間）。東海道本線（東京、神戶間）在 1889 年開通。

## 3.海運業

---

㉓ 國立銀行條例是仿效美國的國家銀行 (National Bank) 制度所公布，設立四家可發行銀行券的國立銀行。政府乃於 1876 年修正條例，取消此一規定，商人、地主與華族、士族希望設立者驟增。結果，於 1879 年，增至第一百五十三國立銀行時停止受理。

㉔ 專營傳遞遠方書信、金銀等業務的業者。

　　1870 年土佐藩出身的岩崎彌太郎借到土佐藩的輪船，創設了九十九
(Tsukumo) 商會，1875 年改稱郵便汽船三菱會社。政府為了確立日本近海
的海運權，促進軍事運輸，給與民間的三菱會社優厚的保護❷。不僅國
內航線的開闢，1875 年，開闢上海航線，積極開設外國航線。至 1885 年
將國營的運輸公司合併，成立日本郵船會社。

### 4.農　業

　　主要產業的農業與畜牧，著重技術的改良，在東京設置駒場農學校、
三田育種場，設法移植美國式大農場制度，大力開拓北海道。1874 年，
設屯田兵制度，進行農業與礦山的開發。翌年，創立札幌農學校。

### 5.初步工業化

　　當時民間工業尚停留於一部分「手工業家庭制度」的經營。因此政
府企圖快速扶植產業，以增加輸出、減少輸入，決定承繼幕府與各藩的
礦山與工廠，作為官營事業，引進歐美機械設備，招募外人技師，設立
官營工廠，扶植近代產業。尤其以輸出產業最重要的製絲業部門最為積
極，引進法國的製絲技術，招聘法國技師布留納 (Brunat)，並在群馬縣設
立富岡製絲廠，聚集士族子女與多數女工，從事利用蒸氣的大規模機械
製生絲生產。

　　1870 年設置的工部省及 1873 年設置的內務省,極力推進殖產興業政
策。岩倉具視使節團一行歸國後，更以內務卿大久保利通、工部卿伊藤
博文及負責財政的大藏卿大隈重信等為中心積極推展。

　　1887 年正值西南戰爭之際,政府在東京舉辦第一屆國內勸業博覽會,
展示各地出產的機械與美術工藝品，對民間產業的發展有相當大的刺激
作用。

　　政府推動軍備近代化，以舊幕府的事業為母胎，在東京、大阪設置
砲兵工廠、在橫須賀、長崎設置造船廠，引進新技術，生產西式武器。

---

❷　明治初年，日本近海的海運是美國的太平洋汽船公司所壟斷，政府為了對抗而
　　創設郵便輪船公司，業績不振，遂於 1875 年，保護三菱公司，與之對抗。

1870 年，將舊幕府的佐渡、生野等出產鑄幣原料的金屬礦山與煤炭礦山
劃歸國有。

# 第二節　文明開化

明治維新以王政復古的形式進行，起初有相當濃厚的復古色彩，但
倡導「百事一新」、「打破舊弊」的近代化政策，熱心引進歐美新制度、
知識、文物，在教育、文化、思想、國民生活等廣泛範圍內給與很大的
影響，文明開化的風潮快速的推廣。

## 一、西洋文化的吸收

過去儒教、神道的作法與古老的習慣被認定為落伍而受到排斥，代
之以自由主義、個人主義等近代思想的流行❷⑥，倡導天賦人權思想❷⑦。
福澤諭吉的《西洋事情》、《勸學篇》、《文明論之概略》，中村正直譯述的
《西國立志編》、《自由之理》等，作為西式新思想的啟蒙書而廣泛被閱
讀，在國民思想的啟蒙方面發揮相當大的作用。

新政府成立後，在文明開化的口號下，盛行封建生活樣式的破壞、
西洋文化的吸收。從電信、鐵路的開通、郵政制度的實施、太陽曆的採
用，到衣食住生活面都有顯著的變革。

由森有禮所發起，福澤諭吉、加藤弘之等為會員所組織的明六社，
推展啟蒙運動。他們發行《明六雜誌》，舉辦演講會，批判封建思想，在
自主、自由、開明的名義下，介紹西洋思想。這些啟蒙運動，發揮了傳

---

❷⑥ 明治初年，主要有英美系的自由主義、功利主義思想之傳入，斯賓塞 (Mill
　　Spencer) 的著書膾炙人口，接著達爾文 (Charles Robert Darwin) 的生物進化論被
　　介紹。法國系則由中江兆民等介紹盧騷 (Jean Jacques Rousseau) 的《民約論》，
　　德國系則是輸入國家主義的政治思想。

❷⑦ 人類生而賦與自由、平等，追求幸福的權利，後來成為自由民權運動的指導理
　　論。

播近代思想的作用，但不超越政府由上而下的開明政策之域。

政府由上而下的開明政策，亦顯現在海外留學生的派遣，外國人顧問的招聘上。1871 年岩倉具視赴歐考察團有政府留學生五十九人參加，1875 年以後，依據海外留學生規則，甄選公費留學生出國留學，吸收歐美行政知識與學問。這些留學生主要都是東京大學的官學出身者，歸國後均位居要津。外籍顧問的招聘亦盛，其中以克拉克 (William Smith Clarke)、布阿索那德 (Gustave Emile Boissonade) 等在推動近代化方面有不少功績。但外國文明的介紹大部分僅在制度與生活樣式方面積極消化，在自由、個人的尊重，民主主義等近代精神卻沒有正確引進。可見所謂文明開化，只是採行幕末時期「和魂洋才」之策而已。

## 二、宗 教

明治初年尚未完全廢除禁基督教政策，因此傳教受到迫害，至 1873 年，始撤銷了禁止基督教的揭示。此後新舊各派傳教士遂得以進行傳教，東京等地紛紛設立教會學校，基督教在青年階層相當普及。

政府起初基於王政復古回歸「神武創業之初」的主旨，採取祭政一致的立場，恢復神祇官，起用多位國學者與神道家。1869 年，為了祭祀戊辰戰爭戰歿者，設立招魂社，於 1879 年改稱靖國神社。

由於全國性的「廢佛毀釋」運動，寺廟、佛像、佛具、經典等遭受破壞或燒毀。但神道的國民教化與對佛教的排斥，卻不受國民接受而逐漸消褪。1872 年改神祇省為教部省，佛教的僧侶亦被任命為教導職。

## 三、教育改革

要有效推動近代化，必須提高國民的知識水準，因此致力國民的啟蒙、開化。1871 年，設置推行教育行政的文部省，翌年公布了取範於法國近代學校法規的學制❷，採用義務教育制，廢除過去武士統治階級封

---

❷ 根據學制，全國分八個大學區，各大學區設大學一，中學校三十二，各中學校

建的差別教育，矢志四民平等、機會均等。教育目的訂定為「立身之財本」，企求個人的完成與實際生活有用的「實學」。學校經費以民間負擔為原則。結果，在全國設立二萬校以上的小學校，學校教育快速的推廣。此實有賴江戶時代已廣泛設置的庶民教育「寺子屋」的傳統。

1875 年，男子的小學就學率已超過 50%。但女子仍然停留在 18，7%，男女初等教育之間，有很大的落差。農村則因倚重兒童勞力，有反對設校之聲，加以學費與學校創設費用負擔不輕，很多地方發生廢止小學的農民暴動。

1879 年，頒布「教育令」，廢止學區制，將教育權限大幅轉移到地方，放寬國家的統制，但就學率降低。及至 1880 年的「改正教育令」，再度強化國家統制，教育目的轉向國家主義化。

新政府特別著重小學教育，同時推展高等教育，於 1877 年設立東京大學，對師範教育、女子教育、產業教育等，則分別設立專門學校，並延聘多數外籍教師，以圖振興學術。教育主要是以政府之力推動，福澤諭吉創辦的慶應義塾、新島襄創立的同志社等私學，亦發揮各自的特色。

# 第三節　新政府的外交

明治政府對內實行政治革新，對外致力國際地位的提高。新政府自成立之初，即專心整頓幕府末期以來積弊已深的外交，包括修改不平等條約的交涉、日俄國境交涉、〈日清修好條約〉、琉球問題、臺灣事件、日韓關係的調整等問題。

## 1.不平等條約的廢止

明治初年，政府外交政策的中心課題是修改幕末時代與歐美各國所訂的不平等條約。1871 年，政府派遣右大臣岩倉具視使節團赴歐美交涉

---

區設小學二百一十所的規定，全國小學應有五萬三千七百六十所，以當時人口計，每六百人即有一所小學。但這種計劃實過於理想主義，不符當時的國民生活水準，至 1879 年的「教育令」公布時廢止。

修改條約問題，但由於日本本身法律體系未備，國內的近代制度尚未確立，以致鎩羽而歸。唯此行實地考察歐美近代國家立憲政治的發展與產業的振興，認識歐美的進步富強，痛感日本的落後，提供了日後以歐美列強為目標的借鏡，成為推動近代化的一大催化劑❷。

自 1876 年開始，外務卿寺島宗則首先與美國交涉，在恢復稅權方面已有成果，但因遭英國與德國的反對而失敗。繼任的外相井上馨，全力修訂條約，試圖同時收回部分的稅權和法權。與各國駐日公使談判，至 1886 年，各國已有承認之意，但井上方案，法權和稅權雖獲得部分修正，距平等條約尚有一段距離。尤其法權修正案中，有日本承允外國人內地雜居，以及任用多名外國人為法庭推事的條款作為廢除領事裁判權的代價，因而成為爭論的焦點。同時為了促進修約，主張勵行西化政策，開設西式社交機關「鹿鳴館」❸，過分西化主義的作法，引起國粹主義者的不滿，反對浪潮高漲，修約交涉亦隨之中止。

大隈重信繼任外相之後，放棄與列強同時談判方式，改採國別交涉的方針。大隈引用歐美各國的國際法學說，作理論性的談判，交涉頗有進展，但因新約內容仍含有允許大審院任用外國法官，賦與外國人內地雜居權，而遭受激烈的反對，於是不得不中止。修改條約的交涉復歸失敗。

大隈外交遭受挫折之後，繼起的外相青木周藏，放棄列強會議的方式，採取國別談判的方式，即先與態度強硬的英國談判。時值英俄在遠東的對立日深，英國為了遏止俄勢南下，亟欲接近日本，雙方的交涉頗有進展，卻發生俄國皇太子尼可拉 (Nicolai II) 遇刺的「大津事件」❹，

❷ 使節團包含日本最早的女子留學生五人，共六十人同行。留學生多數完成學業歸國後，在各種領域，取代外人顧問，發揮推動日本近代化的角色。

❸ 1883 年設立於東京日比谷，作為政府要人、華族與外國使臣舞會等交際場所，為西化主義的象徵。

❹ 俄國皇太子在大津遊歷時，被一個日本警察殺傷的事件。

青木引咎辭職，修約又告流產。

及至 1892 年，陸奧宗光出任外相，著重法權之收回，終於 1894 年 7 月，與英國簽訂「日英新約」，得於五年後廢除治外法權，但仍未能達成收回關稅自主權。直至 1911 年，始與列強先後簽訂完全平等的條約（「日美通商友好條約」）。

日本修改不平等條約的努力，自明治維新後凡四十二年，始大功告成。

## 2. 領土問題

幕末以來，與俄國之間成為懸案的庫頁島領土問題，明治政府亦繼續與之交涉。其後隨著俄國加緊對庫頁島南部的擴張，政府內部有放棄庫頁島而傾注於北海道開拓之聲，遂於 1875 年由全權公使榎本武揚，與俄國簽訂「庫頁島、千島交換條約」，以取得千島全島為代價，放棄庫頁島。

此外，與美國之間主權歸屬問題未決的小笠原群島，由於後來英美兩國沒有提出異議，乃於 1876 年劃歸內務省管轄。至此，日本南北的領土在國際上遂告確定。

## 3. 朝鮮問題

與對歐美列強之低姿態相反，日本對近鄉諸國卻採取高壓逼迫開國的態度。幕末以來，朝鮮繼續採取鎖國政策，再三峻拒日本締交的要求。為了疏導封建士族對新政府的不滿，採取武力對韓的「征韓論」甚囂塵上。1873 年，派遣西鄉隆盛為使節赴韓，已作成如遭拒絕，即派兵迫使朝鮮開國的方針。但看到歐美先進國家發展的大久保利通等一行歸國，堅持內治優先的方針，強烈反對征韓，終於同年 10 月，取消當初的動武方策，西鄉等征韓派乃辭職（明治六年政變）。

1875 年，日本藉口在朝鮮的江華島附近巡弋的日本軍艦被砲轟的江華島事件，逼迫朝鮮簽訂「日朝修好條約」（「江華條約」）❸❷，建立其向

---

❸❷ 1876 年 1 月，日本以武力為後盾，脅迫朝鮮簽訂「日朝修好條規」，逼迫朝鮮

中國大陸擴展的跳板。

### 4.日清修好條約

1870 年，政府派遣外務大臣柳原前光赴清，要求談判。次年大藏卿伊達宗城以全權使臣身分，試圖簽訂不平等條約不成。其後雙方在對等基礎上正式簽訂「日清修好條約」❸。這是中日兩國在近代所簽訂的第一個平等條約。

同年 12 月，發生琉球漁民漂流至臺灣東部被原住民殺害的事件❸，日本與清國之間發生爭議，終於導致 1874 年出兵臺灣的武力衝突事件（臺灣事件）。但在英國公使的調停下，簽訂「北京專約」，清國承認日本出兵為「義舉」，償付賠款❸而解決。

### 5.沖繩問題

自江戶時代以來，琉球即在島津氏的統治之下，同時卻亦向清國朝貢，為中日兩屬的複雜關係。日本採取以之為日本領土的方針，於 1872 年設置琉球藩，任尚泰為藩王，最後於 1879 年加以廢止，設置沖繩縣，劃歸日本版圖。

---

開釜山、元山、仁川等三個港埠，迫使朝鮮承認日本的領事裁判權與關稅協定等對朝鮮不利的不平等條約。

❸ 日本與外國所締結最早的對等條約，約定相互開港，領事裁判權等條款，但日本卻仍不滿，至 1873 年始批准。

❸ 琉球漁民六十六人遇難漂流到臺灣東部，五十四人被原住民殺害事件。

❸ 雙方簽訂「北京專約」，清國認定日本出兵是「保民義舉」，償付五十萬兩給日本而解決。

# 第十四章　立憲政治的推移

## 第一節　新政的反動

　　明治維新後，相繼施行的政治改革，給與當時國民生活急劇的變化。尤其身分特權被剝奪的士族，懷著不滿而出之以反政府行動❶。1873 年，西鄉隆盛、板垣退助所倡導的征韓論，實有將此不平士族的不滿，轉移焦點到外征的企圖，但受到「內治派」的反對而中止。征韓論失敗，西鄉、板垣等人憤而下野，成為後來士族叛變與「自由民權運動」的導火線。

　　1874 年，佐賀的不平士族，擁戴因征韓論而下野的前參議江藤新平興起暴動（佐賀之亂）。1876 年，保守思想穩固的熊本敬神黨（神風連），憤「廢刀令」之頒布而叛亂，福岡縣與山口縣繼起，西南地區（九州）大為動搖。

　　對政府抱持不平的，不僅只是士族，大多數農民亦因土地改革未受惠，加上徵兵制度與新學制等負擔加重，先後發生暴動❷。

　　在國內情勢動搖之中，令政府大感驚慌的是，以西鄉隆盛為首的鹿兒島不平士族於 1877 年所發動的「西南戰爭」。政府傾全力鎮壓，在熊本城阻止了西鄉軍的東進，費了半年時間始予救平。政府軍的勝利，證

---

❶　士族的叛亂，有對新政保守的反動，以及對政府專制不滿的民權主張。這是當時在野的不平士族所抱持，後者不久發展而為自由民權運動。

❷　1876 年，茨城縣與三重、愛知、岐阜、堺等四縣，相繼發生二次大規模的民變，都是倡言反對地租修正而起。政府乃於 1877 年，將地租稅率從地價的百分之三，降到百分之二點五，作為因應。

明新徵兵制的軍隊的威力。

1878 年發生不平士族暗殺大久保利通事件，但以西南戰爭為最後，不平士族倚恃武力的反抗告一段落，新政府的基礎乃得以確立。

# 第二節　自由民權運動

## 一、自由民權運動的推展

明治維新之後，四雄藩的下層武士自恃有功，把持政權，引起各方不滿。當維新政府致力政治改革之際，民間知識分子受到歐美自由主義思想的洗禮，法國自由啟蒙思想和英國功利主義學說盛行一時。由於新思想的輸入，人民對藩閥政府及官僚專制大感不滿，終於發展為樹立立憲政府，開設國會的自由民權運動。

維新後一連串的改革，受打擊最大的是士族與農民。士族因俸祿變成家祿，且喪失原有的特權，陷入失業狀態而大失所望。下野的征韓派前參議之中，板垣退助等從事與士族叛亂不同途徑的反政府運動。為使國民輿論反映到政治上，向左院提出《民撰議院設立建白書》（1874 年），自此自由民權論快速的高漲。板垣於同年返回鄉里土佐，集合片岡健吉等同志，發起立志社，旋即在大阪結成愛國社，促進全國性的民權運動。

1877 年立志社的《國會建白書》，以伸張民權為首要，提出開設國會、減輕地租、廢除不平等條約等三大要求，實為劃時代的創舉，自由民權運動迅速發展。

同時立志社為了促使這種主張組織化，加強與各地團體的串連遊說，企圖在廣泛的基礎上重整愛國社。一時中斷的愛國社在大阪召開重整大會，此後自由主義民權運動在全國展開。推進此一運動的，起初是土佐等地的不平士族，不久要求減輕地租的地主階層與工商業者亦多參與，擴大為全國性的運動。

政府為了壓抑輿論，於 1875 年 1 月，召開大阪會議，決定漸進式朝

向立憲政治的方針❸，於是首設元老院、大審院，召開地方官會議。翌年，在元老院起草憲法草案，接著於 1878 年召開府縣會，從事立憲政治的準備工作。

1880 年 3 月，愛國社擴大組織，結成「國會期成同盟」，並將運動集中於開設國會的要求上，收集同盟支部的全國各地政治結社代表的簽名，擬向天皇提出開設國會的請願書。政府則通過《集會條例》，嚴厲的取締民權派的言論、集會與結社。

在直接間接的彈壓與懷柔政策的同時，伊藤與大隈等，亦感受到由政府草擬憲法，開設國會的必要，而思考因應之策。其間發生大隈重信英國式的議會主義與伊藤博文、井上馨等普魯士（德國前身）式欽定憲法構想的爭議，且又牽涉到長州藩與肥前藩間的派系鬥爭，產生政府內部嚴重的對立。

適因發生「開拓使公有財產拋售事件」❹，政府遭受輿論猛烈的抨擊，於是立刻決定欽定憲法❺的基本方針，指斥大隈重信與此輿論的動向有關而予以罷黜，隨即頒發國會開設的告諭，公約十年後（1890 年）開設國會（「明治十四年政變」）。至此確立了以伊藤博文為中心的薩長派政權，推動日本朝向立憲君主制的政治。

## 二、政黨的成立

國會開設的時程迫近，民權運動著力於籌組政黨，1881 年，組成以

---

❸　大久保與反對出兵臺灣而下野的木戶、板垣等會談，決定遵循政府的漸進主義。結果木戶與板垣回到政府，以鞏固政權，同意「漸次立國家立憲政體」的方針。

❹　1881 年，拋售開拓使公有財產之際，薩摩藩出身的開拓使長官黑田清隆，不當的以低價出售給關西貿易商社而引起爭議。旋因明治十四年（1891 年）的政變而中止拋售。

❺　欽定憲法意指天皇所欽定的憲法。這是一部取範於德國（普魯士）憲法，旨在壓抑議會，強化天皇權限的憲法。

板垣為黨揆主張激進自由主義的自由黨。翌年成立一個以大隈重信為黨揆，主張英國式議會政治的立憲改進黨。自由黨承接立志社的意旨，主要以地方農村為基礎，改進黨則受都市實業界與知識分子的支持。政府亦以福地源一郎為中心，組成保守的立憲帝政黨與之對抗。民權派則為了表現其主張與政策，各自提出憲法草案。政府一方修改《集會條例》，限制政治結社活動，一方資助板垣退助出國旅遊，多方分化反對黨，迫使合法的民權運動逐漸萎縮。

# 第三節　立憲國家的成立與日清戰爭

## 一、松方財政

　　自明治初年以來，日本的資本主義在政府的保護扶植之下逐漸成長，但政府為了推進近代化政策，需要龐大的經費，卻沒有充分的財源，因此濫發太政官札（紙幣）等不兌換紙幣。尤其 1877 年西南戰爭之際，為了籌措軍費而濫發不兌換紙幣，民間的國立銀行亦發行不兌換銀行券，遂引起通貨膨脹，物價高漲。結果，政府雖削減歲出，財政仍然陷於困難。貿易方面，明治初年以來持續入超，正幣保存量大幅減少。

　　財政的混亂與經濟不安定，使近代產業的健全發展受到阻礙。政府乃以參議兼大藏卿松方正義為中心，因應通貨膨脹，著手紙幣的整理，確立安定的貨幣與金融制度，重建財政。續又緊縮財政，實行歲出的縮減與增稅，以增加歲入，並以歲入的剩餘收購本位貨幣，沖銷紙幣。通貨膨脹遂得以控制，物價亦下降，但卻造成不景氣，影響及於全國。

　　農村由於稻米與生絲價格下跌而受到重大的打擊，農民階層的分解甚劇，自耕農沒落，土地集中於地主的傾向益著。喪失土地的農民，造成貧民流入都市的風潮，下級士族的貧困愈甚，社會的動搖已無法掩飾。

　　政府為了樹立國家金融政策運作的中樞機關，於 1882 年，設立中央銀行——日本銀行。翌年 (1883)，修正「國立銀行條例」，整頓原有的國

立銀行，逐漸將之改為普通銀行，同時集中紙幣發行權於日本銀行，1885年發行兌換券。翌年開始政府紙幣的銀兌換，確立銀本位的貨幣制度。

另一方面，為了整理財政，扶植民間產業，1880年制定「工廠出售概則」，決定將軍事產業之外的各種官營產業部門，拋售給民間。從1880年代後半正式進行，對民間近代產業的發展有相當的激勵作用。

## 二、民權運動的挫折

貧困的農民對中央政府的不滿遽增，產生民權運動的新局面。政府因應自由民權運動的開展，修正「集會條例」、「新聞條例」，嚴厲的取締，尤其對激進的自由黨，施之以軟硬兼施之策❻，力加分化。自由黨果然發生內訌而分裂，與改進黨反目，兩黨激烈的對立❼。自1882年起，在政府的緊縮政策同時又因農村嚴重的不景氣，運動資金缺乏，農民階層分解，民權運動的支持階層分裂，民權運動乃日益衰退。

自由黨的激進化，使其受到嚴厲的彈壓，結果，黨內分裂，總理板垣退助等幹部憂慮此一情勢，於1884年10月宣布解散。改進黨亦因總理大隈重信等脫黨，自由民權運動的黨組織崩潰，陷於分裂狀態。適值日本與朝鮮、清國關係緊張，民權運動亦牽涉其中。1885年發生自由黨左派的大井憲太郎等，企圖推動朝鮮內政改革的大阪事件❽。自由民權運動的一部分，有從國內的民權論轉向對外擴張的國權論傾向，但使問題更為複雜化的是條約修改問題。

---

❻　採取起用民權派人士為官吏的懷柔政策。

❼　伊藤博文、井上馨等，企謀削弱自由黨的勢力，誘使板垣退助與後藤象二郎出國，由三井公司擔負其費用。但由於旅費出處發生疑惑，改進黨開始攻擊自由黨，自由黨暴露大隈重信與三菱之間的關係而引起爭論。

❽　壬午事變後，自由黨的板垣退助等人，企圖援助朝鮮獨立派的金玉均等，推動朝鮮的內政改革。接著1885年，大井憲太郎等籌集資金，擬與同志渡韓，事洩，大井等在大阪被捕。

自從自由黨解散以來，一時趨於沉寂的自由民權運動，至 1886 年 10 月，因星亨倡導「大同團結」❾之後轉趨積極，翌年為了修改條約問題發生爭論，發動三大事件❿建白運動，反對藩閥政府的聲勢大起。政府於是急於制定「保安條例」，驅逐聚集於東京的民權派首領中江兆民、尾崎行雄等五百七十名，大肆鎮壓。

## 三、國家體制的整備

### 1. 內閣制度的確立

1885 年 12 月，進行政府機構的改革，廢止太政官制，創設近代的內閣制度。即廢止由皇族、公卿、大名出身充任的太政大臣、左大臣、右大臣，及藩閥政治家充任的參議，改以各省（部）的行政長官為國務大臣，新設置內閣總理大臣，在其統轄之下，由國務大臣組織內閣，運作國政，由長州藩下級武士出身的伊藤博文膺任總理大臣，政權完全操諸於薩長藩閥之手。

隨著內閣制度的制定，另在內閣之外設置宮內省，任命輔弼天皇的內大臣，管轄宮中事務，以別府中與宮中，藉以防範宮廷干預政治。

### 2. 華族制度的整備與皇室財產的設定

1869 年以舊諸侯與公卿為對象所定華族制度，為了因應不久即將開設的國會，於 1884 年作了大幅修正（「華族令」⓫）。即分為公侯伯子男五等，為世襲制，依據「家格」、勳功、俸祿，訂定公卿、舊諸侯的爵位，同時將明治維新的有功人員列入華族。其目的乃在作為皇室的屏藩，以

---

❾　自由民權各派所標榜，拋棄往日的對立，而就大同的聯合論。這是星亨所倡導，後藤象二郎所推動。

❿　三大事件乃民權運動者要求政府減輕地租，准許言論集會的自由，革新外交（國權的確立）等三項要求，最足以表現當時民權運動的主張。

⓫　華族分為公、侯、伯、子、男五爵位。其後隨著議會的開設而成為貴族院議員選出的主要母體。

牽制眾議院。此時授爵的新華族，有伊藤、黑田、山縣等一百多名，其中薩摩與長州藩占多數。其後板垣與大隈亦基於懷柔政策而授爵，日清戰爭後，實業家亦列入其中。

在樹立內閣制度同時，設定皇室財產。1885 年之前，皇室財產的規模尚小，此後即將內地與北海道廣大的山林劃歸皇室所有，甚至加上銀行、公司的股票，皇室財產劇增❷。此外又大幅增加皇室經費預算，確立經常支出。此一時期確立皇室財政的意圖，乃在免除皇室經費受到議會的掣肘，同時以龐大的皇室財產，作為萬一受到議會反對時，確保陸海軍經費的財源。

## 3.地方自治制度

地方制度亦作了大幅度的修改。政府於創設議會之前，以內務大臣山縣有朋為中心，接受德國顧問摩西 (Albert Mosse) 的建言，採行取範於德國的地方自治制度，於 1888 年制定市制、町村制，1890 年制定府縣制、郡制。這些都是為了鞏固政府的基礎所採取的政策。在帝國議會開設之前訂定地方自治的意圖，乃在防範議會開設後可能發生政府與政黨之間的衝突與政爭的激化波及於地方政局。因此縣會選舉，一改住民直接選舉，採取由郡會、市會間接選舉的方式。

## 4.法典的編纂

近代法典的編纂，由於修改條約的需要，自明治初期即已著手。西式法典編纂，起於明治初年，首先延聘法國的布阿索納德起草法國系統的各種法典。其後在推動修改條約交涉過程中，加速起草各種法典，1890年大體完成。但有關民法，則因反對論驟起❸，不得不延期實施。於 1896–

---

❷　單只是土地即有三百六十五萬英畝之多。

❸　民法取範於法國民法，於 1890 年完成。東京大學的德國學派法學者，指其破壞社會的道德而反對。對此，法國學派的法學者出而支持，民法的實施論與修正論（延期實施論）形成對立（民法典論爭）。這是自由主義與國家主義的對立，最後修正派勝利，於 1893 年開始編纂德國式的民法，1898 年開始實施。

1898 年間，先後公布了修正民法（「明治民法」），確立了西方一夫一婦制度，反映夫權、親權強大的儒教道德觀，保存傳統家庭制度，戶主與長男較大權限的性質。隨即公布民法、商法、刑法，具備了法治國家的體制。

## 四、憲法的制定

近代國家體制確立的根基乃在憲法的制定。調查歐美立憲制度歸國的伊藤博文，於 1886 年依據德國法律顧問羅斯洛 (K. F. H. Roesler) 的建言，起草憲法 ⓮。

此際，民間亦以憲法問題為議論的焦點，交詢社的「私擬憲法案」、立志社的「日本憲法草案」、植木枝盛的「東洋大日本國國憲案」等紛紛出爐。這些憲法草案較之政府構想都更具有激進的內容，採取立憲君主制，或主權在民思想。

政府為了防堵民權派的反對，一直保密，直到草案完成，始於 1888 年 4 月，在天皇親臨之下，經新設樞密院 ⓯ 審議之後，於翌年 (1889)2 月 11 日公布「大日本帝國憲法」。此一憲法共有七章七十六條，內容大多仿效 1850 年的「普魯士憲法」，實以君主大權主義（君權主義）理念為基本的欽定憲法。

依據憲法，行政、立法、司法三權分立，國民透過議會，享受立法與參政權，建立了近代的立憲政治。但最大的限制則是天皇大權範圍極為廣大。

---

⓮ 1882 年派遣伊藤博文赴歐，調查歐洲各國的憲法。伊藤受教於奧地利的斯坦因 (Lorenz von Stein)、德國的古耐斯特 (Rudolf von Gneist) 等著名公法學者，主要是學習德國式的憲法理論與運用。

⓯ 天皇的諮詢機關，由有功於國家的長老級政治家任樞密院顧問官，擁有審議憲法上的疑義，憲法附屬法令、條約的締結、緊急勅令等廣泛的權限，其後曾有過與政府發生衝突，迫使內閣總辭的例子。

　　憲法的基本原則是，天皇為統治權的總攬者，不僅擁有宣戰、媾和、締結條約、修正憲法之權，且有訂定行政各部門官制，任免文武百官等權限。由是官吏變成天皇的官吏❻，國務大臣對天皇負責，但對議會的責任則不明確，蓋不經議會的贊同而發出命令的範圍大幅擴大，行政機關的權限置於議會之上。此外，議會的召開，眾議院的解散均屬天皇的大權，連陸海軍的統帥權❼亦歸屬天皇獨掌，且獨立於立法、行政之外。至於皇位的繼承則依據與憲法同時公布的「皇室典範」，由皇族的男子（長子）繼承❽。

　　「大日本帝國憲法」雖未採用議院內閣制，對輔佐天皇的國務大臣的責任卻有明文規定，惟對議會的責任仍不明確。無論如何，國民享有法律範圍內所有權不可侵犯，以及信教、言論、著作、集會、結社的自由。司法權從行政權獨立，大體上具備了近代憲法的體裁。

　　帝國議會採取貴族院、眾議院二院制，貴族院由皇族、華族及勅任的議員所組成（上院），眾議院由公開選舉的議員（代議士）所組成（下院），兩者的權限幾乎是對等的。法律的制定與預算的確立等，需有議會贊同的必要。與憲法同時公布的「眾議院議員選舉法」，開啟了國民參政之路❾。

---

❻　1886 年，創設帝國大學作為培養官吏的機關，並建立奏任以下官吏須經考試的任用制，鞏固官僚制度的基礎。

❼　所謂統帥權乃指軍隊作戰用兵的權限，統帥權直屬於天皇，依據陸海軍統帥部（陸軍為參謀本部，海軍為海軍軍令部）的輔佐而行使，不承認政府與議會的統帥權，這就是所謂統帥權的獨立。1878 年參謀本部的設立與 1882 年「軍人勅諭」，強調天皇之軍隊性格，已充分表現此一構想。

❽　「皇室典範」乃是專為規範皇族所訂的法律，其內容包括皇位之繼承，皇族身分之取得與喪失，攝政規定以及皇室會議等事項。

❾　眾議院議員的選舉資格均限年滿二十五歲以上男子，繳納直接國稅十五圓以上者。有資格者，僅限定於都市的上流階級或農民的中農以上者，占國民總人口的百分之一‧一，大多數國民均無法選送代表進入國會。

「大日本帝國憲法」為中心的國家體制，稱之為明治憲法體制或明治立憲制。這是以天皇大權為主軸而成立，但並不因制度上天皇為統治權的總攬者，掌握大權而視為「具有絕對主義本質的立憲制」。與現代民主主義相比，國民基本人權的尊重並不充分，議會的權限亦小，但至少尚有國民選出的議院所組成的帝國議會，每年召開一次，如未得議會議決通過，政府即無法進行新的預算案或制定法律，實施增稅。因此，憲法雖著重於確立強大的天皇大權，但在實際的運作上，仍未忽視君主權的限制與民權的保護這一立憲主義的精神，因而稍得防範統治權的濫用。

在明治憲法體制下，國家機關相互之間橫的連繫付諸闕如，而各自獨立存在，只有在統治權總攬者天皇之下始能統合。但現實上，幾無天皇本身積極意志發動國家統治大權，發揮統合的機能，而是以依據國務大臣與帝國議會的輔弼與贊同而行使為慣例。明治時代，天皇最高的諮詢對象乃是有力的長老政治家元老，發揮了實質上代行天皇旨令的角色。因此，大正時期以後，當元老勢力衰微之後，實際的政治運作，乃在內閣、議會、軍部等各方勢力割據的情況下進行，到了 1930 年代，在天皇名義下，軍部等的支配力增大，出現所謂「天皇制不負責任體系」。

## 五、立憲體制的成立

在此憲法之下，於 1890 年舉行第一屆大選，開設國會。與憲法的頒布同時（1888–1890 年），進行地方制度的修改、「教育勅語」的發布、軍隊的整備，在法律、制度與意識型態上完成國家體制。

帝國議會的開設對藩閥政府而言，是新的、共通的政治舞臺。議會的功能雖不充分，但政黨勢力得以擁有新的政治活動的舞臺。

政府於憲法公布之日，標榜所謂「超然主義」，不受政黨的左右，採取不偏不倚的立場，遂行國家本位的政策。

全國各地政黨如雨後春筍般的成立，其間民權運動雖因領導者後藤象二郎等被懷柔入閣而陷入混亂，但 1890 年 7 月的第一屆眾議院大選，

在野勢力獲得過半數席次，其中以立憲自由黨、立憲改進黨為民黨❷的中心。

　　自第一屆議會（1890-1891 年）到第六屆議會（1894 年）之間的初期議會，民黨以眾議院的預算審議權為武器，屢次與政府激烈的對立。民黨揭櫫減輕地租，民力休養、經費節減的方針，迫使政府大幅削減預算。政府則採取分化政策，勸誘立憲自由黨內的土佐派脫黨，而渡過難關。

　　第二屆議會，在松方正義內閣之下，民黨主張削減軍事預算，與政府發生衝突❷，終於解散眾議院。1892 年，舉行第二屆眾議院大選，政府為了壓迫民黨，進行嚴厲的選舉干涉，結果仍屬民黨勝利，松方內閣不得不下臺。其後一直到日清戰爭之前，政府與民黨之間不斷地發生激烈的爭執。

　　第三屆議會，為了政府干涉選舉問題，政府與民黨發生激烈的對立。其次的第二次伊藤內閣，一方斷然處分干涉選舉的地方官，以因應民黨的攻擊，一方不改超然主義的基本立場。由於預算案問題的爭執，議會通過彈劾政府案，政府則祭出天皇勅令「政府與議會和協，輔弼大政」的招術。果然使局面一變，民黨不得不與政府妥協，通過預算案。此後六年間，由宮廷提供每年三十萬圓造艦費，並命令官吏捐出一成薪俸充當造艦經費。

　　政府於收拾殘局時，常使用詔書這一殺手鐧，民黨亦以政府彈劾上奏案對付。由此可見憲法上所規定天皇大權之強大。激烈的官民抗爭時

---

❷　開設議會當初，政府反對派的政黨稱為民黨，支持政府的政黨稱為吏黨。第一屆議會開會當時各黨的勢力分配為民黨：立憲自由主義一百三十名、立憲改進黨四十一名，吏黨：大成會七十九名、國民自由黨五名，中立派四十五名，政府反對派占過半數。

❷　由於民黨擬對海軍的軍艦建造費等大幅削減，引起海軍大臣樺山資紀嚴詞抨擊（「蠻勇演說」）。

常以民黨的讓步終結，表現中產階級＝地主政黨的民黨的鬥爭，只不過是統治階級內部政府與反對黨的鬥爭而已。其後民黨的政治訴求逐漸從民生經濟問題轉到廢止不平等條約為中心的對外強硬政策上，以避免與政府之間的直接對立。

## 六、近代產業的形成

民間產業以受到貿易影響的纖維產業部門為中心，自 1870 年前後轉趨興盛。貿易收支因生絲與礦產輸出增加與不景氣輸入減少，1882 年起轉為出超。貨幣、金融制逐漸整備，產業界日益活絡。1886–1889 年，以鐵路、紡織為中心，興起株式會社設立的熱潮，但到 1890 年卻因其反動而發生恐慌。

製絲業以農村的養蠶業為基礎，成為輸向歐美的出口產業而快速的發達。輸入機械改良原有技術的機械製絲小工廠，紛紛在長野縣、山梨縣設立。

棉織品被輸入品壓迫而呈現一時衰退現象，但在農村「家內工業」，採用飛杼改良手織機，原料絲採用棉絲，生產乃有起色。

大阪紡織會社於 1883 年開業，成功的運用輸入紡織機械、蒸氣機的大量生產。受此刺激，以大阪為中心，興起了一股設立紡織工廠的熱潮，一方面壓迫手紡，一方面機械制生產驟增。1890 年，生產已超過輸入，加強其與輸入棉絲的對抗。

官營事業之中，礦山、造船廠等，自 1884 年開始實行民營化 ❷，主要是出售給三井、三菱、古川等政商 ❸，他們奠定了工礦業的基礎，得到發展為財閥的踏腳石。

---

❷ 政府於 1880 年，決定出售損失較大的一部分官營事業，公布「工廠出售概則」，但其條件過苛，致無人應徵。及至此一概則廢止（1884 年）以後，始得順利的進行，繼續推動軍事工廠與鐵路官營。

❸ 與政府或政治家有特殊關係而取得權益的商人。

運輸部門，尤其以鐵路部門民間資本的增進最為顯著。華族為主體所成立的日本鐵路公司（1881 年），受到政府的保護而蒸蒸日上，商人與地主興起興建鐵路的熱潮，結果，於 1889 年，營業里數甚至已超過官營。

## 七、甲午戰爭

朝鮮是明治初年以來中日外交上爭執的焦點，也是日本大陸政策的試金石。1876 年，日本依據《日朝修好條約》迫使朝鮮開國以來，擴大對韓貿易，甚至干涉其內政，加深與朝鮮宗主國清朝之間的對立。

日清的抗爭由於袁世凱於 1885 年駐紮朝鮮，推動擴大清國宗主權政策，使日本在政治上、商業上勢力消退，為了恢復日本的權勢，多方排除清國勢力。國內亦因廢除不平等條約問題，反政府陣營要求對外強硬的聲浪高漲，於是有必要將對外擴張潮導向國外發展。

朝鮮政府內部，分成大院君（國王生父）保守派與閔氏（王妃）獨立派間的嚴重對立。1882 年漢城（Souel，首爾）發生日本公使館受到保守派襲擊的「壬午事變」。其後朝鮮有進一步與清國連結的「事大黨」，及與日本聯合以促進朝鮮近代化的獨立派（開化黨）雙方的權力鬥爭。1884 年獨立派擬假藉日本之力，推翻事大黨政權，終於發生「甲申事變」❷❹。但因清軍支援「事大黨」而失敗，日本公使逃出漢城。翌年 4 月，伊藤博文赴天津，與清國北洋大臣李鴻章訂立《天津條約》。結果，兩國約定同時自朝鮮撤軍，今後出兵朝鮮時，需互相知照。

締結「天津條約」後，朝鮮與日本之間，因朝鮮的米穀輸出禁令（「防穀令」，1889 年），雙方發生齟齬，情勢緊張。及至 1894 年 5 月，朝鮮發生排外的農民起義（東學黨之亂），清國立即出兵，並通告日本。日本亦依約出兵，日清兩國為了在朝鮮的主導權而相持不下。

日本決意開戰，干涉朝鮮的內政，日清兩國終於兵戎相見。7 月，始於豐島海岸的砲火，爆發了甲午戰爭（8 月 1 日宣戰）。開戰同時，日本

❷❹　壬午事變與甲申事變總稱「漢城事變」。

議會中止了政爭，民黨轉而支持政府，贊同軍事費的支出 ㉕。戰況因清朝內部不統一，軍隊孱弱、國際情勢有利於日本，日軍獲得壓倒性的勝利。

1895 年 4 月，日本派遣伊藤博文、陸奧宗光為全權，與清朝全權李鴻章，在下關簽訂和約（「馬關條約」） ㉖。

日本在甲午戰爭的勝利，出乎列強意外，對滿洲懷有野心的俄國，乃與有意將俄國勢力導向遠東的德國，加上法國，勸告日本歸還遼東半島（三國干涉還遼） ㉗。日本考量本身實力不足與國際情勢而不得不忍辱接受 ㉘，但日本國民則感到莫大的屈辱，由是對俄國的敵意驟昂，「臥薪嘗膽」乃成為舉國一致的口號。政府乘勢開始擴張軍備。

此次戰爭的軍費總共二億多日圓，為經常歲入的二倍多，大部分以公債增加國民負擔的形式籌措。但和約所得戰勝國的利益，成為日本資本主義一項很大的累積，有助於金本位制的實施，對軍備的擴展亦有很大的助益。與清國所締不平等條約中，取得開放中國市場，加入列強瓜分中國可能性，逕自走向帝國主義之路。

依據「馬關條約」，臺灣割讓給日本，日本派海軍大將樺山資紀為首任總督統治臺灣。臺灣則宣布成立「臺灣民主國」 ㉙繼續抗日，日本則實施軍政，出動軍隊鎮壓。直到 1945 年二戰結束，日本統治臺灣五十年。

---

㉕ 日清戰爭的軍費約為二億圓，為當時國家歲入的三倍。

㉖ 其內容是 1.清國認定朝鮮的獨立，2.割讓遼東半島、臺灣、澎湖諸島與日本，3.賠償二億萬兩（約值當時日幣三億一千萬圓），4.新開沙市、重慶、蘇州、杭州等四港。

㉗ 起初英國為了防止俄國勢力南下，不喜清國敗北，向列強提案聯合干涉，但開戰後不久，改為支持日本，不加入三國干涉。

㉘ 日本以歸還遼東半島，取得三千萬兩作為代償。日本所獲賠款合計二億三千萬兩，相當於當時日幣三億六千萬圓，較之全日本的公司資本總額還要大。

㉙ 臺灣民主國成立於 1895 年 5 月 25 日，但不久即潰散。

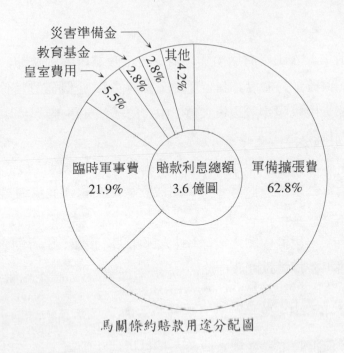

災害準備金
教育基金
皇室費用

其他
4.2%

2.8%

2.8%

5.5%

臨時軍事費
21.9%

賠款利息總額
3.6 億圓

軍備擴張費
62.8%

馬關條約賠款用途分配圖

# 第四節　甲午戰後的政治與經濟

## 一、政府與政黨

　　由於日清戰爭，政府與政黨之間的關係為之一變。1895 年，第二次伊藤博文內閣接近自由黨，採取政治合作的方式，終於 1896 年，松方正義與進步黨的大隈重信相結合，組織內閣（松隈內閣）。這是因為政黨方面感到為了掌權，非與政府妥協不可，而使政黨喪失了反對黨的特色。

　　其後第三次伊藤內閣，因戰後經略與軍備擴張，企圖加徵地租等增稅措施，遭受進步黨與退出政府的自由黨的聯合抵制。1898 年進步、自由兩黨合併，創設憲政黨，總裁大隈重信與板垣退助協力，組織日本首次政黨內閣（隈板內閣）。但憲政黨卻因內部的對立，分裂為憲政黨（自由黨系）與憲政本黨（改進黨），憲政黨內閣的執政短期（四個月）即告

結束。

其次的第二次山縣有朋內閣，為了防止政黨內閣的擴伸，修正文官任用令❸，修改地方制度，制定「治安警察法」，企圖確立官僚勢力。同時訂定軍部大臣只限定於現役大將、中將的辦法（軍部大臣現役制），鞏固軍部的立場。

伊藤博文以為順利運作議會政治的先決條件在政黨，乃於 1900 年 9 月，與西園寺公望等憲政黨合併，組成立憲政友會，並組織第四次伊藤內閣。

1901 年，承伊藤內閣之後，由桂太郎組閣，伊藤、山縣則退出政壇，以元老資格，在幕後操縱政治。

## 二、資本主義的成立

明治政府推動的殖產興業政策，推行近代化的輕工業，以甲午戰爭為契機，有很大的發展。明治三十年前半，達成產業革命，確立了產業資本。

首先就棉絲紡織業言，甲午戰爭後（1907 年），生產增強而使輸出凌駕輸入。從產業結構來看，由手工業進到機械制工業革命的達成，最大的成果乃是呈現質量的急劇發展。市場上由於甲午戰爭的勝利而大舉向中韓市場擴張。

製絲業成為最重要的產業而持續發展。1894 年，機械製絲的生產量，已超過過去的繰絲，工廠規模亦擴大。紡織品機械化雖尚落後，但紡織公司運用輸入新式織布機生產棉布已節節上昇。

取得清國巨額賠償的日本政府，以之為資源而進行戰後經略，推行軍備擴張，同時從金融、貿易等各方面，企圖振興產業。戰後，因受戰時財政的影響，產生短期的好景氣，企業的勃興顯著，政府利用日本銀

❸　1893 年公布的文官任用資格法規，及至 1899 年，山縣內閣為了防止政黨黨員進出官界，特對勅任官的任用加以限制。

行透過普通銀行供給產業界資金，促進企業的興起，同時勸導設立供給產業界資金的特殊銀行❸。1897年，以「馬關條約」的賠款為基礎，確立了仿效歐美諸國的金本位制。

交通運輸方面，戰時軍事運輸與戰後的好景氣，掀起了鐵路建設的熱潮，成立了多數的私營鐵路公司，且有多條鐵路的開通。

海運業在政府扶持下，隨著日本經濟的繁榮，自沿海航業一躍而擴展遠洋航路。日清戰爭促進了航運業空前的興盛，日本郵船會社自1896年起，陸續開闢歐美澳三大遠洋航線。但在運輸上、經濟上，運輸力仍感不足，乃於同年頒布「航海獎勵法」，至日俄戰爭前夕，短短七年間，已增為一千零八十八艘，總噸數達六十六萬噸。

重工業方面，由於三國干涉還遼的刺激，促使日本積極準備對抗俄國，在擴充軍備的目標下，軍事工業大肆擴張。一方推動官營軍事工廠的擴充，同時以其基礎的鋼鐵國產化為目標，成立官營八幡鍊鋼廠（1901年）。此一鍊鋼廠的創立，實具有劃時代的意義❸，蓋其取得中國大冶鐵礦的獨占經營權，獲得銑鐵等原料的充分供應，得以完成銑鋼的一貫作業。以之為基礎，奠定了日本軍事工業的初基。

民間的鍊鋼工業亦受戰爭需求增大的刺激，創立了住友鑄鐵廠。機械器具、造船業等亦相繼設立。民營重工業雖已開始萌芽，官辦的軍事工業無論在規模、數量上，均較民營工業龐大。

貿易的規模從甲午戰爭後即有大幅的擴大❸，尤其棉花等原料與機械、鐵等重工業產品的輸入驟增，1890年代後半，貿易收支已轉為出超。

與工業相較，農業的發展較為遲緩，依然以稻作為主要的零細經營。

---

❸　甲午戰爭後，設立了日本勸業銀行、府縣農工銀行、日本興業銀行、北海道拓殖銀行、臺灣銀行等。

❸　該廠取得大冶鐵礦的獨占經營權，以及銑鐵等原料的充分供應，隨即完成銑鋼的一貫作業。以之為基礎，奠定了日本軍事工業的初基。

❸　1899年實現了不平等條約的修正，廢止輸出稅。

但大豆粕等人造肥料的普及與品種改良，使得單位面積的產量增大，但隨著都市人口的增加，米的供給逐漸不足❸。隨著貿易與資本主義的發達，農家亦被捲入商品經濟，自用衣料生產減少。棉、麻、菜種等生產因受廉價的農產品輸入的壓制而衰退，但生絲輸出興旺，桑的栽培與養蠶極盛。

1880 年之前，日本的產業大都為原始型態，此後才正式邁向產業革命的階段。日本資本主義成立的主要原因是資本的累積、勞工的培養，近代生產技術的引進等，於 1889 年大致已就緒，開啟了日本第一次產業革命的端緒，其成功實端賴甲午戰爭，蓋其對日本經濟有莫大的利益。除了獲得巨額賠款，因而確立了金本位制，奠定其發展工業的基礎，同時取得在華通商口岸製造工業的權利，以及擴充領土（殖民地臺灣）。凡此當會刺激日本資本主義的發展。

## 三、社會運動

隨著資本主義的發達，工廠制工業勃興，工資勞工增加。當時勞工大半都是從事纖維產業，大部分為女工。女工大多以低廉的工資，從事苛酷的勞動❸。重工業部分雖有男子熟練勞工，但數目有限。工廠以外則有為數眾多的礦山業與運輸業的男工。

勞工聚居於工廠，當會產生工廠衛生問題，同時發生改善待遇與要求提昇工資運動，勞資之間，出現階級對立。

進入甲午戰爭前後的產業革命時期，各地開始有勞工的罷工，1897 年全國即發生了四十件以上。此時受到美國勞工運動影響的片山潛等，組成「勞工組合期成會」（1897 年）。栃木縣足尾銅山的礦害問題成為社會問題，田中正造為先鋒，興起了防災運動。政府與資本家之間，為了勞工生活狀態惡化，是否會降低生產效率的問題，而爭論不休。於是基於

---

❸ 明治初期，米有相當部分可供輸出，但自 1897 年起，每年幾乎都是入超。

❸ 紡織業以二部交替制，不分晝夜開工。

防止階級對立激化的社會政策立場，制定「工廠法」。

對此，基於社會主義的立場，與資本家階級對抗，擁護勞工生活的運動興起。有鑑於社會主義運動普及，政府乃開始取締，於 1900 年，制定「治安警察法」。

1901 年，結成了最早的社會主義政黨「社會民主黨」❸❻。在日俄戰爭危機加深聲中，幸德秋水、堺利彥等發起平民社，發行《平民新聞》，呼籲國民反對戰爭。社會主義運動乃更傾向於政治運動，日俄戰爭後的 1906 年，創立「日本社會黨」。

# 第五節　日俄戰爭與國際關係

## 一、庚子事變與英日同盟

十九世紀末期，日本逐漸形成近代國家時，歐美列強早已進入帝國主義階段。在資本主義發展，金融資本成立後，亟欲拓展其生產品市場於海外，同時直接輸出資本以獲利，於是採取對外擴張政策，競相爭奪殖民地。這種浪潮自二十世紀初，已從印度波及於亞洲各國，進入世界帝國主義的階段。

對日本而言，俄國的擴展是最大的威脅。日本於甲午戰爭迫使清國承認「朝鮮獨立」，成功的從朝鮮排除清國勢力，但俄國卻威逼日本歸還遼東半島（三國干涉還遼），乘機擴張其勢力於朝鮮，並全力扶植親俄政權。

日本策劃打倒朝鮮親俄的閔妃政權，但卻發生朝鮮國王播遷到俄國公使館的事件（1896 年）。其後日俄簽訂「山縣・羅巴諾夫協定」(Yamagata-Robanof Agreement)❸❼、「西・羅森協定」(Nishi-Rosen Agreement)❸❽

---

❸❻　安部磯雄、片山潛、幸德秋水等於 1898 年組織社會主義研究會，1901 年木下尚江加入，成立社會民主黨。但依據「治安警察法」，於結成後不久即被勒令解散。

等，意圖緩和雙方的對峙，但日俄的對立卻與日俱增。

　　另一方面，亞洲大國清國由於甲午戰爭的敗戰，暴露其孱弱，招引了列強的覬覦。德國藉傳教士被殺害事件，強租山東半島的膠州灣，俄國租借遼東半島的旅順、大連，英國租借威海衛、九龍半島，法國租廣州灣，美國亦於 1898 年合併夏威夷，續又領有菲律賓。過去美國宣布「門羅主義宣言」❸⁹，不參加瓜分中國，翌年卻由國務卿海約翰 (John Hay) 發表「門戶開放・機會均等」宣言，參與瓜分中國的行列。列強以這些租借地為根據地，取得建設鐵路與採礦之權，而擴大其在華的權益。

　　對列強的侵略，清朝興起了康有為、梁啟超領導的變法運動（1898年），但受到西太后保守派的反擊而失敗（戊戌政變）。

　　在此情勢下，中國民眾的排外思想高漲，1900 年，在山東省掀起高唱「扶清滅洋」的排外運動（義和團事變、庚子事變），襲擊北京的各國公使館❹⁰。由於清國政府從中煽動，排外運動遂波及華北。各地發生基督教教會被襲擊，傳教士被殺害，鐵路被破壞的事。列強於是派遣聯軍鎮壓（八國聯軍）。

　　翌年 (1901) 9 月，清朝與列強簽訂「北京議定書」（「辛丑和約」），列強取得巨額賠款，並有駐紮北京守備兵的權利，清朝遂陷於半殖民地的狀態。

---

❸⁷ 1896 年大使山縣與俄國外相羅巴諾夫在聖彼得堡所簽訂，協定兩國對朝鮮財政之援助，變亂時兩國事前協商出兵。

❸⁸ 1898 年，外相西德二郎與俄國駐日大使羅森，就朝鮮聘請軍事教官與財政顧問事前協商之協定。

❸⁹ 美國第五任總統門羅 (James Monroe)，於 1823 年發表聲明，基於美國的國策，排除歐洲諸國干涉美洲大陸事務，但亦不介入歐洲的政爭，這是長久以來美國外交政策的基本方針。

❹⁰ 義和團不僅殺害德國公使，且在華北引起一連串的殺傷事件，英美俄法日德、奧義等國遂出兵清國（八國聯軍）。事件結果，清國處死首謀者，並向列強支付龐大的賠款。

俄國乘機進向滿洲擴展，更有及於朝鮮半島之勢。日本政府對此，有主張與俄國妥協，以及與俄國對抗的英國聯盟的兩派主張，最後英國接近日本，於 1902 年簽訂「英日同盟」❹。此後日本的外交一直到大正時期，都是以英日關係為主軸而展開。

## 二、日俄戰爭

「英日同盟」的簽訂，未能阻止俄勢南下，日俄兩國之間，處於一觸即發之勢。自三國干涉還遼以來，始終推動增強軍備的日本，已開始未雨綢繆，預作對俄戰爭的準備，新聞雜誌亦盛唱開戰，煽動日本國民對俄國的敵愾心。除了極少數的基督教教徒（內村鑑三）與社會主義者（幸德秋水、堺利彥等）倡導非戰論、反戰論❷之外，輿論大都傾向於主戰論❸，議會亦在開戰之際，贊同政府的主戰政策，通過巨額的軍費❹。

另一方面，俄國亦在滿洲增強軍備，甚至已擴張其勢力到朝鮮國境。日本至此乃決意開戰，於 1904 年 2 月，向俄國宣戰，爆發了以滿洲為舞臺的日俄戰爭。

日本因得到反對俄國占領滿洲的英美兩國的支持，又因俄國國內的

❹　伊藤博文倡日俄協商。這是主張日本取得對朝鮮的優越權，給與俄國自由經營滿洲的「滿韓交換論」。對此，山縣有朋、桂太郎等則主張英日同盟。依據英日同盟，兩國互相維持清國及韓國（朝鮮於 1897 年改國名為韓國）的獨立與領土的保全，擁護英國在清國的權益，日本在清韓兩國的權益，倘若同盟國的一方與他國戰爭時，另一方遵守中立，更有第三國加入交戰之防止條款。

❷　內村從基督教人道主義的立場，以為戰爭是殺人的罪惡，而反對戰爭。幸德秋水與堺利彥則創辦《平民新聞》，基於社會主義的立場，倡導反戰。

❸　1903 年結成的對俄同志會與戶水寬人等東大七博士，倡導強硬的主戰論，煽起輿論。

❹　遂行戰爭的軍費約需十七億圓，這是當時財政預算的六倍。政府以大幅增稅與巨額的內外募債（各約六億圓）因應。英美由於不喜俄國侵略滿洲，樂予日本國外籌款的協力。

混亂，戰局有利的展開。1905 年初，日軍攻陷俄國在滿洲的根據地旅順，嗣又占領奉天，同年 5 月的日本海海戰獲勝，軍事上的勝敗大致已定。但長期的戰爭實非日本國力所能負荷，因此在美國總統羅斯福 (Theodore Roosevelt) 的斡旋下，於 1905 年 9 月，在美國的樸資茅斯 (Portsmouse) 締訂和約 ❹。從此日本確立其對朝鮮的支配權，獨占南滿洲的權益。

日本雖然獲勝，但犧牲了多數的人命與國帑，卻未得絲毫賠款、領土等的賠償，而權益亦少，國民之間爆發了對媾和的不滿 ❻。

## 三、日俄戰爭後的國際關係

以日俄戰爭為界，日本的國際關係大為變化。戰勝的結果，得到進窺中國大陸據點的日本，對韓國，於 1905 年迫簽第二次「日韓密約」，將其作為保護國，在漢城設置「統監府」。1907 年，迫訂第三次「日韓條約」，攫奪韓國內政權，引起韓國民眾激烈的抵抗。1909 年，前統監伊藤博文被一韓國青年（安重根）在哈爾濱車站暗殺，日本乘勢於翌年締結「日韓合併條約」，併吞韓國。新設朝鮮總督府，實行殖民地統治。

朝鮮總督任命武官充當，強行實施地租的整頓，土地調查事業（1918 年完成）。結果造成日本人地主驟增，眾多朝鮮貧農沒落的現象。1908 年設置東洋拓殖會社，進行農業經營與金融事業。

日本承繼俄國在南滿的權益，於 1906 年在大連設置關東都督府，為了經營長春－旅順間的舊中東鐵路，成立半官半民的「南滿洲鐵路株式會社」（滿鐵）。滿鐵除了鐵路以外，經營多數的企業，成為日本在大陸殖民地經營的國策公司。

---

❹ 此一和約約定，俄國承認日本在朝鮮的優越權，並將旅順、大連的租借權以及長春以南鐵路（南滿鐵路）及其附屬權益讓與日本，並將北緯五十度以南的庫頁島以及沿海州與堪察加的漁業權讓給日本。

❻ 同年 9 月，在東京日比谷公園，媾和同志聯合會召開了廢除條約國民大會，與警察發生激烈的衝突。

# 第六節　近代文化

## 一、明治文化

明治文化的基本特色是，承繼江戶時代的封建文化，在思想、學術、藝術等各方面廣泛的吸收歐美近代文化，建造了符合近代資本主義社會獨特的新文化。

新文化的建設，首由政府指導扶植下發展，其後由於國民自主的努力，完成國民文化而成長。這種文化的普及，實有賴於教育制度的充實，通信交通機關的發達，傳播媒體、出版事業的活絡。

近代文化的特質乃是認識到科學精神的重要性。同時學術、文學、藝術等，得以從政治、道德、宗教獨立而發展。雖不充分，政治權力與道德見地的學術理論與學說偶或有被扭曲，但與江戶時代相比，學術、文學與藝術的獨立性的確相對的提高。

至於西洋近代文化的接受、發展，過於快速，因此有僅止於表面淺薄之嫌。尤其日本吸收西洋近代文化，其目的實以富國強兵以圖形成近代國家為最大的目的，未必是紮根於日本國民生活之上，因此難免有表面上的模仿性格，反而導致傳統的日本與外來的西洋之間的不平衡，而產生文化的錯亂現象。

## 二、思想與宗教

為了肆應受到歐美列強強力的衝擊，而邁向近代的國民國家之路前進的日本，在政府與知識分子之間早已有與個人的權利、自由平行，擴張國家的獨立與國權，為近代國家形成過程中國民課題的自覺。因此，明治初期起，中江兆民、大井憲太郎等基於法國式的天賦人權論，推廣自由民權思想，但其背後卻隱含國權論的因素。

《明六雜誌》所代表的文明開化思想，如其為明治初期思想界的象

徵，則明治二十年代具有特徵的傾向乃是日本主義的抬頭。自 1880 年代
後期，民間對於政府所採取的西化政策評為止於表面而膚淺，反對的聲
浪高漲。德富蘇峰於 1887 年創設民友社，同年創辦雜誌《國民之友》，
1890 年創辦《國民新聞》，與竹越與三郎等倡導平民的西化主義。這是對
於政府由上而下的西化政策的批判，基於個人的自由與平等為基礎，積
極吸收西洋文化，同時主張英國式的議會政治與社會政策。

　　另一方面，三宅雪嶺等政教社成員，據雜誌《日本人》，反對盲目的
吸收西洋文化，倡導一種求諸於日本固有傳統之中的價值基準──真善
美──為基礎，以創造國民國家，此即所謂「國粹保存主義」。這都是站
在國民基礎之上的民族主義立場，對由上而下的國家主義批判的態度。
但甲午戰爭之後，卻逐漸失去批判的立場，德富傾向於國家主義，被從
上而下的國家主義同化。1900 年左右，高山樗牛在《太陽》雜誌，高倡
「日本主義」，以對抗列強的帝國主義，顯然與國家主義同調。

　　甲午戰爭後，隨著日本對外擴張，支持這種擴張論調的國家主義成
為思想界的主流。加藤弘之、井上哲次郎等東京帝大的學者，介紹德國
式的國家主義與社會有機體論，盛倡國家對個人的優越論。同時在加藤
倡導下「社會進化論」普及聲中，將之適用於國家與國家的關係，肯定
國際社會優勝劣敗、弱肉強食的理論。國家主義的思想與傳統的儒教道
德結合，視日本為一個以天皇為頂點的一大家族，強調「忠孝一致」、「忠
君愛國」的精神。這種家族國家觀，在明治末期由政府列入國定的修身
教科書，隨著義務教育的普及與國民道德論的展開，廣泛深植國體觀念
於國民之間，成為從內在支撐的道德、精神的支柱。

　　政府在國家統制之下，亟欲確立神社神道的方向。同時，民間神道
被公認為「教派神道」。明治年間，有十三派的「教派神道」受到公認，
其中以興起於幕府末年的天理教、金光教等在庶民之間廣泛的盛傳。

　　另一方面，佛教亦從「廢佛毀釋」的打擊中逐漸恢復。出現了島地
默雷反對神道國教化，倡說信教自由主義，企圖復興佛教的佛教思想家。

為此，佛教以古代以來具有的傳統，廣泛的傳播於一般國民，成為日本國民的宗教而發揮很大的教化作用。

因明治憲法認定信教的自由，基督教著力於傳教，從事教育、社會福祉、廢娼運動等廣泛的活動，得到青年階層的信仰。但《教育勅語》的發布，強調忠君愛國，站在國家主義立場的井上哲次郎，以為基督教違反《勅語》的主旨而加以攻擊❹。佛教界亦進行總攻擊，導致宗教界的混亂。

## 三、科學的發達

近代的學問研究，在明治初年延聘了很多外國的專門學者，以東京大學為中心而進行。不久自明治二十年代開始，日本的學者亦開始自主的從事各部門的學術研究，同時成立了各種專門的學會，創辦學術性的專門雜誌，奠定今日學界的基礎。

人文科學、社會科學，起初主要的是以英美學派的自由主義為中心，及至明治憲法制定，德國學派的國家主義的學問居於優勢❽。日本史與日本文學史等領域，採用西洋的研究方法，開始科學的研究，從來的國學研究遂得以面目一新。

自然科學領域，政府致力推動富國強兵、殖產興業，引進了近代的技術，並在外人教師的指導下，開始出現各種專門研究。結果，明治中期以降，陸續有達到世界水準的獨創性研究。

## 四、教育的普及與統制

---

❹ 1891年，第一高等學校講師內村鑑三以其不向《教育勅語》敬禮而被逐出教壇，國家主義者與佛教徒激烈的抨擊基督教。

❽ 經濟學界，最初傳來的是英國的自由主義經濟學，接著德國的保護貿易論、社會政策學說占優勢，法律學起初邀請法國的布阿索納德，編纂各種法典，以民法典的編纂為契機，德國法學成為主流。哲學亦以德國哲學占優勢。

　　1872 年以開明形式起步的教育制度，經 1879 年修正（教育令）、1886
年頒布的「學校令」，染上國家主義的教育方針。

　　教育雖日益普及，但隨著反政府的自由民權風潮之高昂，政府乃從
自由主義、功利主義的教育政策，逐漸轉向加強國家統制的方向。小學
教育重視基於儒教道德的修身教育，採用國定教科書制度（1903 年）。

　　1886 年，以文部大臣森有禮等為中心，制定「帝國大學令」、「師範
教育令」、「中學教育令」、「小學校令」等一連串的學校令，確立了體系
的學校教育制度。

　　大學定為文部省直轄，成為培養國家中樞的官吏的場所。對師範學
校，實施準軍隊生活的典型國家主義教育。教育方針的轉變，至 1890 年
10 月底《教育勅語》的頒布而完成。蓋《教育勅語》在意識型態上確立
忠君愛國新理念的象徵。其中心原理乃是以忠孝為中心，儒教影響強烈
的家族國家思想，將家族間自然的心情引進公的世界，以支撐對國家的
忠誠，加強教育的國家統制。文部省於頒布後，將之分配給全國的學校，
舉行奉讀典禮，以徹底實行修身教育，給與國民教育很深的影響。

　　民間亦有不少私立學校發達。佛教、神道、基督教各派，亦先後設
立以特定的宗教教育為目的的私立學校，其中，基督教的教會學校，在
教育界引進一股新的空氣。女子教育，則於 1872 年在東京設立女學校，
接著成立師範學校。

　　1870 年代，隨著自由民權運動的高昂，言論機關有顯著的發展。政
黨結成之後，創刊機關報。出現庶民讀物的報紙，刊載小說，成為與國
民的生活無法分離的東西。不久出現全國性的大報紙，發行份數顯著增
加。

　　雜誌除有學術、文學、婦人取向及其他專門性刊物之外，相繼創辦
《國民之友》、《太陽》、《中央公論》等綜合雜誌，與報紙同樣扮演提高
國民教養的重要角色。

　　自 1870 年代以降，由於鉛字印刷的發達，鉛字印刷取代頭版本，洋

裝版普及。1890 年代，博文館等大型出版公司出現，出版了很多日本古典的翻印與文學、學術等書籍，更加豐富了國民的文化。

## 五、近代文學

由於出版業的發達，文學作品多數刊載於報紙。及至民權運動轉盛，出現政治小說，旋又出現西洋文學的翻譯。西洋文學的影響，在文章的表現，言文一致體裁的普及，自然與人情的細膩描寫均極明顯。二葉亭四迷的俄國文學翻譯，展示近代文學的典型，對當時的文壇有很大的影響。

文學作為藝術的獨自價值而受到肯定的契機，乃是 1885 年坪內逍遙所著的《小說真髓》。此書倡說文學乃是描寫人生的寫實主義，成為近代文學論的濫觴。

尾崎紅葉等的硯友社，提供寫實的小說，將文藝作品當作大眾的讀物。幸田露伴則以理想的作品展示東洋的觀念為主題的作風。北村透谷的《文學界》，受到西洋文學與基督教的影響，以人類自我的自覺為基調，發表浪漫主義的文學，明星派的與謝野晶子，以熱情的短歌，提昇其水準。女作家樋口一葉，以風趣的作風，開拓了獨特的境地。

但到了日俄戰爭前後，受到法國、俄國的自然主義文學的影響，活生生描寫人類社會現實的自然主義成為文壇的主流，國木田獨步、田山花袋、島崎藤村等作家輩出。他們均是在追求資本主義發生的背景下發掘社會生活的黑暗面。

夏目漱石所代表的反自然主義，為文壇引進一股新的空氣。他深入探討人類心理，追求人的自私。浪漫主義的石川啄木，深深的看透社會生活，以具有社會主義思想的詩歌開拓新生面。

## 六、藝　術

明治的藝術、演藝世界，受到西化主義的影響，西方藝術極為盛行。

不久國粹主義抬頭，傳統藝術復興，但西式藝術的吸收消化仍照常進行。

### 1. 演　劇

江戶時代以來傳統的歌舞伎，依然受到民眾喜愛。明治初年，河竹默阿彌採用文明開化的風俗，發表新的作品，中期有坪內逍遙等受到西洋演劇的影響，改良演劇。

### 2. 音　樂

最早採用西洋音樂的是軍隊，接著在小學教育中，模仿西洋歌謠的唱歌。1887 年，設立東京音樂學校，開始專門的音樂教育。

### 3. 美　術

傳統的美術由於舊物破壞的風潮而一時衰頹，美國人費諾洛莎 (Earnest Francisco Fenollosa) 與岡倉天心等重新認識古美術的價值。1887 年設立東京美術學校，美術教育上了軌道。

繪畫有狩野芳崖、橋本雅邦等創造新日本畫。西畫則於 1893 年有黑田清輝❹與久米桂一郎，自法國歸國，採用印象派畫風的明亮技巧，促成近代西畫的盛行。文部省著重美術的獎勵，1907 年，開設文部省美術展覽會，民間的美術團體亦開展覽會，美術乃更為一般國民所親近。

### 4. 工　藝

明治初年工藝方面加上西洋的技術，在新的陶器、七寶、玻璃、漆器等的製作有出類拔萃的作品。尤其陶器與七寶的輸出海外，引起了各方的注目。

### 5. 建　築

明治初期的建築盛行西洋風，除了東京等通商口岸之外，機關廳舍、銀行、公司、學校等，亦均採用西式建築，流行哥德式建築。起初主要建材是磚瓦，明治末年開始使用鋼筋水泥作為建築材料。

---

❹　黑田清輝自法國歸國，組織白馬會。此派基於法國印象派的主張，以為物體的色調都來自外光的明亮度，力求明亮色彩的匠心，稱之為外光派。在其影響下，誕生了高橋由一等優秀技法的西畫家。

# 第十五章　資本主義的發展

## 第一節　第一次世界大戰與日本

日本成為擁有殖民地的國家之後，與列強之間的關係趨於複雜，勢須調整與列強間的外交關係，於是大肆擴張軍備❶，以為因應。

在日俄戰爭期間英美之所以支持日本，實由於寄望藉此壓抑俄國獨占滿洲市場，但戰後，日本亟欲獨占南滿洲的權益❷，與英美兩國，尤其美國之間，產生摩擦❸。經過雙方的協商，於 1917 年達成妥協，簽訂「石井‧藍辛協定」(Ishi-Lansing Agreement)。與英國之間作過兩次英日同盟的延長改訂，以調整雙方的關係。對俄國則訂立數次「密約」，互定滿洲、內蒙的勢力範圍，約定共同防衛權益，促進了兩國關係的安定。

## 一、桂園時代

第一次西園寺內閣，進行增設師團等軍備擴充。在 1907 年以後的不

---

❶ 1907 年，山縣有朋倡行「帝國國防方針」，以俄國、美國與法國為假想敵國，為了籌應，陸軍增強到二十五個師團，海軍則擬建設最新式的戰艦、裝甲巡洋艦各八艘（八八艦隊）為中心的整軍目標。陸軍暫定要求二個師團，作為駐留朝鮮，對付俄國之用。海軍的軍備擴張，也是志在對抗美國所進行大建艦計劃。

❷ 日本自俄國所獲得的鐵路，桂首相當初承諾美國鐵路王哈里曼 (Edaward Henry Harriman) 的收買乃有共同經營的提議，其後取消。戰後推行維持南滿的軍政方針，時受英美的非難。

❸ 歐美的一部分輿論對日本的抬頭，盛傳為黃禍而持戒心，美國的一部分輿論甚至有日美戰爭可能性的議論。1906 年，舊金山發生日本籍學童被排斥問題，1913 年，加州議會通過「日本人土地所有禁止法」，美國掀起了日本移民排斥運動。

景氣之中，為了軍備擴張，整頓財政，取締社會主義運動，與元老、官僚勢力對立。1908 年，與第二次桂內閣交替。

桂內閣仰賴天皇發布「戊申詔書」❹，強調國家利益高於地方利益的重要性。1910 年的「大逆事件」❺後，斷然實行大彈壓，此後十年間，社會主義運動陷入「冬天時代」。另一方面，卻於 1911 年公布「工廠法」❻，實行若干社會政策。

桂內閣為了對抗政友會，期待與政友會以外的政黨結合，卻未如願。翌年再將政權讓給西園寺。以立憲政友會為背景的西園寺，與以官僚勢力為背景的桂太郎，形成政權交替型式，稱之為桂園時代。

第二次西園寺內閣，拒斥陸軍二個師團增設要求（1912 年），遭受陸軍的抵抗而崩潰，桂太郎第三度組閣。

## 二、憲政擁護運動

日俄戰爭後，成為東亞強國的日本，依 1907 年的「帝國國防方針」，陸軍由現有的十七個師團擴增為二十五個師團，海軍擬定一項建造戰艦、裝甲巡洋艦各八艘為中心的八八艦隊軍備擴張的長期目標。但財政狀況困窘，此一軍備擴張計劃甚難依照預定計劃實行。陸軍對於無法推進擴軍懷抱不滿。適逢 1911 年中國發生辛亥革命。受此刺激，乃強烈要求第二次西園寺內閣增加朝鮮駐軍二個師團。

此時日本的財政狀況惡化，各界反對發行公債或增稅以充當擴軍財

---

❹ 1908 年頒發的詔書，旨在強調家族主義，勸導節約勤勉，以增強國力。

❺ 日本社會黨因議會政策派（片山潛）與直接行動派（幸德秋水）的對立激烈，1907 年被勒令禁止結社。桂內閣嚴厲的取締社會主義者，1910 年，指控幸德秋水等二十六人無政府社會主義者企圖暗殺明治天皇，加以逮捕、起訴，翌年十二人被處死。

❻ 這是日本最早的勞工保護法，適用範圍限定於雇用十五人以上的工廠，其中卻有少年與女子勞動時間十四小時等嚴苛的規定。

源之聲四起，要求整頓財政之聲甚大。1912 年，立憲政友會的西園寺內閣乃以財政困難為由，不接受二個師團增設的方案。陸軍大臣上原勇作卻單獨向天皇提出辭呈，表示抗議，迫使西園寺內閣總辭。

同年 12 月，內大臣桂太郎，依靠陸軍、藩閥、官僚勢力的支持，第三次組閣。桂於組閣之際，再三倚恃天皇的權威，一再發出詔勅，壓制反對派，但不巧明治天皇去世，大正天皇就任新天皇不久，民眾對政治無不寄以無限的期待，對陸軍與藩閥的橫暴，加以譴責。

第三次桂內閣的成立，被視為軍部與元老橫霸的結果，全國各地掀起了「打破閥族、擁護憲政」的憲政擁護運動，立憲國民黨犬養毅、立憲政友會尾崎行雄等為前鋒，要求桂太郎下臺（第一次護憲運動）。桂於 1913 年，組織立憲同志會與之對抗，但處於議會內少數的窘境，僅五十餘日即下臺（大正政變）。

繼桂氏之後，由出身海軍薩摩閥山本權兵衛組閣。山本內閣以立憲政友會為執政黨，修改陸海軍大臣的現役武官制，只要具備預備、後備役將官均能就任，同時修改文官任用令，放寬文官任用資格，擴大自由任用、特別任用的範圍，開拓了政黨黨員任高級官僚之路。但不久，掀起了反對山本內閣海軍擴張計劃，要求撤銷營業稅、紡織品消費稅運動，同時揭發西門子事件❼，山本內閣受到輿論激烈的抨擊而於 1914 年下臺。

山本內閣之後，元老期待實現軍備擴張並打破眾議院立憲政友會多數的體制，推舉已從政界引退的大隈重信接任首相。大隈具有庶民的性格及自由民權運動以來政治的經歷而頗得人緣，遂以加藤高明所率領的立憲同志會為執政黨而組閣（第二次大隈內閣）。1915 年的大選，與立憲同志會等執政黨獲得眾議院過半數席次，大隈內閣終於實現了懸置多時的二個師團增設與海軍擴張案。

---

❼　海軍採購德國西門子公司 (Siemens & Co.) 出產的武器，發生賄賂事件。

# 第二節　第一次世界大戰期間的內政與外交

## 一、第一次世界大戰

十九世紀末以來，新興的德國快速崛起，在皇帝威廉二世 (William II) 的積極擴張政策之下，對抗英國，企圖進窺中近東，推動大規模的海軍擴張計劃，威脅到英國。英國於訂立英日同盟後，放棄「光榮孤立」，於 1904 年締定英法協約，並於日俄戰爭後，緩和與俄國之間的對立，於 1907 年締結英俄協約，於是成立了俄法同盟（併為三國協約），對德國擴張形成包圍網體制。

德國先加強與義大利、奧匈帝國所締訂的「三國同盟」，尤其加深其與奧地利的軍事協力，於 1905 年、1911 年，兩度為了摩洛哥與法國尖銳對立，又為了巴爾幹問題，屢次與協約國發生爭執。

當時巴爾幹半島因有許多的少數民族雜居，民族、宗教、語言問題錯綜複雜，產生利害對立。1912、1913 年，兩度發生巴爾幹戰爭，列強利用此一情勢，試圖擴展勢力，巴爾幹半島遂成為「歐洲火藥庫」。

日俄戰爭後，俄國在巴爾幹高唱泛斯拉夫主義，試圖集結塞爾維亞 (Servia) 人等在巴爾幹的斯拉夫系各民族，與試圖在此一地區揭櫫泛日耳曼主義而擴張勢力的德國與奧地利、匈牙利爭鋒，國際情勢日益緊張。

1914 年 6 月，在波斯尼亞 (Bosnia) 首都薩拉耶伏 (Sarejevo) 訪問中的奧地利皇太子 (Franz Ferdinand) 夫妻，被一個反奧地利秘密結社的塞爾維亞青年所暗殺（薩拉耶伏事件）。此一事件立即引發國際危機，奧匈帝國與塞爾維亞之間發生戰爭，世界主要國家均被捲入，擴展為史上空前的戰爭（第一次世界大戰）。僅為了一狙擊事件即引起世界大戰，基本的原因乃在帝國主義時代列強國際對立之激烈。

## 二、日本參戰

日本企圖乘歐洲各國捲入戰爭，無暇東顧之際，在亞洲確立其優勢地位。戰爭爆發後，即藉口英日同盟而參戰❽，藉以一掃德國在亞洲的勢力，確立日本的優勢。日本於宣戰同時，占領德國在東洋的根據地青島，海軍則占領南洋的德屬殖民地，從東亞一掃德國的勢力。又應協約國之請，派遣驅逐艦到地中海，分擔該地區的軍事防備。

日本實力尚無法與歐美列強的資本主義大國相抗衡，於是乘列強一時從中國退出的天賜良機，企圖擴張日本在華權益，於 1915 年，向袁世凱政權提出「二十一條要求」，發出最後通牒，迫使北洋軍閥承認日本的要求❾。此一事件引起中國民眾激烈的憤激，成為民族主義運動的出發點❿。列強亦視日本為對華獨占權益野心暴露而加強其對日的警戒。

## 三、出兵西伯利亞

日本國內，對大隈內閣的外交批判之聲高漲，1916 年，大隈下臺，改由陸軍出身的寺內正毅組閣。1917 年俄國發生無產階級革命，成立蘇維埃政權，與德國之間締結單獨媾和。協約國因恐俄國革命的影響，於 1918 年，為了壓抑蘇維埃政權，假救援捷克軍之名，共同出兵西伯利亞。寺內內閣欲乘機擴大於西伯利亞的勢力範圍，斷然出兵，支援反對蘇維埃勢力。此次出兵，日本損失慘重⓫，且招致各國對日本領土野心的戒懼。

此外，寺內內閣轉變前內閣的外交政策，給與當時中國統治者段祺瑞巨額的借款（西原借款）⓬，藉此以擴展日本在華權益。

---

❽　英國等列強，不願看到遠東及太平洋的現狀發生太大的變化（尤其對中國大陸的擴張、歐美殖民地的攫奪），對日本的參戰並不積極。

❾　二十一條要求的主要內容包含山東省權益的繼承，南滿及東部內蒙古權益期限的延長，日本在華權益的擴大等。

❿　中國以接受二十一條要求的 5 月 9 日為國恥紀念日，此後排日運動日熾。

⓫　此役日本浩費戰費十億圓，人員死傷兩萬多人。

　　日俄戰爭後，俄國發生反抗沙皇的運動，在 1905 年 10 月爆發第一次革命之後不久，俄國制定憲法，召開國會，但革命運動日益加劇。自第一次世界大戰爆發以來發生嚴重的通貨膨脹，勞工、農民的生活受到壓迫，社會不安日甚。1917 年 3 月，首都聖彼得堡 (Sankt Peterburg) 發生全面性的勞工罷工，政府雖以武力鎮壓，但軍隊卻反而同情民眾，遂發展為革命，帝政終於垮臺，於是成立了以自由主義者為中心的臨時政府（三月革命）。同年 11 月，列寧等領導的社會民主勞工黨（布爾什維克），在國內以武力解散「憲法制定議會」，鎮壓社會革命黨等反對派，確立了一黨獨裁體制。

## 四、原內閣的成立

　　大戰的結果物價（尤其米價）暴騰，使都市勞工與基層農民生活更加困苦。1918 年富山縣漁村婦人襲擊米店的「搶米騷動」❸，擴及全國。寺內內閣出動軍隊加以鎮壓，事後內閣引咎辭職。至此，元老乃奏薦非華族亦非藩閥出身的立憲政友會總裁原敬出任總理。

　　受到民意支持的原敬，發揮了優異的領導力，圖謀黨內的統制，擴充教育，整備交通機關，振興產業，充實國防。1919 年修正選舉法，將選舉資格放寬，降低為直接國稅十圓以下到三圓以上，同時修改大選舉

---

❷　寺內內閣以第一次世界大戰下的好景氣而激增的正幣為背景，給與北洋政府貸款一億四千五百萬圓，此一借款的提供，乃是經由寺內的私人秘書西原龜三經手，因此稱之為西原借款。

❸　戰後（1918 年），米價暴騰，勞工、低層公務員等生活困苦，商人囤積居奇，政府卻又擁護地主而未採取輸入外國米的措施，引起各方的不滿。1918 年 7 月，富山縣漁民妻女扣留將米糧運出縣外的船隻，為搶米騷動的肇端。旋即擴及全國主要都市。日本三分之一人口參加。群眾要求米店廉售，並襲擊投機商人、米穀商與富豪之家。政府出動軍隊、警察加以鎮壓，逮捕數萬人。寺內內閣為此而下臺。搶米騷動是沒有組織與指導者，使全民捲入而自然發生的大規模運動，因此無法持久，但對其後的勞工運動、農民運動的發展有很大影響。

區制為小選舉區制。翌年的大選，立憲政友會取得眾議院多數議席，其勢力甚至及於官僚與貴族院。但對於逐漸高昂的社會運動卻表示冷淡，對普選法要求亦持反對態度。

1921 年 11 月，原首相被一個激進的青年暗殺。取而代之的是繼任政友會總裁的高橋是清，旋因黨內對立而下臺，之後，元老山縣有朋死，官僚勢力與政黨內閣亦無法持續。其後續任的加藤友三郎內閣、第二次山本權兵衛內閣與清浦奎吾內閣，均非政黨內閣，且其在任時間均甚短暫（短命內閣）。

## 五、戰後的情勢

### 1.巴黎和會

第一次世界大戰成為總體戰，呈現大規模而嚴重的局面。1917 年美國加入協約國參戰，德國國內發生經濟破綻，國民生活困窘，同盟國敗象畢露。翌年 (1918) 1 月，美國總統威爾遜 (Thomas Woodrow Wilson) 發表「十四點和平計劃」(Fourteen Points)，提倡和平。當時德國國內因受俄國革命的影響，勞工的罷工不斷，革命運動驟昂。

1918 年 11 月，德國帝政崩潰，旋即敗北，第一次世界大戰協約國勝利（第一次世界大戰結束）。

翌年 (1919) 1 月在巴黎召開和會，日本派遣西園寺公望(首席全權)、牧野伸顯為代表參加。會議由英美法義日五大國，尤其在英美法三大國的主導之下進行，同年 6 月，簽訂「凡爾塞和約」(「巴黎和約」)。日本在和約中得到南太平洋赤道以北德屬群島、國際聯盟的委任統治權以及德國在山東半島的權益❹。

---

❹　中國主張「二十一條要求」無效，要求直接歸還德國的租借地。由於此一要求在大會被抹煞而憤慨，學生、勞工、商人等發動抗議運動，於 1919 年 5 月 4 日以北京的學生集會為契機，展開全國性的運動（五四運動）。此一會議上日本提出人種平等案，卻未被接受。適在此時，爆發三一運動（朝鮮獨立運動）。

　　但戰後的狀況未必符合日本的期望，蓋在亞洲成為有力的友邦俄國樹立了革命政權，中國五四運動迫使親日政權陷於危殆，因此日本乘大戰之機進窺中國大陸遂發生困難。中國拒絕簽訂「山東問題條款」，美國亦拒絕批准「凡爾塞和約」，中國問題乃拖延到 1921 年的華盛頓會議。

　　在華會上，美國乘中國國權恢復運動之熱烈，否定列強在華的既得權益，企圖取得進窺中國的有力條件。會議所標榜的門戶開放、機會均等原則，乃是對進出中國的列強平等權的確認，成為壓抑日本進出中國大陸之策。亦即基於「凡爾塞和約」之原則，決定廢止英日同盟與「石井‧藍辛協定」，日本進出大陸的國際支柱被剷除，同時被迫放棄對華「二十一條要求」的一部分，歸還膠州灣租借地。日本的國際條件日趨惡化，與英美之間的對立加深。另一方面，中國民族解放運動的發展，亦成為日本進出大陸的一大障礙。

　　同年初，在朝鮮發生反對日本殖民地統治，要求獨立的運動。在漢城舉行「獨立萬歲」的集會，朝鮮各地響應（「三一運動」❶），日本出動警察與軍隊鎮壓。同時朝鮮總督的資格亦從現役的軍人擴大到文官，並廢止憲兵警察，採取綏靖民族運動的政策。

## 2. 華盛頓會議

　　由於第一次世界大戰的大災難，引起全球對國際和平的渴望，於是在美國總統威爾遜的倡導下，於 1920 年成立了國際協力與和平的常設機關「國際聯盟」(The League of Nations)❶。但美國卻因參議院反對，不參加聯盟，戰敗國德國一直到 1926 年始參加，蘇聯亦在 1934 年以前未參加。因此國際聯盟對國際政治的影響力實在微乎其微。

　　日本亦為五大國之一而躋進強國之林。由於其加強對華進出，引起

---

❶　三一運動或稱萬歲運動。這是由於長年以來一脈相承的獨立思想與蓬勃發展的民族主義，以及日本對韓國所採取的高壓統治、經濟剝削與文化壓制，激起韓國民眾普遍而激烈的反日情緒所爆發的大規模反日獨立運動。

❶　國際聯盟以確保國際和平為目的，以和平方式解決國家間的紛爭為原則。

美國等列強的疑懼。另一方面，中國視日本為西方式的帝國主義國家，將其矛頭指向日本。結果，日本乃面臨國際孤立化的危機。

為了肆應這種變化，建設新的國際秩序，壓抑各國的建艦競爭，在美國的提案下，於 1921–1922 年，召開華盛頓會議。

此一會議，締結了太平洋諸島各國勢力維持現狀的「四國公約」，同時廢棄「英日同盟」❶，並締結尊重中國領土與主權，各國在華經濟上機會均等的「九國公約」❶。同時訂定五大國的主力艦保有量比率為英美五、日本三、法國、義大利各一‧六七的條約（「華盛頓海軍裁軍條約」）。日本海軍的建艦計劃遂遭受挫折❶。

經過這次會議，日本在中國大陸的勢力發展受阻❶，國內頗有微詞。但一直到昭和初期日本始終採取這種與英美協調的政策❶。這一連串的國際協定，稱之為華盛頓會議體制。

# 第三節　獨占資本的形成

第一次世界大戰的爆發，對日本而言，反而是解消了經濟不景氣與財政危機。當歐洲列強不斷地陷入苦鬥之際，日本除了山東等地局部戰爭之外，實際上甚少參加戰鬥，卻攫取莫大的經濟利益。日本的商品取代歐洲列強，快速的在亞洲市場伸展，造成貿易大幅的出超❷。

---

❶ 「英日同盟」原來是與「日俄協約」同為日本外交的二大支柱，但「日俄協約」因俄國革命而廢止，「英日同盟」亦因失去共同的假想敵而化為虛有。英日同盟既被廢止，日本遂陷於孤立。

❶ 中國並非主體性的參加國，蘇聯亦未被邀請。

❶ 從財政立場上，裁軍是受歡迎的，陸軍亦舉行兩次的裁軍。

❶ 以此會議為轉機，日本歸還山東半島給中國，並從西伯利亞撤兵，至此，日本遂被迫從中國大陸後退。

❶ 參加此一會議的幣原喜重郎，自大正末年到昭和初年為憲政會、民政黨內閣的外務大臣，因而稱之為幣原外交。

❷ 1914 年，負十一億圓債務的日本，1920 年反而成為擁有二十七億圓的債權國。

　　自日俄戰爭後的經濟恐慌到第一次世界大戰間，深受慢性不景氣所
苦的日本經濟，因第一次世界大戰而迎接了好景氣。大戰開始後不久，
一時因輸出貿易不景氣而混亂的日本經濟，由於協約國軍需品、日用品
的採購，對東南亞輸出大為擴展，從 1915 年開始輸出即繼續急劇增加，
海運收入激增，國際收支首次轉為出超。尤其棉絲紡織業、製絲業、化
學工業、海運業、機械造船業、鋼鐵業等，均迎接好景氣。因大戰的輸
出擴大與輸入斷絕，促進國內生產，收益率大增。

　　就貿易額的內容言，輸出商品由原料用製品轉到全部產品，輸入品
增加了原料品，以大戰為契機的工業轉而有急速的發展。產業的發展與
輸出的擴張，反映到國內經濟，正幣的增加引起通貨膨脹，股票繼續暴
漲。此一時期資本主義發展，乃是乘著戰爭引起的國際市場競爭的衰退
而進行，及至戰後列強資本的競爭一恢復，又再度被壓倒，可說是屬於
臨時性的條件。但因此一好景氣加強了龐大的資本集中，銀行資本增大，
確立獨占資本的支配體制。

　　繼三井、安田、大倉之後，三菱、住友等大企業亦擴展為大財閥。
此一好景氣，起初是增加勞工雇用而使勞工受惠，另一方面，因好景氣
與通貨膨脹引起物價上漲，但工資卻停滯不動，因此大戰末期，勞工的
生活日趨困窘，成為勞工運動的主要原因。此外，大戰中，日本對華進
行不同形式的帝國主義擴張，以好景氣而過剩的資金進行資本輸出，表
面上採取經濟借款方式，大部分卻是政治借款（「西原借款」）。此外，對
滿洲及華北的特殊銀行、滿鐵、三井等大公司在紡織、礦山、電力、海
運、銀行等各方面的投資極盛。

　　由於世界的船舶不足，造成日本海運業 ❷、造船業空前的好景氣，
紛紛誕生所謂「船東橫財」。鍊鋼業除了八幡鍊鋼廠的擴張，滿鐵鞍山鍊
鋼廠的成立等，許多民間公司相繼成立。藥品、染料、肥料等領域，由
於從德國輸入斷絕，化學工業轉趨興旺。

───────────────
❷　日本成為世界第三個海運國。

　　因工業的躍進，工業生產額超過農業生產額，占全產業生產總額一半以上。工廠勞工數超過百萬人以上，反映重化學工業的發展，男工的增加尤其顯著❷。商業、服務業的發達顯著，人口向都市的集中度提高。

　　自戰前即已開始發達的電力事業，水力電氣的輸送成功，都市的電燈普及，工業原動力的電化推行不遺餘力❷，電氣機械的國產化亦順暢的進行。

## 第四節　民主風潮的興起

### 一、社會運動的勃興

　　第一次世界大戰期間，國際高倡民主主義、和平主義，經過俄國革命、「搶米騷動」等的激盪，日本各地掀起了各種社會運動。

　　倡導民本主義❷的吉野作造，於 1918 年組織黎明會，推動全國性的啟蒙運動，給與知識階層很大的影響。吉野的學生結成「東大新人會」，與勞工、農民運動連結。1920 年結成的日本社會主義同盟，乃是從各種社會運動之中組成新社會主義者的大團結，此後透過社會運動，社會主義與共產主義急速的擴散，日本共產黨亦於 1922 年成立。

　　大戰中產業的急速發展與基層民眾生活困苦引起勞工運動的發展，勞工爭議劇增，工會的全國性組織快速的發展。1912 年鈴木文治以提昇勞工地位與工會的結成為目的組織友愛會，1919 年，改稱大日本勞動總同盟友愛會❷。

　　婦女運動方面，要求婦女參政權，提高婦女地位的運動，經由新婦

---

❷　工廠（使用十人以上的民間工廠）勞工數，1914 年有八十五萬人，至 1919 年增加到一百四十七萬人，男子勞工數於此五年間增加二倍強。

❷　大戰中工廠用動力馬力數已超過蒸氣力。

❷　民本主義主張民眾參加政治，對普選運動具有相當大的影響。

❷　1921 年改稱「日本勞動總同盟」。

人協會推動 ❷。要求撤銷被歧視部落住民的「部落解放運動」，亦在此一時期正式的展開 ❷。

這些運動的共通要求，乃是爭取普選權利。1919 至 1920 年，普選運動如火如荼的展開 ❸。

## 二、護憲三黨內閣

1924 年，清浦奎吾倚恃貴族院勢力組閣。政友會、憲政會、革新俱樂部三黨合作，高唱普選的實行與政治改革，以對抗超然內閣（第二次護憲運動）。大選的結果，三黨獲得絕對多數，由第一大黨憲政會總裁加藤高明組織三黨聯合內閣。此後到 1932 年犬養毅內閣垮臺為止，一直維持政黨總裁組織內閣的慣例。

護憲三黨內閣於 1925 年成立「普選法」。依此，撤銷了選舉權與被選舉權有關財產的限制，明定年齡滿二十五歲以上的所有男子都有選舉權 ❸，但婦女仍無參政權。「普選法」的通過，使日本的民主政治向前推進了一大步。但與「普選法」同時制定「治安維持法」 ❷，懲處以「變更國體」，否認私有財產制度為目的的一切結社及活動，以及勞工與農民急進的政治運動。

同年，三黨合作關係破裂，憲政會單獨成立第二次加藤內閣。政友

---

❷　1911 年，平塚明子等結成青鞜社，創辦雜誌《青鞜》，主張女性解放。1920 年，以平塚與市川房枝為中心成立新婦人會，開始政治運動，1924 年，統合發展為婦人參政期成同盟。

❷　1922 年，結成全國水平社，此一運動為 1955 年改稱的部落開放同盟所繼承。

❸　此外，有薪水階級生活者運動、在日朝鮮人運動等。後來成為國家主義的國家改造運動出發點的北一輝、大川周明等猶存社的結成，亦是於 1919 年。

❸　女性運動的結果，1922 年，禁止女性參加政治運動的「治安警察法」第五條修正，允許參加政治演說會。但女性實現其參政權，仍有待第二次世界大戰之後。

❷　這是對國體的變革與私有財產制度之否認為目的的結社及處罰參加者的法律，專門為了取締共產主義之用，其後廣泛的成為鎮壓社會運動的手段。

會則擁護陸軍長老長州閥的田中義一為總裁，與革新俱樂部合併。1926 年加藤死後，成立了若槻禮次郎的憲政會內閣。此一時期在內政上有陸軍的裁軍，外交上則忠實執行華盛頓體制的幣原外交。

## 三、社會主義運動的高昂及其挫折

因大戰中的產業發展而興起的勞工階級，受到大正民主風潮、俄國革命、搶米騷動等的影響，戰後勞工運動轉趨激進。全國性的大爭議、佃耕爭議頻生，工會激增，有組織的勞工運動蓬勃發展。1920 年，最早的五一勞動節，有一萬人參加（提出八小時勞動時間、普選運動等訴求）。工會的普選要求與勞工運動、民本主義者結合。在各地舉行兩者合辦的普選要求大會與示威遊行，1920 年底，產生全國性的組織「全國普選聯合會」。

其間普選法案被原內閣否決，勞工運動內部有激進的勞工組織 (Syndialisme)，傾向於放棄普選運動，改而直接訴諸行動，於是普選運動乃逐漸衰微，變成知識分子、一般市民為主的既成政黨的運動。在此一情勢之中，同年 12 月結成「日本社會主義同盟」，加強勞工與社會主義的結合，但於翌年 5 月被解散。隨後發生神戶的川崎、三菱造船廠大規模的勞資糾紛，但勞工運動內部，無政府主義與馬克思主義的對立激化。1922 年，結成「日本農民組合」，在各地組織支部，開始佃農組合活動。同年，組成部落解放運動的全國性組織「水平社」。

婦人解放運動，有 1920 年的新婦人協會，翌年有婦人參政權協議會及站在社會主義立場的赤瀾會。

1922 年 7 月，日本共產黨在非法下結成的「第三國際」被承認。這在組織大眾政治鬥爭上，對社會運動各方面有很大的影響。

1920–1922 年，勞工運動高漲聲中，大杉榮等無政府主義占主流，1922 年，共產主義的主張占優勢，整個社會主義運動中共產主義的影響力增大。同年 7 月，非法的日本共產黨結成「第三國際」支部，翌年卻

遭受檢舉而陷於混亂，至 1926 年重建。此時大規模的勞工爭議，佃農爭議相繼發生，勞農運動高揚❸。

在 1923 年關東大震災混亂中，發生龜戶的勞工殺害事件、軍部殺害大杉榮，給與工會領導者很大的衝擊。翌年山川均、堺利彥等，倡解黨論，以確保社會民主主義的合法性。此後工會本身產生左右派的對立，總同盟亦於 1925 年分裂。

政府一方面標榜賦與國際勞工代表選舉權，實施普選的公約等社會政策，一方面於 1925 年制定「治安維持法」，加強鎮壓。社會運動多組成半官半民的國民組織，以各地的有力人士為核心，構成對國家的自發性協力體制，以為社會運動的防波堤。

# 第五節　市民文化的形成

隨著第一次世界大戰產生社會大變化的是大眾文化的登場。義務教育就學率在日俄戰爭後已超過 97%，幾乎所有的人都有閱讀能力。1919年以後，高等教育機關大擴充的結果，產生龐大的知識分子階層❹，都市的中間階層，成為此一時期文化的舵手。

報紙份數亦快速的擴大，大正末期《大阪朝日新聞》、《大阪每日新聞》，破了一百萬份。同時有週刊的發刊，《中央公論》、《改造》等綜合雜誌大為擴展。及至昭和年間，廉價的《岩波文庫》登場，成為大量出版的先驅，大眾雜誌《國王》發行份數亦超過百萬。

透過這些傳播媒體，各種新的外國思想與生活樣式，滲透到各方，其中，馬克思主義給與日本知識分子很大的影響，實為此一時期的一大特質。

學術方面，各領域的獨創性研究均有進展❺。尤其自然科學方面，

---

❸　1925 年，農民勞工黨結成，但受到結社禁令的處分，接著，共產黨除外的勞動農民黨亦結成。但共產黨卻大舉滲透，因主導權之爭而發生分裂。

❹　受高等教育的學生數，由其前的數千人激增為數萬人。

由於大戰導致染料、藥品等輸入中斷，引起獨自研究之風，理化學研究所、東京帝國大學的航空研究所、地震研究所等，均有可觀的研究成果。

大正民主風潮及於文學世界，展開了華麗的近代文學。此一風潮的中心是 1910 年創刊的雜誌《白樺》的一群作家。他們在優厚的境遇下享受市民的自由，標榜基於人類愛、人生肯定論之上的理想主義文學，以實現個人中心的理想，創造尊重個性的世界，但社會問題卻被擱置一旁。武者小路實篤、志賀直哉、有島武郎為代表性作家，取代了自然主義文學，形成大正文學的主流。

此外，出現了自明治末年以來追求日本近代文明及知識分子內在問題的作家夏目漱石。其門下芥川龍之介、久米正雄、菊池寬等新思潮派頗為活躍。芥川以敏銳的知性感覺，發表了虜獲人心的短編佳作❸❻，擁有多數的讀者。

大正時期文學的主要目標乃在封建的家族關係與小市民的生活之中，確立自我，或基於個人主義、教養主義，以完成藝術。但大正末期社會問題轉劇，大大的動搖了他們的想法。有島與芥川等悲劇性的自殺，武者小路「新村運動」的失敗❸❼，顯示出當時知識分子心靈的苦惱與動搖。

大正末期到昭和初期的社會運動轉趨激進，產生處理社會問題的普羅文學。1925 年，創始無產階級文藝聯盟，創刊了雜誌《文藝戰線》。

美術有躋進西畫的安井曾太郎、梅原龍三郎等（二科會），岸田劉生

---

❸❺　自然科學有野口英世黃熱病的研究，本多光太郎硬化磁石鋼的發明。人文科學有西田幾太郎獨自的哲學體系的確立，津田左右吉進行日本古代史的科學研究。川上肇作馬克思經濟學的研究。

❸❻　除了《河童》、《鼻子》等傑作之外，最膾炙人口的是搬上銀幕的《羅生門》。

❸❼　武者小路於 1918 年，為了實現其共同體理念，著手建設新村運動，其目的乃在建設一個理想型的烏托邦。首先在宮崎縣建設一新村（1918 年），旋因洪水淹沒（1938 年），翌年再於埼玉縣建設第二個新村。但兩次新村建設終歸失敗。

（春陽會），受到注目，日本畫有橫山大觀等再興日本美術院，開拓近代繪畫的新畫風。

# 第十六章　法西斯主義的進展

## 第一節　法西斯主義的萌芽

### 一、戰後經濟恐慌

第一次世界大戰後，歐洲各國逐漸復興，歐美的商品再度湧入亞洲市場，日本的經濟則一反大戰以來的好景氣，逐漸陷入困境。1919 年起，日本對外貿易轉為入超，1920 年 3 月，以股票行情暴跌為開端，發生戰後恐慌。棉絲、生絲的價格狂跌，各工業部門均陷入嚴重的生產過剩狀態。

1923 年 9 月，發生關東大地震，東京、橫濱地區化為焦土，日本經濟受到嚴重的破壞❶，加劇了日本國內政治的動盪。日本政府藉機捏造朝鮮人暴動、社會主義者興亂等謠言，製造混亂，殘殺旅居日本的數千中、韓人。

此時，銀行保有的票據，變成無法清帳的廢紙❷，直至 1927 年，震災支票的處理始有著落，但一部分銀行暴露不良經營的窘狀，各地中小銀行連帶出現破綻。同年 4 月，若槻內閣因救濟臺灣銀行所持鈴木商店❸

---

❶ 因大火蔓延，受害人數達三百多萬，死亡超過十三萬人，房屋全毀、燒毀五十七萬棟以上，造成重大的災難，財政經濟更蒙受重大損失。

❷ 政府對無法結帳的震災支票，以撥給日本銀行四億三千零八十二萬圓作為特別融資。1926 年底，尚有二億六百八十萬圓尚未結帳。

❸ 以貿易商出發的鈴木商店，大戰中，與政界相勾結，得臺灣銀行融資，快速的擴展，有直逼三井、三菱之勢，但因戰後的不景氣而瀕臨破產。

的不良債權失敗而總辭，金融恐慌擴及於全國。繼任的田中義一內閣，採取「延期支付令」❹，進行日本銀行巨額的救濟融資，始勉強渡過此一難關。

1920 年代的日本經濟，連年處於不景氣的窘境。很多產業領域出現企業集中，企業聯合（卡特爾，Kartell）結成、資本外流❺的困境。財閥以金融、貿易、運輸、礦山業為基礎，儲備資金，整備企業統一聯合體❻，此一時期主要由金融、流通面進行產業統制，並加強與政黨的結合。

## 二、協調外交的挫折

金融恐慌發生後，隨著經濟危機加深，轉向中國大陸擴展，成為日本資本主義可向外擴張的途徑。當時中國正值國民政府為了統一中國，企圖推翻北方軍閥而開始北伐❼之時。蔣介石的國民革命軍持續北進。對此列強企圖武力干涉，英國亦向日本提議共同出兵，但為採取協調外交的外相幣原所拒絕。日本國內對消極的幣原外交表示反對，要求武力干涉的聲浪甚熾，這也是造成若槻內閣下臺的一因。

1926 年 12 月，大正天皇去世，裕仁親王即位，改元昭和❽。

翌年 (1927) 日本爆發大規模的金融危機❾（昭和金融危機）。日本經濟受到雙重的打擊，陷入嚴重的恐慌狀態。輸出大減，正幣大量流出海外，企業的開工率縮短，相繼發生倒閉，於是實施產業合理化以降低工

---

❹ 「延期支付令」(Moratorium) 乃是在非常狀態下，暫時延期支付的命令。

❺ 大戰之後，巨大紡織公司因資本融資，陸續到中國建設紡織工廠。

❻ 企業統一聯合體 (Konzern) 為財閥獨占的經濟組織型態。即在形式上屬於獨立的龐大金融資本所統制的不同企業間的集團。

❼ 中國很長一段時期分成南方的國民黨統治地區與北方軍閥支配地區而抗爭。1925 年，孫文死後，國民黨以蔣介石為中心，在廣東樹立國民政府。翌年，國民革命軍企圖統一全國，開始攻擊張作霖等北方軍閥所支配的地域。

❽ 取自中國《書經・堯典》「百姓昭明，協和萬邦」一詞。

❾ 銀行發生擠兌風潮，被迫停業。各地方銀行紛紛倒閉，金融陷入極端的混亂。

資，裁併人員，失業者驟增。

農村的窮困尤甚，米價受到殖民地產米的壓力❿。發生經濟恐慌後，各種農產品價格暴跌，尤其受到生絲對美輸出劇減的影響，繭價鉅跌。由於不景氣，導致就職機會銳減，都市失業者歸農，農家的窮困愈甚，出現大量的缺食兒童與賣身的狀況⓫。在此情況下，勞工爭議與佃農爭議激增，同時攻擊政黨與財閥之聲高漲⓬。

在金融危機期間，政友會總裁田中義一接替若槻，受命組閣。自兼外相的田中首相，對內採取通貨膨脹，加重人民負擔的一系列措施，協助資產階級渡過金融危機，對外則採取強硬外交路線。

1927 年 5 月，田中內閣在經濟恐慌終結後，藉保護日僑生命財產名義，第一次出兵山東，其目的乃在維護張作霖政權，防止蔣介石政權勢力擴及於華北。隨即以商討對華基本政策為由，召開東方會議，結果發表「對華政策綱領」，宣稱為了對抗中國革命的波及，置滿蒙於日本勢力之下，且為保護日本在華權益，不惜再度出兵。翌年 4 月，以國民政府的北伐重開為藉口，於 5 月第二次出兵山東，在濟南與北伐軍發生衝突。

這種強硬政策引起中國強烈的反感，展開全國性的反日運動。6 月，國民黨統一中國，日本政府更加強確保滿蒙的決心。關東軍唯恐張作霖與蔣介石妥協，乃於張軍撤回滿洲途中，炸毀鐵路，炸死張作霖（皇姑屯事作）⓭。張作霖之子張學良不顧日本的威脅，與國民政府妥協（易

❿　政府於「搶米騷動」以後，企圖確立朝鮮、臺灣米的增產與品種的改良，促進其輸日。另一方面，此一時期正式使用化學肥料，其價格為大資本所操縱。

⓫　反映農業之不振，地主制開始衰退。佃耕率以 1930 年代 48.1% 為最高，其後開始逐年減少。

⓬　政黨政治與財閥的結合密切，權益之爭奪與貪污舞弊事件頻傳，遭受輿論的抨擊。尤其此一時期再度禁止黃金輸出，三井等財閥盛行爭購美金，引起各界猛烈的抨擊。

⓭　日本軍部懷疑張作霖對日本的「忠誠」，關東軍參謀乃陰謀在奉天郊外的鐵路炸死張作霖。但藉機樹立新政權，置滿洲於日本統治下的陰謀卻未實現。軍部

幟)。

1929 年 7 月,被視為自由主義的立憲民政黨濱口雄幸內閣成立,恢復了幣原外交。1930 年,依據英國的提案,召開倫敦海軍裁軍會議❶,商討限制補助艦問題。日本主張對美噸位比例為七成❶,內閣在接近條件下妥協,卻引起海軍強硬派的反彈。軍部與右翼勢力對濱口內閣協調外交表示不滿,斥責此一條約為干犯統帥權,猛烈抨擊政府❶。加以經濟政策失敗,對此內閣的不信任成為對政黨政治的不信任,造成激進的右翼勢力抬頭。同年底,濱口首相被一個右翼青年所狙擊而負重傷,翌年死亡。

# 第二節　軍部的抬頭

## 一、九一八事變與滿洲國成立

1929 年 12 月,國民革命軍向滿洲推進,中國的民族運動高昂,對日態度轉趨強硬。張學良在其父張作霖被炸死後,不再追隨日本,在英美資本的支援下企圖對抗「滿鐵」,計劃建設滿鐵平行線,雙方屢起衝突。復因萬寶山事件❶、中村事件❶,中日間的對立加劇,關東軍❶乃以這

---

誣稱犯人是北伐軍的間諜,以「滿洲某重大事件」稱之。

❶ 補助艦限制問題乃是 1927 年田中內閣時,日英美三國在日內瓦會議商談的主題,但無結果。

❶ 軍部強硬派力主美日輔助艦隻(包括大巡洋艦)噸位比例應為 10 比 7,內閣所接受的美國妥協案為 10 比 6.97,其中大巡洋艦為 10 比 6.02,潛水艇噸位兩國相等。

❶ 他們以為兵力的決定非內閣所能關與,而是屬於天皇的軍隊統帥權,政府違反天皇軍事大權的輔弼機關軍令部之意旨而簽訂條約,實為統帥權的干犯。政府卻主張這是屬於政府權限內的事。此後,軍部擴大解釋統帥權的範圍,以壓抑政府的行動。

❶ 當地的朝鮮人移民與中國地方官吏及中國農民之間發生的衝突事件。

些事件為藉口，向張學良提出強硬的要求。

正當濱口內閣採取協調外交，接受美國的妥協方案，簽訂「海軍裁軍協定」時，日本於 1930 年春，遭遇世界經濟恐慌的衝擊。財政緊縮促使日本經濟不景氣。不僅出口商品價格大跌，數量大減，外貿急劇縮減，造成日本致命性的打擊。軍部為了解除日本經濟的危機，企圖向中國大陸擴張。於是決意打破政黨、財閥、官僚的腐敗，斷然實行軍部獨裁，改造國家。

日本認為滿洲是日俄戰爭以來的特殊權益地區，對蘇戰略據點，且為重工業發展的重要資源供給地，更是日本向大陸擴展的重要據點，強調滿蒙問題的惡化實為日本生命線的危機。

中國要求廢除不平等條約的民族運動高昂，國民政府正式表明收回滿洲權益的決心，促使日本陸軍，尤其關東軍，更加深其危機感，因而計劃以武力迫使滿洲脫離中國主權而置於日本勢力下。1931 年春，關東軍已制定了侵滿計劃。

1931 年 9 月 18 日，關東軍在奉天（瀋陽）郊外的柳條湖炸毀南滿鐵路，發動滿洲事變（九一八事變）。關東軍大舉進攻滿鐵沿線以外的地區。

事變發生後，第二次若槻內閣決定不擴大方針，但關東軍卻無視此一決策，擴大占領，輿論亦支持軍部的行動。若槻內閣自覺無法收拾局勢而總辭，由政友會總裁犬養毅組閣。

日軍於 1932 年 1 月，以華人襲擊日本僧侶為藉口，在上海發動軍事行動（上海一二八事變），以轉移日本侵略滿洲的焦點。旋因列強的斡旋與中國的激烈抵抗，於 5 月停戰。

同時日軍占領滿洲全域，關東軍進一步籌劃樹立新國家。同年 3 月推舉清朝末代皇帝溥儀為執政[20]，揭示五族共和的理想，成立「滿洲國」。

[18]　日本的軍事偵探中村大尉等人被中國地方軍閥殺害事件。

[19]　1919 年，關東都督府改組為關東廳，陸軍部獨立為關東軍。司令部在旅順，成為軍部向大陸擴張的先鋒。

「滿洲國」名為獨立，實則只是關東軍的傀儡。溥儀將國防及維持治安的重任委諸於日本，並由「滿洲國」承擔經費。「滿洲國」的經濟命脈完全操在南滿鐵路之手，滿洲國官吏亦多任命關東軍司令官所推薦的日本人。

中國對日本的侵占東北，實行不抵抗政策，並向國際聯盟控訴。國際聯盟接受中國的控訴，於 1932 年 12 月，派遣一個由英國的李頓 (Victor A. G. R. Lytton) 為團長的調查團到滿洲作實地調查。根據《報告書》，承認中國對滿洲的主權，視日本的行動為侵略，但為保障日本的權益，提出設置非武裝特別地區，由列強國際管理，並在中國主權範圍內，允許滿洲高度自治的建議案。《報告書》於國際聯盟會議上提出，日本始終反對根據該《報告書》的審議與取消承認滿洲國的提議。日本代表松岡洋右當場退席抗議，並於 1933 年 3 月，正式退出國際聯盟。

列強在加劇的世界經濟恐慌之前，無法採取有效的對策，唯有默許日本的軍事行動。加以蘇聯與資本主義各國之間的對立日益激烈，帝國主義諸國間，尤其英美間的對立亦造成對日有利的條件。

## 二、軍部的抬頭與政黨政治的崩潰

若槻內閣的消極對滿政策備受抨擊而垮臺，接著由政友會總裁犬養毅組閣，陸相由激進派的荒木貞夫擔任。此後推行對內對外的積極政策，軍部的政治發言權轉趨積極。但不久，發生前藏相井上藏之助、三井財閥的理事長團琢磨接連被暗殺的事件[21]（1932 年 2 至 3 月，血盟團事件）。5 月 15 日，發生海軍青年軍官與陸軍士官學校合組的叛亂部隊，射殺首相犬養毅的政變（五一五事件）[22]。政變雖歸失敗，但此一事件成為軍

---

[20]　1934 年 3 月，溥儀改稱皇帝。

[21]　在井上日召策劃下，志在發動軍事政變以推動國家革新的血盟團所引起的事件。基於一人一殺主義，執行暗殺政界、財界人士的計劃。

[22]　他們襲擊內大臣牧野伸顯邸、警視廳、政友會本部，農本主義者橘孝三郎所指

部擴展政治勢力的契機，使法西斯勢力大為進展。結果犬養內閣瓦解，政黨內閣遂告結束。

在軍部排斥政黨內閣的要求下，由海軍大將齋藤實組織「舉國一致內閣」。政黨政治結束，親軍方舉國一致內閣的成立，顯示國家法西斯主義化的加強。此後，政黨在內閣中只居次要的地位，軍部的地位更為鞏固。

其間，日本繼續擴大軍事行動，占領熱河。旋即越過萬里長城，侵入華北，迫近北京、天津。正在討伐共產軍的國民政府，採取不抵抗政策，與日本簽訂「塘沽停戰協定」（1933 年 5 月）。此不啻為滿洲事變的媾和條約，事實上也承認「滿洲國」的成立與華北非武裝地帶的設定 ❷❸。

# 三、二二六事件

滿洲事變成為陸軍內部激進派分裂成統制派 ❷❹ 與皇道派 ❷❺ 的契機。在法西斯主義化過程中，軍部與革新官僚，加強其發言權，與財閥結合，強化戰爭體制。陸軍部內激進派之一的統制派，即基於此一情勢，企圖不依政變，逐漸掌握國家實權，實現改造國家，而掌握了軍部主導權。皇道派則意圖發動政變以實現其法西斯主義革命，與統制派形成對立。

皇道派擬奪回陸軍部內的主導權，斷然實行國內改革而發動政變（二

導的愛鄉塾學生的農民敢死隊，則攻擊東京周邊的變電所，但俱失敗。這都是海軍內部所組成低階軍官為中心的國家主義激進派，與陸軍士官學校學生所計劃改造國家的政變，即企圖造成混亂局面，乘機發布戒嚴令，以改造國家的陰謀。

❷❸　在此一非武裝地帶，允許日軍的駐紮、移動，成為後來日本侵略華北的立腳點。

❷❹　以永田鐵山為中心的一批軍官形成了統制派，反對皇道派的精神主義和派系人事。

❷❺　皇道派以荒木貞夫、真崎甚三郎為中心，由少壯軍官和法西斯青年軍官所組成。他們信奉天皇中心的國體至上主義，與統制派抗爭，企圖訴諸於直接行動，以改造國家。但因 1936 年二二六事件的失敗而被消滅。

二六事件）。1936 年 2 月 26 日清晨，皇道派的青年軍官所率領一千四百名部隊，襲擊首相官邸等，企圖暗殺元老、重臣、閣僚與統制派的中心人物。他們占據永田町（首相官邸）一帶，但僅四日即被平定。這是日本法西斯主義史上最大的武裝叛亂事件。

二二六事件起因於軍部派系鬥爭以及嚴重的政治與社會的對立。此一事件後，統制派進行整肅，一舉肅清了軍隊中的皇道派勢力，確立了軍部對軍隊的全面控制。

二二六事件之後，最反共的廣田弘毅繼任首相，對此後日本國家的方向有決定性的影響。廣田內閣恢復了授與軍部強大政治力的陸海軍大臣現役武官制，並編列一項包含十四億軍事費用總計三十億的超大型預算，大量建造飛機、坦克、航空母艦、大戰艦等近代武備。

## 四、世界不景氣與國體運動

### 1.農村經濟更生運動

由於高橋是清的積極財政政策，1932 年後半，日本已脫離恐慌而恢復景氣。但這次景氣的恢復，乃是倚恃軍備擴張與軍需生產的擴大。財閥已進行從軍需工業部門的擴張，重化學工業中心的重編，從戰爭經濟得到利益的體制。日本產業、日本氮素等新興財閥，亦因軍需產業而嶄露頭角。由是導致通貨膨脹，以輕工業為中心的日本產業遽衰，成為以軍需工業、重工業為中心的經濟形態。

景氣雖逐漸恢復，但農村仍然因通貨膨脹，導致必要物資與農產品價格差異之擴大，生絲輸出不振，因而陷入更嚴重的不景氣。悲慘的農村現實，為戰時體制建設的一大障礙，但對軍部尤其激進派，卻成為倡導改造國家的藉口。政府對此講求農村救濟之策，展開農漁村經濟更生運動，以極有限的預算，實施農業救濟，倡導農村的自力更生，獎勵勤儉力行與鄉保互助。同時促進產業組合的普及，買賣的統制，加強獨占資本的支配。

農村經濟更生運動的展開，加強部落領袖與官僚的結合，發揮補強體制的作用。1936 年農村經濟開始好轉，不僅自耕農轉向經濟主義，鄰保互助的宣傳和農村經濟的回昇，租佃糾紛減少。財閥資本加強了對農村經濟的操縱，農村經濟更生運動成為實行法西斯控制政治的重要一環，以中農為主的農村中間階層成為加強農村法西斯主義控制的社會基礎。

## 2.轉向的時代

九一八事變後，日本民族主義高昂，引起各方很大的衝擊。社會主義者紛紛向國家社會主義「轉向」❷⑥，漸具國家社會主義的傾向。1932 年，日本成立國家社會黨❷⑦，另一批人則結成社會大眾黨，佀亦逐漸傾向於「右翼」。1933 年，日本共產黨的最高領導人，從獄中發表「轉向」聲明，造成大量的「轉向」風潮，給與社會主義莫大的打擊。

隨著對思想、言論取締的強化，陸續發生馬克思主義及自由主義、民主主義思想、學問的彈壓事件❷⑧。1935 年發生圍剿「天皇機關說」的國體明徵❷⑨運動。美濃部達吉在貴族院所作的演說，被譴責為違反國體，而成為很大的政治問題（「天皇機關說」問題）。美濃部的憲法學說，以為國家為法人，統治權在國家，天皇為總攬國家的最高機關。長期以來

❷⑥ 佐野學、鍋山貞親等批判第三國際的劃一主義，指出打倒天皇制口號之錯誤，強調在天皇之下，實行一國社會主義革命的必要。以此聲明為契機，獄中大半的黨員「轉向」（變節）。其後由於不斷地彈壓，至 1935 年前後，共產主義者有組織的活動完全停止。

❷⑦ 其綱領是「基於一君萬民的國民精神，建設新日本」，打破資本主義體制，主張國際領土的重新分割。

❷⑧ 中日戰爭前，倡說自由主義刑法的京都大學教授瀧川幸辰免職事件（瀧川事件，1933 年）。其後東大教授矢內原忠雄批判政府的殖民地政策而被驅逐（矢內原事件，1937 年），東大的大內兵衛等教授群企圖組成人民戰線被檢舉（人民戰線事件，1938 年），津田左右吉依據日本古代史的實證研究，敘明其為神話而非事實的著作被禁事件（1940 年）。

❷⑨ 明確天皇中心的國體觀念。

為學界所公認，亦為昭和天皇所贊同，卻於瞬間變成違反國體的政治問題。軍部與右翼以為天皇為統治權的主體，指斥此說為「紊亂國憲」。國會通過決議，要求明確界定國體。岡田內閣亦不得不接受，發出「國體明徵」聲明。

「天皇機關說」爭議，不僅社會主義，連自由主義亦被認定為反國體的思想而被否定。期待軍部革新派所企圖推動國內改革的言論，逐漸成為輿論的主流。堅守社會主義的鈴木茂三郎等日本無產黨，亦於 1937 年被彈壓而停止活動。

# 第三節　第二次世界大戰

## 一、中日戰爭

### 1. 戰爭體制的準備

高橋財政採取促進景氣的政策，於 1935 年達到極限，軍費的大量支出，財政出現赤字，復因各國提高關稅壁壘以及中國抵制日貨運動，導致輸出不振，國內經濟因資金不足與物資缺乏而陷入困頓，同時滿洲國的經營亦出現瓶頸。為了打開國內外的僵局，乃求諸對外侵略。陸海軍盛倡 1935–1936 年危機說，煽動戰爭氣氛。

二二六事件以後，軍部加強對政治的發言權，廣田內閣組閣之際，陸軍干涉閣員人選，顯示陸軍的強烈意圖，恢復軍部大臣現役武官制正反映此一態勢。廣田內閣擬定「國策基準」，對外以確保日本在東亞的地位，進窺東南亞為根本方針，對內則作軍備、軍需工業的擴張，加強國家的經濟統制，圖謀創設軍部中心的政治體制。

### 2. 盧溝橋事變——中日戰爭爆發

1933 年 9 月，外相廣田弘毅推行「協和外交」，恢復「日華親善」，但只是曇花一現。翌年 (1934) 4 月，外務省情報部長天羽英二發表企圖獨霸中國的談話（天羽聲明）。同年 10 月，廣田提出對華三原則（取締排

日、承認滿洲國、共同防共）。這時日軍更進一步進窺華北，於 1935 年
6 月，策劃華北五省自治運動。其分離華北的目的乃在取得華北的豐富資
源，擴增戰爭的能源，鞏固「滿洲國」的地位。但華北的自治運動並未
成功，乃於同年底，在長城以南非武裝地帶，扶持冀東防共自治政府（殷
汝耕），企圖迫使華北脫離國民政府，加強對華北的統制。此一侵略招致
中國抗日救國運動的結果。

　　1936 年 11 月，日本與德國締訂「日德防共協定」，東西法西斯主義
國家互為奧援。蘇聯為了對抗日德夾擊，轉而與歐美接近。日本雖為了
打開國際孤立的情勢，與德國勾結，但日德聯盟卻引起國際的反感，不
僅促成蘇聯反日，也促進了英美的團結。

　　其後，日本國內由於擴張軍備導致國際收支惡化，廣田內閣受到政
黨勢力的抨擊。軍部積極推動高度「國防國家」 ❸⓿ 的建設，對於國內改
革不徹底提出嚴苛的批判，內閣終於在兩方夾擊下，於 1937 年 1 月總辭。
宇垣一成雖拜受大命組閣，但因陸軍強烈反對，故意不推薦陸相人選，
迫使其組閣流產。由此可見陸軍在政治上發言力之強。結果成立林銑十
郎內閣，但得不到主要政黨（立憲政友會、立憲民政黨）協力的林內閣，
僅四個月即垮臺。

　　旋由廣受陸軍以及國民期待的年輕政治家近衛文麿組閣（1937 年 6
月），近衛內閣亦屬於以軍部為背景的官僚中心內閣。

　　近衛內閣成立後不久，軍部依照既定計劃，增加華北駐屯軍，進占
北京、天津近郊。7 月 7 日，中日兩軍終於在盧溝橋發生武力衝突，爆發
了雙方全面戰爭（盧溝橋事變、七七事變）。日本指其為對中國軍隊射擊
的應戰，中國則指控日本的挑戰 ❸❶。此一事件本有當地交涉局部解決的

❸⓿　國防國家意指天皇制之下，從總體戰出發，以國防為中心，全面改組國家和社
　　會，對精神和物質的潛力進行「一元化」綜合統制，使政治、經濟、科技與文
　　化教育以至國民生活，都從屬於戰爭。

❸❶　7 月 6 日，日本駐軍要求通過宛平城、盧溝橋演習，為中國所拒。7 日夜，日

可能，日本政府起初亦聲明經由當地解決的不擴大方針，但無法壓抑軍部擴大戰線的意圖❸，反而追認參謀本部的華北派兵案。

日本對中國進行威脅，迫使中國撤軍，但為中國所拒絕。8 月 15 日，日本遂宣稱全面戰爭開始，但未正式宣戰，這一不宣而戰的戰爭，開啟了此後長達八年中國抗戰的序幕。

8 月底，日軍攻陷北京、天津。日軍採取「速戰速決」的戰略，企圖於短期決戰，摧毀中國❸，但中國的抗戰意志並未軟化，即使日軍占領南京（南京大屠殺）❸亦不屈服，迫使日本陷入長期戰爭的泥沼。

日本陸軍在華北擴大軍事行動，日本政府把「華北事變」改稱「支那事變」。接著在華中上海，以中國殺害大山大尉事件為藉口，日本海軍陸戰隊進攻中國駐軍（第二次上海事件）。

近衛內閣透過德國的調停，與中國進行和議，但因和議條件過苛，國民政府實難接受。近衛首相遂於翌年（1938 年）1 月，發表「不以國民政府為對手」的聲明，斷絕和平解決中日紛爭的機會。

日軍速戰速決的戰略一再破滅，作戰地區卻日益擴大。日軍攻城掠地，至 1938 年 10 月，已攻陷了廣州、武漢。但隨著占領地區的擴大，日軍的兵力已感不足。日本的財政和軍需工業亦難支撐大規模作戰和擴軍。但遷都重慶的國民政府，卻繼續抗戰，使日本陷入持久作戰的泥淖。

近衛首相於同年年底發表聲明，宣布放棄「不以國民政府為對手」，倡言「善鄰友好、防共協同、經濟提攜」的「近衛三原則」，強調此戰的

---

軍藉口在盧溝橋附近演習的日兵失蹤，強行進城搜索，雙方發生衝突。翌日，日軍砲轟宛平城，向中國守軍進攻，挑起了全面戰爭。

❸　此一事變起初稱為「北支事變」，接著改稱「支那事變」，雖名稱改變，但實際上卻是全面性的戰爭。

❸　陸相杉山元即揚言，於一個月就可以解決中國問題。

❸　日軍占領南京時，發生「南京大屠殺」事件，使日本受到國際嚴厲的譴責，反而因此激起中國人的抗日意識。

目的乃在建設「東亞新秩序」，勸誘國民政府參加「新秩序的建設」。旋即策動國民黨政府要人汪精衛逃出重慶，並於 1940 年 3 月，統合各地傀儡政權，在南京扶植一個以汪精衛為中心的傀儡政權（南京國民政府），同時推動「日滿華」地區的共同經濟圈。但國民政府在美英俄等國的援助下，依然繼續抗戰。

## 3. 三國同盟的締結

當日本在東亞打破華盛頓體制並加強進窺中國大陸之際，歐洲亦有創立獨裁政權的德國、義大利，與英、法俄對抗，擴大其勢力，企圖打破凡爾塞體制。

1930 年代初，在世界經濟恐慌影響下，社會呈現不安，德國納粹的領導者希特勒 (Adorf Hitler)，乘勢快速的擴張其勢力，於 1932 年的大選獲勝，成為第一大黨。翌年 (1933) 1 月，成立希特勒內閣，旋即確立獨裁政權。1934 年，希特勒自兼首相，取得公民投票的承認。至此威瑪共和制崩潰，確立了納粹一黨獨裁體制。其間，德國繼日本之後退出國際聯盟（1933 年 10 月）。1935 年 3 月公然聲明廢止「凡爾塞和約」軍備限制條款，重整軍備。1936 年，進駐非武裝地帶的萊茵 (Rhine Land) 地區。

義大利早在 1922 年即由墨索里尼 (Benito Mussolini) 掌握政權，逐漸鞏固一黨獨裁體制。1935 年開始入侵衣索匹亞 (Ethyopia)。翌年 (1936)，當西班牙的佛朗哥 (Francisco Franco) 率領民族主義勢力，向人民戰線內閣興亂（西班牙內亂）時，德國、義大利給與佛朗哥軍事援助，兩國經由此而結合，結成柏林、羅馬軸心。

由於日本加緊擴張其勢力於中國，與美、英對立日益加深。1934 年，日本片面廢除「華盛頓海軍裁軍條約」，接著於 1936 年 1 月，退出「倫敦海軍裁軍協定」，陷於國際孤立化的日本，轉而企圖與打破歐洲現狀的德、義接近。

另一方面，列寧 (Vladimir Ilyich Lenin) 死後，掌握蘇俄大權的史達林 (Iosif Vissarionovich Stalin)，加強共產黨一黨獨裁體制，推行五年計劃，

擴增社會主義國家的國力。1934 年，加入國際聯盟，在國際社會具有發言權。復由於人民戰線的結成，積極推動國際共產主義，籌組「第三國際」(Comintern)。同時在蘇俄國內徹底整肅反對派，鞏固其獨裁者的地位。

隨著中日戰爭長期化，英、美對日採取強硬的對策，日本與英、美的對立愈益加深。日本乃加強與德國、義大利的緊密關係，形成軸心陣營，志在打破華盛頓體制與凡爾塞體制，以建立日本、德國、義大利三國主宰的「世界新秩序」。世界於是形成日德義三國軸心國以及美英法等自由主義、民主主義同盟國與社會主義國家蘇聯等三種勢力對立的局面。

法西斯主義三國締結政治同盟，意圖擴伸為軍事同盟。但軍事同盟的對象究應包含蘇聯或包括英美法在內，意見分歧。面對侵華戰爭的困境，近衛內閣乃於 1939 年 1 月總辭，由右翼思想團體國本社社長，旋任樞密院長的平沼騏一郎接替。

此時苦於收拾中日戰爭的日本，與蘇聯發生武裝衝突事件❸，關東軍大敗，日本陸軍受到很大的衝擊。同時與美國之間的對立日益激烈，同年 6 月，美國政府宣布「日美通商航海條約」在 1940 年 1 月屆期後即不再延長，預示美國對日貿易的限制。日本在國際上更為孤立。

平沼內閣對於締結「日德義三國同盟條約」對象，是否包括英美在內，意見不一，但德國卻一反日本之意，擅自與蘇聯締結了互不侵犯條約（1939 年 8 月）。平沼遭此衝擊，自嘆無法因應複雜離奇的新情勢而總辭。繼任的陸軍大將阿部信行內閣與其後接任的米內內閣對軍事同盟持消極態度，且都是短命內閣。

## 二、戰時體制的加強

### 1.國家總動員

隨著中日戰爭長期化，加強經濟統制以肆應總體戰，施行國家總動員體制乃成為當務之急。1935 年設置調查綜合性基本國策的機關「內閣

---

❸ 諾門罕事件（1939 年）乃是在中蘇滿蒙邊境日軍與蘇聯發生武力衝突事件。

調查局」。其後成為企劃廳，在中日戰爭爆發後不久（1937 年 10 月），與資源局合併為企劃院。

中日戰爭開始後，逐漸變形為準戰時體制的日本經濟、社會，快速的戰時體制化。為了充實軍事產業，先後實施經濟統制法，1938 年 4 月，制定了確立法西斯體制指標的「國家總動員法」。同時議會通過「電力（國家）管理法」，加強政府介入私人企業。由是政府得以掌握絕大的權限，進行戰時經濟體制。1939 年，相繼實施「工資統制令」、「會社利益分紅及資金融通令」、「國民徵用令」等，對勞工的工資、股東的利益分配、會社、資金籌措等加以嚴厲的管制，一般國民甚至得被徵用為軍需產業動員。

為了「國家總動員法」的制定及其發動而對立的軍部與財界逐漸妥協，曾經被軍部激進派排斥的財閥，亦積極協助軍需生產，財界代表加入內閣，大企業亦同心協力戰時經濟體制。其實軍需物資之確保，僅在「東亞新秩序」（日圓經濟圈）內尚嫌不足，仍須仰賴英美各國及其勢力圈的輸入。但日本積極推動「東亞新秩序」，被美國視為對東亞、東南亞政策的挑戰，因而加強對中國的援助，同時施行對日經濟制裁，甚至於 1939 年 7 月，廢除「日美通商航海條約」，日本更難獲取軍需物資。

另一方面，民生必需品的生產、輸入、消費等受到嚴格的限制，同時進行中小企業的強制性整合。1938 年，實施棉絲配給票證制、公定價格制與棉製品的製造限制與石油票證制。翌年 (1939) 實施「價格統制令」，1940 年限制奢侈品的製造販賣（七七禁令）。繼砂糖、火柴的票證制之後，1941 年施行米的配給制與衣料票證制，對生活必需品的統制轉趨嚴格。

為了肆應戰時體制，資本家與勞工組織勢須重整。資本家與勞工工會亦重新改組為產業報國會。1940 年組織中央「大日本產業報國會」，其下有七萬個分會，組織人員共四百一十八萬人。農村亦有擴充產業組合的農民組織。

加強戰時體制的同時，國家財政不斷的膨脹，尤其軍費的增大，1930

年占國民所得 5% 以下的軍費，至 1940 年，已擴增到 20%。政府為了挹注鉅額歲出，相繼增稅，但仍無法跟上，遂發行巨額的赤字公債，增發日本銀行券，由是引起通貨膨脹。

## 2.經濟統制

此後，經濟統制快速的進行，生產重點置於軍需產業，進行和平產業與中小企業的整理。國內用的消費物資逐漸消失，國民消費受到限制。這是因為軍需產業及輸出品生產的獨占資本，需要以國家之力保證資金與資材，給與莫大的利潤。在此過程中，軍部的要求與獨占資本的要求妥協，兩者的結合加強。擴增軍費的來源，當仰賴增稅與鉅額的公債發行，結果必然使國民的生活貧困。

開戰後，國民生活日趨困窘。工業生產集中於軍需產業，肥料、農具的生產資材缺乏，應徵的勞力奇缺，農業生產崩潰，外來輸入米糧不順暢，糧食需求急迫。1941 年，開始強制性食糧統制（農民須分攤供米）。戰爭末期，糧食減少，甘藷、雜糧比率增加，魚、蔬菜、肉類的配給幾乎斷絕，飲食生活的窮迫極甚。衣料、燃料及各種物品只依靠配給品已無法過活，因此走私橫行。與軍部及軍需單位或官僚組織有關者所得「特典」 ㊱ 乃是公然的事實。

產業愈益加強軍需生產中心體制，加速進行民需產業的整合，而偏重軍需生產。旋即徵調市民與中學以上男女學生到軍需工廠工作（1944 年）。殖民地人民與俘虜亦在嚴苛的條件下強制性的服勞役。在此一過程中，重工業飛躍的進展，在產業結構中確立了完全的優勢，同時獨占資本高度的進行，銀行、中小企業整合，財閥得到莫大的利潤。但軍需逐漸擴大，破壞再生產的基礎，由於原料輸入中斷，占領地區掠奪品輸送困難，戰爭末期，全部生產陷入崩解的狀態。

## 3.新體制運動

為了動員國民以配合戰爭，由中日戰爭爆發後的第一次近衛內閣，

---

㊱ 因工作關係而得到的利益或優惠。

展開了舉國一致、盡忠報國、堅忍不拔等三目標的國民精神總動員運動。在全國各團體參加的原則下，意圖將戰時的強大權力支配，裝扮成國民自發自主的統合，以軍人、官僚為幹部，強制性的推行消費節約、儲蓄獎勵、義務勞動、生活改善等運動。以「鄰組」( Tonarigumi) ❸制度，相互監視個人對國策協力的忠誠度，同時設定「興亞奉公日」、推動「日之丸」便當 ❸運動，倡導「奢侈為敵人」的口號。

米內內閣末期（1940 年前後），以近衛為中心，推動新體制運動。這是為了打破政治的瓶頸，志在建立強力的舉國一致的政治體制，樹立新黨的政治運動。最早的意圖是集結足以壓抑軍部的全國性政治力量，以圖建設高度的「國防國家」，終結中日戰爭。但此案一發表，軍部與革新右翼，歡迎其為納粹式的一國一黨，政界、言論界與社會大眾黨，亦基於各自的意向而表歡迎。社會大眾黨與政友會首先宣布解散，在第二次近衛內閣成立後，民政黨亦自動解散，而成為無政黨時代。結果，於 10 月成立大政翼贊會，網羅軍部、官僚、政黨與右翼等，推舉首相為總裁、知事為都道府縣等各地方的支部長，純屬官方組織，變成與當初組成強大政治勢力的意圖迥異的型態。

這種無政黨的議會，完全被吸收到「大政翼贊會」之中，甚至成為政府的附屬品。1942 年，在東條英機內閣之下，受政府強力的支助，「推薦候選人」獲得絕對多數的席次（翼贊選舉），組成「翼贊政治會」，議會淪為御用的民意機關，對政府、軍部的提案一律贊成。

1941 年，「翼贊會」改組，內務官僚與皇道派掌握主導權，「翼贊會」淪落為只是上意下達的行政輔助機關，唯有倡導「承詔必謹、萬民翼贊」。以後此一運動，分割為「鄰組」、「町內會」、「部落會」的地域組織與「產業報國會」、「商業報國會」、「農業報國聯盟」等職業別組織，將所有國民納入各組織之中，使國家權力，滲透到國民生活的每一角落。貴族、

---

❸　街坊四鄰的居民小組。

❸　日之丸 (Hinomaru) 便當，便是米飯中配以紅色醃梅子的飯盒。

眾議兩院則加入「翼贊議員同盟」，在預算審議權、立法權大幅受限下，化為唯唯諾諾事事服從的議會。在國家統合下，經濟活動全面動員以遂行戰爭。在此一過程中，加深了軍部與獨占資本的結合。大政翼贊會的成立，意味著國防國家體制──法西斯體制的形成。

## 三、太平洋戰爭

### 1.開戰前的過程

與英法對立加深的德國，於 1938 年撤回中國軍事顧問團，承認「滿洲國」，加強與日本的合作，企圖將「日德防共協定」發展為以英法為對象的軍事同盟。

德國於 1939 年 9 月 1 日，入侵波蘭，與波蘭締有互助條約的英法於二日後向德國宣戰，爆發了第二次世界大戰。蘇聯亦在半個月後，從東方入侵波蘭，德蘇兩國瓜分波蘭。同年底到翌年，蘇聯進占芬蘭的一部分，進而合併波羅的海 (Baltic Sea) 三國。

1940 年 4 月，德軍在歐洲西部戰線勢如破竹的閃電作戰，擊敗英法聯軍。6 月，義大利亦參與德國，向英法宣戰。及至德軍征服歐洲各地，占領巴黎，法國投降，日本陸軍的態度驟變，力主趁機擴展，即使冒與英美戰爭的危險，亦擬與德國簽訂軍事同盟，出兵東南亞，將之置於日本勢力範圍內。

被視為親英美的米內內閣，在陸軍壓力下於同年 7 月垮臺，由第二次近衛內閣取代。近衛內閣任松岡洋右為外務大臣，起用東條英機為陸軍大臣，不加入大戰的方針起了一大變化，此後加強與德義的合作，打出積極進窺東南亞等南進的方針。

近衛內閣成立後不久，在內政與外交方面各有重要國策的決定。不僅通過「基本國策綱要」，提出建設「大東亞新秩序」的方針，還制定了確立國防國家體制的各項政策，並由松岡洋右提出「大東亞共榮圈」的口號。

日本既欲侵攻東南亞，預期必然引起對英美戰爭，乃決定締結三國軍事同盟（1940 年 9 月 27 日成立）。同盟條約規定，日德相互承認對方在建立歐洲新秩序和大東亞新秩序中的領導地位，規定萬一遭受沒有參加中日戰爭或歐洲戰爭的第三國攻擊時的相互援助，志在牽制美國對德日參戰，約定三國重新瓜分世界。但顧慮「德蘇互不侵犯條約」，將蘇聯剔除在外。此一條約的主要矛頭實針對美國。其目的乃在為南進作準備。

日本為了取得石油及其他資源，進行武力進占東南亞的準備。當時美國在歐洲成為同盟國的武器供應國，在亞洲則取代英法荷，盡力阻止日本的擴張，於 1940 年 9 月，實施對日鋼鐵和廢鐵的禁運。但為避免與日本發生公開的爭鬥，執行有克制的抑制政策。

日本利用英法荷對德國作戰處於劣勢的機會，開始進駐法屬中南半島北部。對於荷屬印尼，則趁荷蘭戰敗之機，迫使其提供戰略物資，進而要求把資源豐富的地區劃為其勢力範圍，但被拒絕。1941 年 9 月，日荷談判破裂。

## 2.日美交涉

日本一連串的南進政策，引起英美等國的不安。美國於 1941 年 3 月，通過「武器租借法案」，並限制航空石油輸日，以牽制日本的南進。

日本軍部雖態度強硬，但自知為了取得東南亞的資源，尚無以武力與英美對抗的把握，於是支持先行試探、緩和與美國的關係之議。此際歐洲戰線陷於膠著，對德國早期所抱持壓倒性勝利的期待開始動搖，唯恐武力南進必然引起對美戰爭的顧慮，因而有專注於對華戰爭與對蘇戰爭的準備，願意以和平交涉避免對美戰爭的氣氛。同年 4 月，駐美日使野村吉三郎與美國國務卿赫爾 (Cordell Hull) 在華盛頓進行交涉，達成初步的「日美諒解案」，並安排近衛首相與羅斯福總統會談，以謀徹底解決。但遭受甫締「日蘇中立條約」❸❾返國的外相松岡洋右反對而觸礁。

---

❸❾　4 月中旬在莫斯科簽訂的「日蘇中立條約」規定互不侵犯領土，締約國一方遭受第三國進攻時，另一方保持中立。雙方聲明，相互尊重滿洲國和蒙古人民共

第三次近衛內閣一面罷黜主張對美戰爭的外相松岡❹，以緩和日美關係，一面卻進駐中南半島南部，使美國的態度轉趨強硬。英美兩國立即凍結其轄內日本人的資產，英國則廢除日本與英國、印度、緬甸間所締結的條約，荷屬東印度群島亦廢除與日本之間的石油協定，凍結日本人的資產。

同年 8 月，美國總統羅斯福與英國首相邱吉爾 (Sir Winston Churchill)，在大西洋上發表「大西洋憲章」，嚴厲批判軸心國的侵略行為，宣稱現在的戰爭是民主主義對法西斯主義的防衛戰爭，日本與英美的關係日趨惡化。

軍部堅主打開美英中荷 (ABCD)❹包圍網，唯有戰爭始能脫離困境，遂於 9 月的御前會議決定，在 10 月之前日美交涉如無法達成妥協時，即向英美荷開戰。但日美交涉由於主張全面從中國撤兵的美國，與堅持反對態度的日本之間無法達成協議❹，近衛首相遂以無法壓抑陸軍的開戰論而提出辭呈，改由東條英機組閣。

### 3. 日美開戰

在東條組閣之際奉命重新檢討 9 月 6 日的決定（天皇意旨），結果政府與軍部最高首腦所召開的大本營、政府連絡會議（11 月初），決定同時進行開戰準備與對美交涉的方針，但重申前議(11 月 5 日御前會議決議)，12 月 1 日以前如未妥協，即決定孤注一擲，向英美開戰。

美國亦覺悟到日本繼續進窺南洋，戰爭已不可免，於 11 月下旬，向日本提出日軍從中國、越南全面撤軍、三國同盟空洞化、否定國民政府

---

和國的領土完整。日本簽訂此一條約的主要目的乃在解除南進的後顧之憂。

❹ 1939 年美國發出日美通商航海條約廢除的通告以後，日美兩國關係日益惡化。為了解決雙方的紛爭，1940 年日美民間人士開始接觸，1941 年繼續非正式的會談，4 月遂有正式的外交交涉。

❹ 指的是美國 (America)、英國 (British)、中國 (China)、荷蘭 (Dutch) 四國。

❹ 美國於 11 月底要求恢復到滿洲事變以前的狀態，交涉陷於膠著。

（重慶政府）以外政權等要求（「赫爾備忘錄」，Hull Note）。這無異是全面否定自滿洲事變以來日本的對外政策，為美國對日提案之中態度最強硬的一次。視「赫爾備忘錄」為美國最後通牒的日本，於12月1日的御前會議，決定對英美開戰❸。

12月8日清晨，日本海軍戰鬥機，偷襲夏威夷群島的美國太平洋艦隊基地珍珠港❹，陸軍登陸馬來西亞半島，陸海航空隊轟炸菲律賓的美國空軍基地，同時發布宣戰，英美荷立即呼應，太平洋戰爭❺於焉開始。9日美英對日宣戰，12日德義對美宣戰。

此後半年內日軍先後占領香港、新加坡、菲律賓、馬來西亞半島、荷屬東印度群島（印尼）、緬甸等東南亞全域。

日本稱此戰爭為「大東亞戰爭」（包含「支那事變」），標榜從歐美勢力解放亞洲各民族，以建設亞洲人共存共榮的「大東亞共榮圈」。至1942年5月，實現開戰前統帥部所定南洋第一階段作戰計劃。政府與軍部擬定計劃，以確保這些占領地域，取得東南亞的資源，創造自給自足的體制，以備長期作戰。

### 4.敗　戰

軍部超過當初預定的計劃，擴大戰線到東南亞的新幾內亞 (New Guinea)、所羅門群島 (Solomon Is.)，西方的中途島 (Midway Is.)，以及北方的亞留申群島 (Aleutian Is.)，超乎航空與海上補給極限的作戰，戰局逐漸轉為不利。

---

❸ 天皇對海軍實力頗感不安，嗣得海軍大臣與海軍軍令部長的保證，即於12月1日的御前會議正式決定對英美開戰。

❹ 美國探悉日軍可能攻擊菲律賓、泰國、馬來西亞等地，但未料到珍珠港才是偷襲的目標。在毫無戒備情況下，遭到毀滅性的打擊，人員與軍備的損失極為慘重。

❺ 開戰後，日本決定戰爭的名稱為「大東亞戰爭」，直到終戰前，一直沿用。戰後美國慣稱的「太平洋戰爭」似已成定論，但亦有「亞洲太平洋戰爭」的稱法。

1942 年春，美國首次轟炸東京、橫濱等地，不久發生珊瑚島海戰。日本海軍初嘗敗績。及至中途島海戰慘敗，戰局急轉直下。此後，日本完全喪失了制海權與制空權，更無進攻作戰的能力。翌年 2 月加達爾加納 (Guadacanal Is.) 敗戰，5 月阿茲島 (Attu Is.) 敗戰，日軍在太平洋上節節敗退。

歐洲方面，德國在史達林格勒 (Stalingrad) 敗退，1943 年 9 月，義大利投降，軸心國的敗象畢露。1944 年 6 月，美國占領塞班島 (Saipan Is.)，空中堡壘轟炸機 (B-29) 展開大規模的日本本土轟炸，軍部仍誓死呼號「本土決戰」。

此後戰況更為惡化，軍需物資不足，陸海軍對立加劇，統治階層之中興起了反東條之風。及至塞班島失陷，東條辭職，小磯國昭、米內光政繼組內閣，但仍無法打破戰局的劣勢，海上封鎖與空襲所引起的經濟蕭條、國民生活的貧困日益嚴重，重臣開始進行和談的試探。

1945 年 2 月，日本出動「神風特攻隊」，作最後的掙扎，但已潰不成軍，菲律賓已被美軍克復。3 月，硫磺島被美軍占領。4 月美軍登陸沖繩本島，經過激戰之後，日軍全滅（6 月），為美軍所占領。日本的大門洞開，日本帝國已岌岌可危。

1945 年 4 月成立鈴木貫太郎內閣。由於 5 月初倚恃最深的德國無條件投降，日本更處於孤立的窘境。軍部雖仍作困獸之鬥，堅主「本土決戰」、「一億玉碎」，但多數重臣已明確主張「和平談判」，天皇亦重申早日結束戰爭的願望。

日本的軍事力量全被摧毀，艦隊幾已蕩然無存，飛機大多折損，兵力耗損，本土作戰的戰鬥力甚弱。尤其資源短缺，軍需供應難以為繼。制空權、制海權被美軍操持下，日本對外交通完全被斷絕，糧食與石油等資源無法輸入，軍需物資奇缺，軍需工業和交通設施遭到嚴重毀壞，所有生產幾近崩潰狀態。

6 至 7 月間，日本政府期待蘇聯的斡旋，但蘇聯對調停一事態度冷淡。

7月下旬，英美中發表「波茨坦宣言」❹，敦促日本無條件投降，提出戰後日本必須實現民主化和非軍國主義化的要求與原則。在軍部的壓力下，日本政府堅拒「宣言」的勸誘，仍高倡本土決戰，有繼續奮戰到底的決心。

　　8月6日，美國在廣島投下第一顆原子彈❹，使日本統治者大受衝擊。日本一直對蘇聯的調停抱持幻想，蘇聯卻乘機對日參戰（8日）。9日，長崎遭受第二顆原子彈的轟炸❹，日本終於 10 日決定接受「波茨坦宣言」。14日發布天皇的「終戰詔書」，15日天皇親自向全國廣播，宣布投降（玉音放送）。

　　自8月下旬起，同盟軍進駐日本。9月2日，在東京灣的美國旗艦密蘇里號 (Missouri) 上，簽訂投降文書❹。造成世界莫大災害❺的第二次世界大戰至此結束。

---

❹　「波茨坦宣言」(Declaration of Portsdam) 是 1945 年 7 月底，英美蘇三國在柏林郊外波茨坦達成協議，對日提出講和條件，要求投降。最高戰爭指導會議（為了國務與統帥一體化，於 1944 年 8 月所成立，取代大本營・政府連絡會議）就是否接受「波茨坦宣言」形成繼續主戰的陸相阿南惟幾、參謀總長梅津美次郎、軍令部總長豐田副武與主張接受的首相鈴木貫太郎、外相東鄉茂德、海相米內光政之間僵持的局面，經過 8 月 10 日、14 日兩度御前會議，最後由昭和天皇裁決的不尋常形式，決定接受。

❹　廣島的居民二十四萬人，遇難者超過二十萬人（死亡、失蹤者十四萬多人）。

❹　長崎死亡人數約八萬人，大部分屬於女性、孩童等非戰鬥人員（有謂十二萬人）。

❹　東久邇宮稔彥內閣外務大臣重光葵與陸軍參謀總長梅津美治郎代表日本政府，到密蘇里號軍艦（停泊在橫濱），與聯合國代表簽訂投降書。

❺　二次大戰的損害，據初步推估，戰死者約二千二百萬人，傷者三千四百萬人。日本的損害，軍人與軍屬死亡（包含行蹤不明）一百八十六萬人，一般國民的死亡六十六萬人，毀壞的家屋約二百三十六萬戶，災民約八百七十五萬人。

投擲長崎上空的原子彈

# 第五篇　現　代

## 第十七章　占領下的日本

### 第一節　占領體制下的改革

#### 一、美國的占領與非武裝化

日本接受「波茨坦宣言」，向盟軍投降。結果，自 1945 年 9 月 2 日簽署降書，至 1952 年 4 月 28 日和約生效為止約六年半，處於盟軍總部（General Headquarter of the Supreme Commander for the Allied Powers, 簡稱 GHQ, SCAP）間接統治之下。

盟軍總部正式成立於 1945 年 8 月底美軍進駐日本一個月後的 10 月初。美國任命太平洋陸軍總司令官麥克阿瑟（麥帥，Douglas MacArthur）為盟軍最高司令官，統馭盟軍總部。

同盟國決定占領政策的最高機關是遠東委員會 (Far Eastern Commission)❶，最高司令官的諮詢機關是「盟國對日理事會」(Allied Council for Japan)❷。這一占領機構，形式上由英、蘇、法、荷、中等國參加，實質

---

❶　由英美蘇中荷加澳紐菲印度等十一國代表所組成，委員會機構設於華盛頓（其後加上緬甸、巴基斯坦，共有十三國）。

❷　由美蘇中三國代表各一名，及英澳紐印度等大英國協推出一名代表組成，理事

上幾乎都是美國及盟軍總部 (GHQ) 決定占領政策。

依據「波茨坦宣言」，日本領土應由盟軍軍事占領❸，日本的主權限於四個島嶼與同盟國所定諸小島的範圍內。同盟國不直接施行軍政，而是君臨日本天皇和政府之上，施行間接統治方式❹。

日本政府於 1949 年 9 月中旬，發布緊急勅令，明示日本國民，盟軍總部的指令「具有法律效力」，需確實的執行，日本政府成為秉承盟軍總部旨意的執行機構，這就是美國統治日本的占領體制。美國政府於 9 月下旬頒布「對日方針」，11 月發表對日「基本指令」，詳列軍事占領的基本目的、行政改組、軍事與經濟的非軍事化等具體的政策方針❺。

初期的占領政策以非軍事化與民主化為二個基本方針。首先實行軍隊的武裝解除，軍事機構的廢止❻，續又逮捕東條英機、荒木貞夫等一百零八名戰犯嫌疑者。此後相繼發出逮捕戰犯的指令❼，驅逐軍國主義領導者，解散右翼團體、神道非國教化等指令。

民主化方面，則釋放全部政治犯，廢止思想警察，廢除「治安維持

---

會設於華盛頓。此一諮詢機關除了農地改革等問題之外，沒有發揮任何功能。

❸ 當時中國忙於內戰，英國精疲力竭，無意亦無力占領日本，只有蘇聯有意占據北海道北半部，為美國所拒絕，但蘇聯卻搶先於 8 月中旬登陸庫頁島，旋又占領日本固有領土——北方四島。

❹ 間接統治指的是與直接軍政的反義詞，亦即盟軍總部所企劃、立案的政策，以「覺書」、「口述」等形式作成命令，由日本政府執行的統治方式。

❺ 占領期間盟軍總部所執行的各項改革構想的基本，均明記於中。

❻ 10 月中旬，透過天皇和東久邇宮內閣，解除本土三百三十六萬、海外三百七十五萬日軍的武裝。同時廢除大本營、陸軍省、海軍省、軍需省、大東亞省、陸軍參謀本部、海軍軍令部等軍事機構。

❼ 自 9 月至 12 月，分批逮捕東條英機、荒木貞夫、小磯國昭等甲級戰犯。自 1946 年 5 月開始東京國際軍事審判，經過二年半的審判，於 1948 年 11 月，判東條英機、土肥原賢二、板垣征四郎等七名戰犯死刑。其餘分別判處無期徒刑或有期徒刑。

法」等一連串的法律，尊重市民權與宗教的自由、獎勵工會的結成。這些占領政策的實施，給與日本舊統治勢力很大的打擊，引起社會的劇變。

投降後成立的東久邇宮稔彥親王內閣，順利完成數百萬人的復員工作，簽訂降書，但因其一直想維持舊的政治秩序，而被迫辭職❽，改由戰前政黨內閣時期，採行穩健外交政策而聞名的幣原喜重郎組閣（10月初旬）。幣原內閣一直到翌年 5 月下臺之前，實行「五大改革指令」❾，褫奪支持參與戰爭人員的公職❿、通過盟軍總部擬定的憲法草案、遠東國際戰犯審判的設置等，在推行日本民主化改革方面，著有成績。

1946 年元旦，裕仁天皇在盟軍總部的勸告下，發表了否認把天皇當作「現御神」(Akitumikami)，視日本民族為高於其他民族，進而有統治全世界使命概念的「人間宣言」（詔書）。日本民族遂得以從「天皇神格」的桎梏中解脫出來，恢復到「人本主義」的真實世界中，不啻為思想上一次破天荒的解放。

## 二、經濟改革

### 1.財閥的解體

占領初期施行經濟民主化改革，以財閥解體、農地改革、工會的結成為三大主軸。其所以採取否定所有權的嚴峻方式解散財閥，乃是基於

❽　東久邇宮皇族內閣完成外地軍隊的解除武裝、投降文書的簽訂等工作，但為了戰犯的逮捕、處罰方針，與盟軍總部發生對立，且不願意接受盟軍總部所交代執行撤銷政治的、宗教自由的限制指令而總辭。

❾　所謂五大改革指令，乃是憲法的自由主義化與解放婦女、扶持勞動組合(工會)、教育制度的自由主義化、廢除專制政治、促進經濟的民主化等。

❿　盟軍總部於 1946 年 1 月，在事前未知會日本政府，即發表「褫奪公職令」。將戰爭犯罪嫌犯、陸海軍軍人、超國家主義者、大政翼贊會等政治領導者、軍國主義者列為「不受歡迎人物」，下令褫奪其公職，直到 1948 年 5 月為止，以舊軍人為主,有二十一萬人被褫奪公職。連幣原內閣閣員之中亦有五人列入其中，因而不得不改組內閣。

麥帥與天皇合影
（《天皇裕仁》頁 80）

「波茨坦宣言」中「永久廢除軍國主義」的基本原則，並依據美國占領
政策主要目標之一「經濟非軍事化」的方針。民主化改革的目的，著重
於解除戰前日本資本主義不當的強大國際競爭力。

　　戰前日本的財閥是日本資本主義經濟制度的最大特徵，蓋其具有少
數特定家族強烈結合所支配的大企業，帶有濃厚的封建色彩，且為支撐
軍國主義法西斯的經濟基礎，在日本經濟資本、生產方面具有操控獨占
性。

　　盟軍總部內部雖有基於對蘇戰略的考量，反對過分削弱日本經濟力

量的主張，但傳統上傾向反獨占輿論的美國，以及被日本帝國主義挑戰所苦的英國，則強烈主張解散財閥。戰後所發表「美國初期的對日方針」，即有解散財閥之議。因此於 1945 年 11 月，指令凍結三井、三菱、住友、安井等四大財閥的資產，旋即收買八十三個特殊公司五十三人財閥家族持有的特殊股票，並禁止其兼任董監事，續又整肅一千八百名財界領導人。

為了防止財閥的復活，於 1947 年 4 月，公布「獨占禁止法」、「過度經濟力集中排除法」，防止資本的過度集中，禁止獨占性交易❶，為經濟民主化奠基。

日本政府致力延緩「指令」的實施，蓋資本主義本身已達獨占階段，財閥的解散自有其極限，其後由於內外情勢的變化，財閥再度復活。

解散財閥政策雖因時局的變化而無法徹底執行，但畢竟打破了財閥家族壟斷半封建的經濟封鎖型態。以解散財閥為轉機，日本社會的經濟基礎，發生了顯著的變化。

## 2.土地改革

戰前，日本農地約有一半屬於佃耕地，農民約有七成是佃農或自耕農。盟軍總部以為細分化的佃耕地，與高額的佃租乃是驅使戰前日本對外侵略的主因，但「波茨坦宣言」與「初期對日方針」之中，卻沒有土地改革的構想。戰後，由於戰爭對農業的破壞甚鉅，加上 1945 年的自然災害，糧食生產大減，缺糧甚為嚴重，餓死者與日俱增。翌年 5 月，有二十五萬農民聚集於東京，反對地主廢佃的爭議日益激烈，解決土地問題遂成為占領當局與日本朝野的共同要求。

日本政府為了壓抑農民運動，確保糧食供應，提出第一次「土地改革綱要」，但受到在國會占優勢的保守派議員的掣肘而無進展，盟軍總部遂於 1945 年 12 月，發出「土地改革指令」，責成日本政府推行土地改革。

---

❶　此一法規由國際觀之，屬於最嚴苛的一種，不僅禁止結成托辣斯或卡特爾，甚至禁止法人為其他法人的股東。

翌年2月，幣原內閣擬定「農地調整修正案」，訂定地主只能保留四町步租地，超過的買賣則須當事者間或農會斡旋下始能辦理，對大地主與寄生地主給與打擊，但這種以非寄生地主為中心的農村支配體制殘存的改革案並不徹底。

依據盟軍總部指令的第二次農地改革，寄生地主的全部出租地與在村地主只許保留一町步❶之外，悉數由政府收購，廉價出售給佃農，殘存的佃耕地地租，亦調降租率並改為用錢繳納，以保護耕作權。但山林的解放則未提及，山林大地主仍然殘存。由於此次改革，大多數的地主喪失其經濟、社會的地位，而農家則八成以上成為自耕農或自耕佃農❸，農民的生活大為改善。

土地改革主要乃在從戰前、戰後資本主義與農業本身的危機所造成的農村貧困，及相隨而來的不穩定，保護農村，意圖製造自耕農中心的農村。賦與農民所有地的結果，促進了農民的小中產階級化，提昇經營意願的農家經濟商品經濟化。但亦因此平息了激進的農民運動，農民成為保守的一群。

此一改革因其未伴隨生產樣式變革的小農維持政策，無法大幅增進農業生產力，且因獨占資本直接統制的強化與過剩人口的壓力，導致兼業農家激增，農業本身的矛盾加深。以地主為中心的農村支配體制，被中、富農出身的町村長、農協（農業協同組合）幹部等取代，成為國家獨占資本代理人統制的體制。

無論如何，土地改革在廢除地主土地所有制上具有重大的意義。不僅袪除了半封建的土地所有制，且有助於提高農業收入，擴大國內市場，激發農家生產的積極性，促進了土地改良，擴大了農業投資。尤其確立了無償取得土地的農民土地私有制，使政府無權任意予以剝奪。

---

❶　北海道為四町步。一町步約為〇・九九公頃。

❸　此次改革，使自耕地從1941年的三百十二萬多町步，驟增至1950年年底的五百五十一萬町步，總耕地的88%變成自耕地。

### 3.經濟復興政策

　　戰後的經濟情勢極為嚴重。普遍性的物資缺乏，為了軍需產業與銀行的救濟，政府所發行的日本銀行券遽增，引起物價暴漲。政府乃於 1946年 2 月，公布「金融緊急措施令」，凍結存款，在嚴格條件下認定與新銀行券的兌換，但貨幣的緊縮只是短期，生產仍然陷於停頓。

　　石橋湛山於 1946 年任吉田內閣藏相，力主大膽投入資金，以刺激生產，乃於翌年 1 月，創設國立銀行「復興金融金庫」，供應大量資金給重要的產業（煤炭、電力、海運）。「復興金融金庫」對工業設備的復興發揮了相當大的作用。旋由片山內閣推行資材與資金集中於鋼鐵、煤炭等重要產業部門的「傾斜生產方式」❹，著重「復興金融金庫」的融資與補助款，以壓抑工資的措施。這種生產方式果然奏效，煤炭與鋼材的產量均有顯著的增加，機械工業亦因而轉危為安，戰後日本經濟之起死回生，厥功甚偉。

## 第二節　民主化與重建

## 一、民主化國家體制的確立

　　在推動民主化過程中，政黨相繼恢復或誕生。1945 年 10 月至年底，日本共產黨以合法政黨活動，統合無產政黨成立了日本社會黨。此外又有舊政友會系的舊民政黨系的日本進步黨。同時有倡說勞資協調的日本協同黨。

　　1945 年 11 月初，成立以鳩山一郎為中心的舊政友會為核心的日本自由黨。旋又有大政翼贊會所屬議員為中心，成立日本進步黨。在民主化風潮之中，最早公然活動的日本社會黨，尤其是共產黨，以工會勢力的

---

❹　所謂「傾斜生產方式」乃是集中增產煤炭，並將生產的煤炭重點用於增產鋼鐵，增產的鋼鐵、鋼材再轉向增產煤炭。首先實現煤炭和鋼鐵的良性循環，進而再把成果分階段投入其他產業部門，以促成國民經濟的恢復。

伸張為背景而擴大勢力。

根據同年年底公布的新選舉法，滿二十歲以上的男女，均享有選舉權。翌年 (1946) 4 月，舉辦戰後首次選舉，婦女首次參與投票，選出女性民意代表三十九名。結果革新勢力❶ 頗有斬獲，但保守勢力仍居優勢。

選後幣原內閣仍然企圖留任，其他黨派則組織倒閣共同委員會，舉辦打倒內閣大會，舉行示威，幣原內閣終於 4 月 21 日總辭。此次大選革新勢力大為伸張，當選議員數超過一百名，議會外要求樹立民主政府的呼聲，使意圖維持舊體制的保守政黨喪失當政的自信。直到 5 月 22 日，成立自由、進步聯合政權的吉田內閣之前，產生憲政史上空前長期的政治空窗期。

分成政友會、民政黨與官僚等派系相互競爭的保守派，因應革新勢力的擴張，結成共同戰線。但革新勢力卻急於相互批評，無法達成民主戰線的統一，喪失政治整合的良好機會，無法凝聚國民的共識。

1947 年 4 月的大選，保守勢力的優勢並未動搖，但社會黨成為兩院第一大黨，社會、自由、民主、國協四黨，達成政策協定，推舉片山哲為首相，組成四黨聯合內閣。

此際重要的經濟政策是新物價體系的設定，即將物價定為戰前的六十五倍，工資為二十七倍。反之，對煤炭、鐵等獨占資本則給與優厚的保護。為此，勞工運動再起，翌年 2 月，片山內閣下臺，三黨聯合的蘆田內閣成立。

蘆田內閣的基本政策乃在經濟的安定，財政的改善，由是專注於鋼鐵業，引進外資以促進日本經濟對美從屬化與軍事化。同時致力復興獨占資本，施行增稅、鐵路運費、郵費的調漲，壓迫民眾的生活。蘆田內閣由於昭和電工弊案❶，暴露其政治的腐敗，於 10 月垮臺。

---

❶ 長期執政的保守派政權，統稱為保守派，社會黨等反對派則稱為革新勢力。

❶ 製造化學肥料的大企業昭和電工，賄賂政界，接受「復興金融金庫」三十億圓的融資，牽涉甚廣，發展為「昭電弊案」，導致內閣垮臺。

## 二、勞動改革

根據「五大改革」的精神，由政界、學者、勞資等各方人士組成勞動法制審議委員會，於 1945 年年底公布「勞動組合法」，賦與工人組織工會之權。

戰後的社會經濟極為混亂，其間尤以糧食危機最為嚴重。通貨膨脹所造成消費物資之不足與漲價，國民生活非常貧困，普遍發生營養失調，甚至有餓死者。長年被強制屈從於國家權力的民眾，至此始能看清壓抑自己的舊體制崩潰的真實，快速的激進化。勞工工會、農民組合的結成與重建有顯著的進展，1946 年 6 月底，工會數共有一萬二千六百個之多，工會會員超過三百六十萬人。所有產業部門均以工會為中心，掀起反對裁員、爭取民主化的運動。

此一時期的勞工運動，分裂成「日本勞動組合同盟」、「全日本產業別勞動組合會議」（產別會議）左右兩派爭奪領導權。在急劇的變革期與經濟危機激化之中，運動主導權多歸「產別會議」與共產黨所掌握。1946年 1 月至 9 月，發生「國鐵」（國營鐵路）與日本海員工會的勞資糾紛。

翌年 2 月 1 日，計劃二百六十萬人大罷工，揭示打倒吉田內閣的政治要求。但此一計劃卻於舉辦前夕，在盟軍總部的禁令下被迫取消。此後，盟軍總部放棄初期對勞工運動不干涉與扶持的政策，改採介入與彈壓政策，勞工運動遂迎接新的局面。

# 第十八章　冷戰體制下的日本

## 第一節　美國對日政策的轉變

戰後美國的對日政策，以 1948 年 10 月為界，從原有訂定和平憲法、解散財閥、農業改革及褫奪公職等民主化政策，一變而為復興日本經濟，扶持日本成為美國對蘇冷戰的東亞堡壘❶的政策。尤其 1948 年 10 月成立的第二次吉田內閣，採取對美協調與經濟復興的政策，正符合美國的需求。

為了彌補戰後人才之不足，美國解除「褫奪公職」的禁令，使多數被褫奪公職的保守派政治家紛紛回到政界，大大的改變了保守陣營的權力結構。

對日經濟政策改變的具體化，乃是 1948 年 12 月所提「穩定日本經濟九原則」❷，其目的乃在逐步委讓盟軍的權限於日本政府，扶植日本作為友好國，進而對日提供經濟復興援助。為了確實付諸實行，於 1949 年 2 月，派遣道奇 (Joseph Morrell Dodge) 赴日推行財經改革（「道奇法案」❸），以達成緊縮財政，壓抑通貨膨脹，促進日本經濟的復興與國際

---

❶ 美國「國家安全保障委員會」於此際已私密通過「美國對日政策有關之勸告」。正值蘆田內閣垮臺，第二次吉田內閣成立之時。其內容是逐漸將盟軍總部的權限委諸於日本政府，扶植日本為友好國，並盡量排除經濟復興的限制，加速其復興。

❷ 經濟九原則，指的是：1.嚴格壓縮財政經費，平衡財政預算，2.加強徵稅，3.嚴格限制金融機關貸款，4.穩定工資，5.加強物價統制，6.改善對外貿易管理方法，加強外匯管理，7.振興出口，8.促進國產原料及工業品的生產，9.提高糧食的徵購效率。

經濟結合的目標。

同年 5 月，實施蕭普 (Carl Summer Shoup) 的稅制改革。此一改革一方減低高額所得者與法人稅賦，另一方卻為了填補其減稅部分，加強徵收地方稅與所得稅。其目的乃在從稅制面促進資本的累積。

1949 年後半起，因道奇法案的實施，通貨膨脹大體已解決，糧食狀態好轉，生產上了軌道，因此得以從統制經濟中解放，但緊縮銀根卻造成「穩定恐慌」，導致中小企業的倒閉，失業者增加，勞工爭議頻起。1949 年竟成為戰後史上社會最暗淡的一年。

## 第二節　韓戰與日本經濟的起飛

朝鮮半島於戰後脫離日本的統治，以北緯三十八度線為界，南部歸美國管理，北部歸蘇聯統制。美蘇兩軍撤退以後，南韓建立大韓民國，北韓則樹立了共產政權（朝鮮民主主義人民共和國），從此成為南北韓分裂的局面。

1950 年 6 月 25 日，北韓軍隊向南韓（大韓民國）發動全面性攻擊，爆發了「韓戰」。韓戰不僅使朝鮮半島以北緯三十八度線為界的南北韓陷於長期的分裂，更使第二次世界大戰後的東亞局勢發生結構性的變化。

朝鮮半島風雲突變，並快速的擴展為「熱戰」，這是美蘇兩強激烈「冷戰」的必然結果。韓戰使美國根本改變了對日戰略，由抑制改為扶植，日本當前的經濟不景氣亦因韓戰而完全解消。

韓戰爆發後，美國立即在聯合國安理會緊急會議提出控訴，通過決議譴責北韓為破壞和平的侵略者，決定由聯合國給與軍事制裁。於是設置聯軍司令部，同時給與南韓強力的軍事援助。派兵國雖多達十六國，大部分卻是美軍。11 月，中共以本國的防衛為由，出兵（人民義勇軍）參戰。

---

❸ 其內容主要是財政的均衡，徵稅的加強，融資的限制，工資的安定，價格的統制，貿易、外匯的管理，輸出貿易的振興，生產的增強，糧食供出的促進等。

　　韓戰爆發，對日本產生遽變。美軍總司令部設置在東京，日本成為美國海空軍出擊與陸軍轉運補給的軍事基地。日本的產業，與美軍的「特需」❹結合，強化其為軍需工廠承包的角色。日本經濟捲入戰爭景氣，消弭了道奇法案以來的不景氣。

　　日本藉韓戰後東西對立的國際局勢而改變了國際政治地位，且由於美軍龐大的「特需」，使日本經濟於短期內復甦。總體經濟結構發生重大的變化，尤其促使其國際收支達到平衡。且因 50 年代擴充軍備形成風潮，使日本占了優勢，更由於東南亞國家購買力增強，擴大了日本的輸出。

　　由於輸出增加的刺激和外匯的累積，進口生產財的成本降低，重工業遂得以快速成長❺。全國工業生產總額，在 1955 年超越了戰前的最高水準，並在 1957 年達到戰前最高水準的兩倍，日本經濟從此開始加速成長。

　　舊有的軍需工業，亦在此一背景之下逐漸復甦。韓戰爆發初期，美軍即向日本的工廠訂購大批的武器裝備。「美日相互防衛援助協定」（MSA協定）簽訂後，美國再利用一部分販賣剩餘小麥所得的資金，提供日本投資武器設備的生產。「安保條約」簽訂後，美軍的長期駐紮和日本自衛隊的建立，亦擴大了軍火工業的市場。1952 年夏至 1953 年夏，分別公布了「飛機製造法」和「武器製造法」，逐漸由接收美國的舊武器進而擁有自製武器的能力。從 1950–1957 年，日本企業所接受的武器訂單高達八億四千萬美元，使日本成為名副其實的軍需工廠，日本的重工業因此打下了穩固的基礎。

　　由於韓戰「特需」，日本的經濟脫離了戰後重建的階段。日本政府在

---

❹　韓戰時期，美軍在日本的軍需物資訂貨，稱之為「特需」。1950–1955 年，「特需」共計達十六億一千餘萬美元。

❺　1951 年，生產力增加了 46%，且大多數集中於生產財部門。1951 年的第一次鋼鐵合理化計劃與 1952 年的電源開發五年計劃，讓大企業完成設備的汰舊換新，建立其後高度成長的基礎。

1956 年發表《經濟白皮書》，正式宣告邁入安定成長期，日本的政治體制亦因而獲得鞏固。在東西冷戰的局勢中，日本加入西方陣營。新的政治經濟形勢，促使日本早日實現了媾和，走上了獨立之路。

## 第三節　「舊金山和約」體制與「日美安保條約」

以韓戰為契機，冷戰的激化，美國痛感有與日本之間早期媾和，使日本成為自由主義一員的必要。於是開始構思多數媾和、媾和後美軍的駐留、日本的重整軍備等問題。

吉田首相向美國傳達日本對媾和的態度，堅持早期締約、全面媾和為前提的多數媾和，拒絕重整軍備等方針，但可暗中承認美軍繼續駐留為條件。至於日本國民則以全面媾和論為主流❻。

1951 年 1 月，美國國務院顧問杜勒斯 (John Foster Dulles) 提出「對日媾和七原則」，雖遭到蘇聯、印度等國的反對，但美國仍決定孤注一擲。在美蘇對立的格局下，對日媾和，美蘇之間既無法取得一致，美國遂強行片面媾和。

同年 9 月 8 日，在舊金山簽訂了「對日媾和條約」（「舊金山和約」）❼。與此同時，日美之間締結了「日美安全保障條約」（「安保條約」）❽。翌

---

❻　東大總長（校長）南原繁於 1949 年赴美，講述全面媾和論。吉田首相指斥其為「曲學阿世之徒」，而遭受輿論的抨擊。社會黨主張全面媾和、永世中立、反對提供軍事基地的和平三原則，「總評」則提出含有反對重整軍備的和平四原則。和平問題懇談會亦發表全面媾和的聲明。

❼　媾和條約的簽署國除日本之外，共有四十八國。中國因代表政權問題，英美之間意見不一而未被邀請，印度、緬甸、南斯拉夫三國雖被邀請而不參加，蘇聯、波蘭與捷克三國參加卻不簽署，因此不能稱為全面媾和。

❽　訂定在外國教唆、干涉而引起內亂、騷擾的鎮壓以及遠東發生國際和平與安全必要時，駐留美軍得以出動。美軍在日本的配備，委由「日美行政協定」決定，在廣泛範圍內具體的訂定日本對駐留美軍的協力義務，以及含有日本軍事基地化的內容。

(1952) 年 4 月 28 日生效，六年半的占領統治至此結束，日本重新獲得了
政治獨立的國家地位。

　　和約在領土方面決定朝鮮獨立，放棄臺灣、澎湖群島、千島群島、
南庫頁島的主權。琉球與小笠原群島，則置於美國單獨施政的聯合國委
任統治下。美國據此，繼續對這些地域取得設置軍事基地的權利。至於
安全保障，則依據「聯合國憲章」享有個別或集團自衛的權利，有權締
訂集團的安全保障條約，顯示美國促使日本重整軍備，加入相互援助體
制的意圖。

　　和約生效之日（1952 年 4 月 28 日），日本在二個中國之間選擇臺灣
蔣介石政權，與之簽訂「日華和約」 ❾。同年亦與印度簽署和約。

　　和約的成立，表示占領體制正式結束。但「安保條約」與「行政協
定」，使日本居美國的從屬地位，成為亞洲反共陣營的一員。

# 第四節　彈壓體制與重整軍備

## 一、彈壓體制

　　韓戰後，美國放棄促使日本非軍事化的政策，轉而明示重整軍備的
方針。為了填補日本國內治安的空白，盟軍總部於聯軍出兵朝鮮的 1950
年 7 月，依據「波茨坦宣言」政令，命令日本政府創設七萬五千人警察
預備隊與海上保安隊八千人的措施。雖名義上為警察機關，並不牴觸憲
法第九條禁止軍備的規定，但事實上卻是軍隊，顯然是重整軍備的第一
步。預備隊的實權掌握在美國軍事顧問團手裏，裝備亦由美軍供應。美
國將日本的軍事力，界定為美國反共軍事體制的一環。

　　此後，對共產黨的彈壓轉趨嚴苛。韓戰爆發前夕，麥帥認定共產主
義者危害日本民主制度，指令褫奪共產黨中央委員會全體的公職，續又

---

❾　雙方在「舊金山和約」生效之前簽訂「日華和約」（1952 年 4 月 28 日），但有
　　關「臺灣主權未定論」的爭議則未解決。

驅逐日共機關報《赤旗》編輯部的幹部。韓戰開戰翌日,《赤旗》雜誌被停刊,被驅逐的共產黨幹部乃從事地下活動,甚多因觸犯團體等規制令而被逮捕。8月,發出解散「全國勞動組合連絡協議會」(「全勞聯」)的指令。接著新聞、傳播媒體的報導部門、政府機關、重要產業部門的共產黨員與激進分子一萬二千名全被褫奪公職,強行推動「獵赤」(Red parge)方案,法院亦以其為優先於憲法及國內法的占領軍命令,判被驅逐者敗訴。與這一連串措施成對照的是,同年10月施行對軍國主義領導者驅逐令的解除,藉以增強收編保守勢力作為反共的防波堤。

　　「舊金山和約」簽訂後,確定作為亞洲反共陣營地位的吉田內閣,在國內政策亦沿襲占領軍政策,施行革新運動的彈壓與促進重整軍備的方針。和約簽訂後彈壓體制的法規是「破壞活動防止法」(「破防法」)。這是依據當局對破壞活動、教唆、煽動等的認定而彈壓民眾,壓抑言論、集會、結社自由的立法,因而引起勞工、各界知識分子、學生、市民的抗議。在此一情勢之中所舉辦五一勞動節,提出反對軍事基地化、殖民地化以及阻止惡法的訴求。此後,以「總評」為中心的反對運動繼續不斷,6月動員了五十萬人,前後兩次舉辦了大規模的罷工。透過這次鬥爭,「總評」與社會黨獲得革新運動的領導地位。反之,共產黨走向暴力極右冒險主義,逐漸喪失了民眾的支持。「破防法」的審議受阻於激烈的反對運動而觸礁,直至7月4日始通過。

　　保守陣營內部亦有批判吉田內閣之聲。自由黨內部鳩山與石橋等人,結集了反吉田派,民主黨亦有熱烈批判吉田的聲浪。為了制此一動向的機先,政府突然解散國會,於1953年舉行大選。

　　大選的主要爭執乃是重整軍備問題。吉田派主張逐步增強自衛能力,鳩山派力主重整軍備,改進黨倡說修改憲法,創設民主自衛軍。革新派則是反對重整軍備。選舉結果自由黨雖大幅減少議席,但依然保持過半數,左右兩社會黨增加二倍以上。自由黨內部有鳩山一郎為中心的反對派,政局持續呈現不穩。1953年3月,吉田內閣不信任案成立,4月再

度舉行大選。

選舉結果，保守派總計減少了三十九席，自由黨終未超過半數。反之，社會黨尤其左派大為伸張而成為第二大黨。自由黨在改進黨協力下，組成第五次吉田內閣。此一內閣強行通過「罷工管制法」，加強對勞工運動的彈壓，成立「軍人撫恤金法」，作為重整軍備、吸收民眾到保守派的措施。

1954 年 5 月，摒除過去的和平教育方針，通過了限制教員政治活動的教育二法案。同時成立「警察法案」，確立了警察廳為頂點的強力中央集權，取代舊「特高」❿的公安警察的機能。

## 二、重整軍備

經過 1953 年池田與羅勃遜 (Walter S. Robertson) 會談，雙方達成協議，於 1954 年 3 月 8 日，簽訂了「MSA 協定」(「日美相互防援助協定」) 及附帶三項協定⓫。

據此政府企劃三年內增強陸上兵力到十八萬人。旋又通過成立陸海空軍四萬一千三百八十名的擴充計劃，設置防衛廳、保安隊發展為自衛隊的法案。此一協定負有對本國及自由陣營防衛力之增進，以及執行相互防衛援助，禁止對共產國家輸出戰略物資的義務，這是重整軍備的公開化。但獨占資本大企業家卻企求防衛產業之擴大，以彌補韓戰終結後中止的「特需」。

實際上，保安隊與海上警備隊之成立，已獨立於警政體系之外，成為防衛國家的軍事武力，同時確立了對外防衛的必要性。1954 年 7 月，根據國會通過的「防衛廳設置法」以及「自衛隊法」，正式成立陸海空自衛隊。依條文規定，成立的目的乃在維護日本的和平與安全，排除直接或間接的侵略，以及維護公共秩序。

---

❿　特別高級警察，專門取締民眾的思想。

⓫　約定美國提供武器、艦艇援助日本，日本則逐漸增加防衛力。

日本自衛隊自其成軍以來，一直保持陸上自衛隊十五萬六千人的規模❷。海上自衛隊四萬四千人，航空自衛隊四萬六千人的規模。其主要裝備有作戰艦艇五十八艘，潛水艇十四艘，掃雷艇三十二艘，作戰用飛機四百二十架，對潛警戒機七十八架。

至於防衛費用，三木內閣曾決定維持在國民總生產額 (GNP)1% 的上限（1976 年）。另一方面，隨著物價上漲，自衛隊的人事費亦必須調整，因此防衛費用已突破 GNP 1% 的界限❸。

事實上，日本的軍備是否增強，應衡量武器裝備部分所占的防衛預算比例評估。自 1980 年代迄今防衛費用達四兆日幣，其金額已達世界第三、四位，但因其中人事費用占 44%，後勤建設費用占 29%，武器裝備費用僅占 26%，故其軍事力雖屬亞洲超強軍事國，但由質量及功能分析，尚不能稱之為世界軍事大國。

日本並未以加強軍備做為安全保障的重點。事實上，戰後日本安全保障理念，經過長期的摸索，已形成以下的特徵：一是必要最小限度的防衛力，二是非核三原則，三是推動裁軍及排除核武，四是依賴日美安保體制。

由此可見戰後日本國家防衛預算的花費並不多，此乃源於其安全保障理念的影響。事實上，日本政府的安保政策是一方面以和平主義憲法的限制為理由，婉拒以美國為主的西方陣營增強軍事力的要求，另一方面，則依賴駐日美軍遏阻外力入侵。這也是美國何以一再要求日本必須負擔駐日美軍費用的原因。

駐日美軍問題常引起爭論，美軍駐日與日本增強軍事力有相當密切的互動關係。最近因中國勢力崛起，美日的軍事合作再度趨於緊密。

---

❷　共區分為十二個普通師，一個裝甲師及六個特殊團，戰車共計一千二百輛。

❸　保持 GNP 1% 以內的原則，只是閣議的決定，並無法律強制力，因此，雖然預算引起爭議，但仍然順利通過。

# 第十九章　五五年體制與經濟發展

## 第一節　五五年體制的確立

### 一、保守與革新陣營的分合

政界因保守派內部的爭權奪利而顯露其腐敗徵象。1954 年，發生昭和造船弊案❶，但在案情向上發展，勢須逮捕數名自由黨幹部時，法務大臣犬養健卻發動延緩逮捕的指揮權，終將案情勾消。保守黨內部為此再度增長反吉田的氣勢。

同年 9 月，改進黨總裁重光葵與自由黨岸信介、石橋湛山等人，拜訪鳩山一郎。會談中在確立新領導者、新組織、新政策的三大原則之下，集結強大的政治力量，成立反吉田的新政黨構想。10 月成立「新黨結成籌備會」，提出全面修憲等五大政策大綱，並展開具體的組黨活動。11 月，自由黨將參加組織新黨的岸與石橋開除黨籍，主流與非主流的對立益趨尖銳。

改進黨、日本自由黨與鳩山派合流，擁戴鳩山為總裁，成立日本民主黨。吉田內閣終於垮臺。占領後長期執政的吉田時代告終。

---

❶ 造船弊案乃是自由黨、改進黨等幹部，接受日本船主協會及造船業界鉅額的賄款及政治捐款，以協助其優惠分配汽船建造費的融資，並促成國會通過「造船利息補助法」作為代價的政治醜聞。涉嫌者包括自由黨的佐藤榮作、政務調查會長池田勇人等三十餘名。

同年 12 月，日本民主黨的鳩山，以解散國會為條件，得到左右社會黨的支持而組閣。鳩山內閣因起用多數戰前政黨政治家為閣員，與吉田拔擢官僚出身的作風成一鮮明的對照。鳩山為了凸顯與吉田路線的差異，意圖恢復與中國、蘇聯的邦交，並修改憲法。

在 1955 年 5 月舉行的大選，日本民主黨成為第一大黨而組閣（第二次鳩山內閣），但國會的席次卻未過半，由於社會黨的躍進，促使日本民主黨與自由黨贊成修改憲法，單靠保守勢力，仍不足以達到修改憲法所需三分之二以上的席次。

社會黨由於媾和問題的爭論，長年形成左右兩派的對立，但二者合併，則足以構成阻止修憲的勢力，甚至有可能執政，因此，委員長由左派的鈴木茂三郎、書記長由右派的淺沼稻次郎就任，揭櫫反對修憲的目標。

## 二、五五年體制的確立

1955 年 10 月，日本社會黨左右派系完成整合。由於財界憂慮社會黨的複合，影響政局，促請保守勢力整合。11 月中旬，保守派的自由黨和民主黨亦相應成立「保守聯盟」，合組自由民主黨（自民黨）。

果然保守勢力於大選中獲得眾議院二百九十九席，參議院一百十八名議席的優勢。如此一來，形成保守勢力占有三分之二的席次，革新勢力亦占三分之一席位的態勢。這種均衡如有大的變動，則將引起修改憲法問題，因此，擁護安保體制的保守派，和主張擁護憲法與反安保體制的在野革新勢力，長期對峙，保持此後四十年一黨獨大的局面，稱之為「五五年體制」。

韓戰結束後到「五五年體制」成立為止，日本的政治呈現保守與革新兩大陣營為了政權的爭奪而各自在內部進行合縱連橫的過程。兩大陣營的內部，雖然各自分為互相對立的兩派，但隨著對方的統合，而不得不走上合併之路。

　　所不同的是，保守陣營主要是由於政治職位及權力的分配而產生內部的對立，在基本政策與主張卻無太大的歧異。然而革新陣營中的社會黨左右兩派，則是因為意識型態及對重大政治問題的歧見而分立。這種統合的差異，對於「五五年體制」後保守與革新兩大勢力的走向，亦產生重要的影響。

　　「五五年體制」形成後，日本的政治情勢由戰後的多黨競爭態勢轉變為以自民黨為代表的保守陣營，與以社會黨為代表的革新勢力之間十年的對抗。因此，自 1956 年 1 月，鳩山一郎出任自民黨第一任總裁以來，主要的政治局勢，即環繞在執政的保守政權如何鞏固其勢力，並壓制和分化在野勢力的問題上發展。此外，隨著「五五年體制」後日本展開第一次經濟高度成長期，財界不僅對政局提出意見，更藉由「政治獻金」（捐款），實際介入政治。

　　自由民主黨成立第三次鳩山內閣，鳩山揭櫫自主憲法的制定（修改憲法）與重整軍備（增強防衛力量）❷，同時標榜「自主外交」，推動與蘇聯之間的建交❸。結果取得一向反對日本加入聯合國的蘇聯支持而進入聯合國（1956 年）。

## 三、經濟的復興

　　1950 年代前半，恢復獨立的日本，整備了經濟成長的前提條件。在「特需」景氣之中（1952 年），參加「國際貨幣基金」❹(IMF)、世界銀

---

❷　僅於 1956 年公布「憲法調查會法」，成立國防會議而已。

❸　建交時，有關北方領土問題，日本要求歸還固有的領土四小島。蘇聯卻堅持國後、擇捉的歸屬已解決的立場，因此和約的訂定遂又延緩。

❹　國際貨幣基金 (International Monetary Fund) 乃是 1944 年，在美國新罕布夏州 (New Hampshire) 的布列敦林 (Bretton Woods) 召開，亦稱 Bretton Woods 體制。這是由四十四國參加組成，旨在促進貨幣與金融之安定為目的的國際金融機構。

行（IBDB，國際復興開發銀行），1955 年加入「關稅暨貿易協定」(GATT)。由於參加以美金為基準貨幣，以自由、平等、多國間交涉為原則的 IMF 與 GATT 體制，日本在經濟上已回歸國際社會。

自 1954 年起至 1957 年中葉，連續三十一個月的大型景氣，以其屬於「有史以來的好景氣」，而稱之為「神武景氣」❺。不僅輸出急劇的擴展，國際收支的危機解消，且受到蘇伊士運河危機（中東戰爭）所引起國際物價大暴漲這一偶然的因素影響，形成以造船、鋼鐵、電氣機械、石油化學等重化學工業為中心的設備投資的時代。

# 第二節　長期保守政權與經濟發展

## 一、「日美安保條約」的改定

鳩山內閣之後，爭取自民黨總裁的是石橋湛山與岸信介。就任新總裁的石橋，於 1956 年 12 月組閣，卻於在任中病死，翌年 (1957) 2 月，岸信介❻繼任。

由於日本國際地位的提昇，岸內閣盡力加強經濟力、自衛力，並進一步修改「日美安保條約」。岸氏倡導「日美新時代」，企圖改變「日美安保條約」所具對美從屬性，於 1958 年著手改定。

「安保條約」的修改出自日本的提議，擬定以十年為期，與美國締結軍事同盟關係，日本負有增強防衛力的義務。岸內閣事前已預測可能因改訂「安保條約」而引起混亂，於 1958 年向國會提出加強警察權限的「警察職務執行法」，但法案卻未能排入議程。岸的強勢作為，加深「保

---

❺　與其後的岩戶景氣、伊弉諾景氣同樣，都是緣於日本建國神話，意指「有史以來的好景氣」。

❻　岸氏於戰前期間為經濟官僚，對「滿洲國」的工業化推進不遺餘力，但由於其擔任東條英機內閣閣員，戰後被列入甲級戰犯而被逮捕，具有受到不起訴、釋放、解除褫奪公職的經歷。

守」與「革新」之間的對立。社會黨、共產黨等革新陣營提出的論述是，「安保條約」的改訂，將使日本與美國的世界戰略連結在一起，而有被捲入戰爭的危險。

　　岸首相無視輿論的強烈反對，於 1960 年 1 月 19 日赴美，簽署了「日美相互協力及安全保障條約」（「新安保條約」）。其內容有四：一是日美經濟協力與日本防衛力之加強，二是載明美國對日防衛的義務事項，三是在日美軍的行動有關事前協議制之確認，四是條約期限為十年（其後可自動延長）。這是補舊條約之不備，企圖與美國締結更為對等的條約。

　　5 月 19 日，急於表決的岸內閣，不顧在野黨的反對，引進警察入國會，強行審議，於會期延長後通過（只由自民黨單獨通過）。對此無視議會政治的態度，引起此後一個月民眾包圍國會的空前大示威遊行❼。但遭受輿論激烈反對的「新安保條約」，卻於 6 月 19 日，以自然承認的形式獲得國會通過。岸內閣引咎辭職。

　　在修訂「安保條約」的爭論中（1959 年），社會黨左右派分裂，右派於翌年 1 月，結成民主社會黨（民社黨）。在池田內閣解散國會之前，發生社會黨委員長淺沼稻次郎刺殺事件（1960 年 10 月）。同年 11 月的大選結果，自民黨的優勢不變，於是成立第二次池田內閣。

　　1955-1960 年之間，由於保守派政府所實行的政策抑制效果大於收編效果，因此以階級性大眾政黨自許的社會黨，仍可用議事規則抗爭，或發動大眾運動的手段，迫使政府讓步，這種模式在 60 年代的安保鬥爭中達到最高潮。但進入 60 年代以後，經濟高度成長所累積的成果開始發揮再分配的效果，保守派政治家和財界的關係益形鞏固，社會黨卻仍未能取得政治的主導權。自民黨與社會黨的勢力比，以「一又二分之一」的優勢下逐漸定型，形成自民黨一黨獨大的局面。

---

❼　對此，革新團體（陣營）與學生團體，結集為「安保條約改訂阻止國民會議」，其與全學聯的學生，連日包圍國會（安保鬥爭）。

## 二、經濟的成長

　　1960 年 7 月，繼岸氏之後接任內閣的池田勇人，與前內閣標舉與革新勢力對立的政策不同，即以「寬容與忍耐」為口號，企圖從政治的紛爭轉到經濟的發展。池田內閣所推行的「所得倍增計劃」，是志在十年間實質提高國民所得二倍的經濟計劃。此一計劃果然提昇了國民的經濟生活，且能促成國民的團結奮鬥。因此一口號，執政黨贏得當年國會大選（超過半數的二百九十六席）。社會黨議席亦有增長，達到三分之一的一百四十五席，得以維持「五五年體制」。

　　池田內閣揭櫫政經分離方針，擴大與中華人民共和國之間的貿易，推動一連申的貿易自由化。此際日本要繼續承認臺灣為唯一合法的中國政府的態勢日趨困難，遂於 1962 年，與中華人民共和國之間，進行準政府間的「LT 貿易」❽。

　　1963 年，日本已加入「經濟協力開發機構」(OECD)，雖負有資本自由化的義務，卻表示日本已完成與先進國為伍。

　　池田內閣的治績，可由 1964 年的東京奧運及隨之而來的高速公路網的整備，東海道新幹線的開通（東京－新大阪間）看出。政治上，則是形塑了日本在國際社會政治姿勢的原型，因有驚異的持續性經濟發展，而提高其國際發言力。即使在美蘇冷戰時期，經濟安定的日本，對西方各國而言自有其分量。

　　1964 年 11 月，佐藤榮作繼任首相，此一政權先後組閣三次，締造了戰前戰後任期最長（七年八個月）的紀錄。佐藤政權先於 1965 年與韓國簽訂「日韓基本條約」❾。為了與池田內閣有所區分，高倡「社會開發」

---

❽　由中共的廖承志 (Liao) 與日本的高崎 (Takasaki) 簽訂貿易協定，因而稱之為「LT 貿易」。

❾　1952 年以降，日韓關係正常化的進程並不順暢，及至朴正熙政權成立(1961 年)後，對日態度改變，雙方終於達成協議，而締結了基本條約，確認 1910 年以

口號，著重公害問題，設置「公害審議會」，翌年提出處理公害政策，並於 1967 年，制定「公害對策基本法」。經過 1970 年的「公害對策基本法」的修正，於 1971 年設置環境廳。

　　日本在鋼鐵、機械、化學等部門，吸取美國等國技術革新的成果，更新設備，不僅一舉填補了戰時、戰後技術進步的空白，在石油化學、合成纖維等新部門快速的發展，也同時推進了經營的合理化。1960 年起施行貿易自由化，並應歐美各國的要求加強開放經濟體制，強化企業競爭力的設備更新。企業規模的巨型化進展，以銀行為中心的大企業集團的地位鞏固，且進行大企業相互間的大型合併。

## 三、第二次經濟高度發展

　　美國始終認為第二次世界大戰爆發的原因乃在世界貿易的不安定與貨幣的危機，因此，著重於建立自由貿易為理念的開放性國際經濟秩序。由其經濟發展的軌跡，自 1955 年後二十年，日本的實質國民總生產額 (GNP) 維持年平均 10% 以上的成長率。韓戰的「特需」，使日本經濟的主要指標超過戰前的最高水準。繼 1955 年至 1957 年的「神武景氣」之後，出現 1958 年到 1961 年的岩戶景氣❿，1962 年到 1964 年的奧運景氣，1965 年到 1970 年的伊弉諾 (Izanagi) 景氣⓫。

　　經濟發展的原因有五。一是國民的儲蓄傾向高，政府以郵政儲金為財政資金，作為充實社會資本，調整景氣的手段。二是 1970 年高中入學率達到 90% 的教育水準，提高了勞力生產，促進了技術的革新。三是中

---

前的各項條約無效，日韓正式建立邦交，日本承認韓國為「朝鮮唯一合法的政府」。

❿　1958 年至 1961 年間，由於高效率的設備投資所產生的好景氣，以其較之神武景氣更佳而命名。岩戶是指天照大神曾經隱匿的「天之岩戶」。

⓫　指的是 1965 年到 1970 年之間持續的好景氣。由於其超過神武景氣與岩戶景氣而稱之。

東大油田的開發，沙烏地阿拉伯、科威特的廉價石油輸進日本，且價格低廉（1958 年起）。四是國民全體所得增加，家電產品與汽車等國內市場擴大。所得增加實有賴「農業基本法」（1961 年）之制定，農業經營的大規模化，提昇米價方策，增加農家收入。五是固定匯價制，使低估的日圓幣值有利於輸出之擴大。

產業結構的高度化進展。1960 年代農家戶數減少為七十萬戶，產業別人口比率，農林水產業已降低為 20% 以下，而工業生產額的三分之二為重化學工業所占。從煤炭轉到石油的能源急速的進行，使煤炭業淪為夕陽產業。

生產的快速擴大，促進國內市場與輸出的擴大。以年輕階層為中心的勞工不足與勞工運動的展開，雖使物價波動受抑制，但仍然呈直線上昇。農業因化學肥料、農藥、農業機械的普及，生產力提高，農家的農業外所得繼續增大。所得水準提昇，與消費結構的變化攸關，當有俾於大幅擴大工業產品的市場。

貿易的伸張亦極為快速。1960 年代前半，屢次有輸出不振與設備擴大所帶來入超之增進，導致金融緊縮，中斷好景氣。但到 1960 年代後半，貿易收支仍保持大幅的出超。輸出有鋼鐵、船舶、汽車、化學肥料等重化學工業原料的比重提高。

# 第二十章　激動的世界與日本

## 第一節　日中建交與美金衝擊

### 一、石油危機與經濟高速增長的結束

　　1960 年後半，隨著越南戰爭（越戰）軍事費的沉重負擔，美國經濟開始衰落，主要貨幣美元的國際信用劇跌。與美國經濟低迷相反，第二次世界大戰敗戰國的西德與日本，都在固定匯率制度下，利用馬克、日圓的低匯率，增進輸出，收到國際收支黑字，因而引起美國的不滿。

　　在高度經濟成長的過程中，加強競爭力的日本商品，快速進出海外，對歐美構成相當大的威脅。為國際收支大幅赤字所苦的美國，強烈要求日本調整纖維產品等貿易的平衡以維持日美貿易的均衡。日本於 1971年，實施日圓升值（一美元由三百六十日圓升值為三百零六日圓），1973年再被迫採取變動外匯行情制（日幣再度升值，在二百五十七～二百六十四之間浮動）。亞洲各國亦有對日本的經濟擴展懷有戒心，而興起排斥日本商品運動。新興產油國家的團結，石油價格大幅的提高，使日本經濟面臨國際的嚴苛情勢。

　　1971 年年底，十國財長會議，達成日圓升值的協議❶，暫時維持了蘇米索尼安體制 (Smisonian system)❷。但國際收支赤字國的赤字增大，黑字國國家預算增大依舊不變，美國的國際收支並未改善。歐洲各國遂自動採行貨幣升值（對美元），日本亦不得不跟進。1973 年 2 月，改採變

---

❶　一美元兌換三百零八日圓。

❷　蘇米索尼安體制乃是在華盛頓蘇米索尼安博物館舉辦的暫行貨幣體制的協定。

動匯兌行情制，日圓升值 20% 的變動匯率（一美元兌二百五十七～二百六十四日圓）。

1973 年 10 月，阿拉伯各國與以色列之間的第四次中東戰爭爆發，阿拉伯產油國（「阿拉伯石油輸出國機構」，OPEC）採取「石油戰略」❸，一舉將原油價格漲價四倍（第一次石油危機），日本經濟受到很大的衝擊。

日本由於通貨膨脹危機，發生物價暴漲，引起生活必需品的衛生紙、洗衣粉等的搶購風潮。1974 年，日本首嘗戰後經濟負成長，經濟高度成長畫下了休止符。

先進國美英日法義西德等六國首腦，於 1975 年，為了因應世界的不景氣，創始國際經濟共商之場——「先進國領袖會議」(Summit)，翌年加拿大加入，此後會議規模逐漸擴大，每年均召開一次。

1960 年代，日本經濟成長的速度，保持領先資本主義世界的地位，1968 年，日本超過了西德、英、法、義，而成為僅次於美國的世界經濟第二大國。

## 二、尼克森衝擊與日中建交

新就任的美國總統尼克森 (Richard Milhous Nixon) 企圖重建美國經濟，終結越戰。為了越南的和平，企圖改善和正遭逢蘇聯軍事重壓的中國之間的關係，並經由中國的媒介，引出北越到談判桌。

1971 年 7 月，尼克森總統發表聲明，擬於 1972 年訪問中國，以圖改善美中關係。同時為了壓制通貨膨脹，採取美金防衛措施❹。

美國這種外交與經濟雙管齊下的新政策，對於與中華民國締結外交關係，在固定外匯行情下擴大輸出的日本，形成一大衝擊。日本沒有預期到美中的接近，而受到極大的衝擊（尼克森衝擊）。在此一衝擊下，田中首相親訪中國，發表共同聲明❺，日中正式樹立邦交❻。日中共同聲

---

❸　對美國等支援以色列國家，採取石油全面禁運措施。

❹　停止黃金與美元的交換，要求國際收支黑字國日本與西德的外匯升值。

明後，1978 年福田內閣與中共簽訂「日中和平友好條約」❼。

　　田中倡行《日本列島改造論》(1972 年 6 月)，企圖促進高度成長政策，藉此推動工業的重新布局，解決城市人口過密，農村人口過少等問題，並重新整頓建設交通運輸網，改革農業。《改造論》適應當時以美國為中心的世界經濟秩序面臨崩潰，日本經濟受到衝擊而陷於蕭條的轉換時期。此一計劃雖不乏遠見卓識，但卻引起了地價暴漲，波及股票、消費品物價上漲。加以石油危機的推波助瀾，造成極端的「狂亂物價」，引起很大的社會問題，田中內閣因此被迫總辭。隨著田中內閣的下臺，《列島改造論》的幻滅，日本經濟的高速增長就此停歇。

# 第二節　走向經濟大國

## 一、從不景氣脫出

　　戰後廉價的中東石油取代煤炭而掀起了世界性的「能源革命」。二次世界大戰後的工業文明，可說是一次「石油文明」。日本經濟的高速成長正是這種「石油文明」最璀璨絢麗的結晶。然而沿著高速成長路線發展起來的日本經濟，已經面臨一個重要的轉振點，亦即以重工業、化學工業為中心所形成的產業結構和主要仰賴石油進口為能源的供需結構，已經不適於 1973 年石油危機的嚴酷態勢，必須適時而迅速的調整，重新釐定經濟策略。1971 年，日本政府已確定發展知識密集型產業（研究開發型產業、高級裝配產業、知識產業等），即在節約能源和開發新能源上採取行動（如原子能和煤炭取代石油）。

---

❺　內容有四：一是承認日本戰爭責任，表明反省的態度，二是終結兩國間不正常的關係，三是承認中華人民共和國為唯一的合法政府，四是中國放棄對日賠償的要求權。

❻　廢止臺日間的「日華和約」，日本與臺灣斷交。

❼　在此之前，因「霸權」條款之爭而延宕。

為了適應石油危機之後的新形勢，自主開發技術的政策取代了技術引進政策。政府加強科學研究，培養「技術突破型」的人才，展開國際合作。開發重點著重微電、光導、生物工程、能源、宇宙、海洋等知識密集型產業。經過十年的努力，有了相當的成果。

自石油危機以降，世界仍陷於經濟低迷之際，日本很早就成功的脫離了不景氣。1979 年的第二次石油危機，亦採行緊縮金融政策而渡過難關，走上安定成長的軌道。其主要原因是感到危機的企業，致力於人員的整編等減量經營，很早就打出節省能源的指標，且引進電腦與機械人技術，進行工廠與辦公室的自動化。

其次是勞工運動的因素。第一次石油危機以後的不景氣，處於經濟停滯，物價上漲的生產勞力過剩現象 (stagflation) ❽。要克服這種不景氣的關鍵，勢須壓低工資，與英法等西歐國家不同的是，日本勞工運動低迷，反而因此招致了好結果。1975 年所策劃的大規模罷工失敗，促使日本的勞工運動走下坡。「春鬥」❾所要求調整勞工薪資，亦被適當的壓制。結果避免了高物價與高工資的惡性循環，得以脫離不景氣的困境。

產業方面，在第一次石油危機時期，鋼鐵、石油化學、造船部門的停滯甚著，但汽車與電氣機械之外，半導體、積體迴路 (IC) 等高科技領域，以輸出型為中心，快速擴展其生產。尖端技術部門的海外需求增多，在石油衝擊以後，已跳脫出不景氣的困境。

## 二、走向經濟大國

1985 年 9 月，英、美、法、西德、日等國的財政部長、中央銀行總裁在美國紐約召開會議，通過美元貶值，馬克與日幣升值的決議。日本由中曾根內閣的藏相竹下登參加，會後日幣劇昇。在 Plaza 會議之前，一

---

❽　stagflation 是 stagnation 和 inflation 的合成語。意指不景氣下生產與勞力供給過剩，產生物價上漲的狀態。

❾　春鬥乃是春季要求提高工資的勞工運動。

美元兌二百四十日圓的行情，至 1987 年卻驟升到一百二十圓。日本的輸出產業因此蒙受相當程度的損失，但因輸入物價降價而出現國內需要的經濟成長。

克服因日幣升值導致輸出產業不景氣的過程中，利用電腦、通訊機器的生產、販賣網絡化，在重化學工業方面，引進微電 (Micro Electronics) 技術，多品種少量政策體制已整備。根據「經濟協力開發機構」的統計，1985 年為 100 時，1990 年日本與美國國民總生產比率是日本 125.6，美國 114.9，同樣的比較，工業生產指數，日本亦領先美國。1980 年代，粗鋼生產量與汽車生產臺數，日本亦超越美國。其間，日本所提供的政府開發援助基金 (ODA)❿，1992 年為八十四億美元，金額居世界之冠。

但金融機關與企業過剩的資金，流入國內外不動產市場與股票市場，自 1987 年前後，地價與股票投機性的高漲。1991 年，地價開始下降，高價購入土地與股票的企業與個人蒙受很大的損失。融資給這類企業或個人的金融機關，背負了大量的不良債權（呆帳），經營惡化。為此產生金融窘迫，對經濟整體產生惡劣的影響。這一過程稱之為「複合不景氣」。這種經濟結構，由於與實際乖離的泡沫狀態，而稱為泡沫經濟。

日本的國民生產總值 (GPU) 在世界所占比重，1950 年代只有 1.5%，1975 年增為 8.3%，1982 年高達 13.6%⓫。日本的經濟發展實極驚人。1956–1973 年之間，石油危機爆發之前，平均年增長率為 9.7%，其間（1966–1970 年），達到 11.6%，是美國的二·七倍，西德的二·三倍，法國的一·九倍，英國的四倍。如以工業生產計，年平均增長率高達 14.1%，為美國的三·一倍，西德的一·九倍，法國的一·四倍，英國的二倍。

日本經濟實力的增強在出口外貿、外匯儲備等領域充分顯示出來。

---

❿　正式名稱是 Official Development Assistance，譯成「政府開發援助」。援助的主要對象是亞洲地區，旋即擴及於非洲等地區。波灣戰爭為契機，日本的國際貢獻方向一時引起爭議，援助對象國的軍事費與民主化的程度，成為援助的條件。

⓫　日本國土面積只有世界土地面積的 2.5%，人口只占世界人口總數的 2.7%。

日本對外出口總額在資本主義世界總出口中，1955 年只占 2.1%，1978 年已上昇到 7.5%，出口總額由 20 億美元增加到 975 億美元。石油危機之後，出口額更以大幅度擴展。此外，數控機床出口亦為世界之冠，黃金儲備亦大增。1986 年的經常項目收支盈餘和對外純資產都占世界第一。

# 第三節　冷戰終結與日本

## 一、日美關係的變化

琉球（沖繩）領土問題變成很大的外交課題。琉球於 1946 年先行正式停止日本的行政權以來，在美國的軍政下，負有遠東軍需據點的作用。但為了擴張基地，土地的徵收（收購）與人權侵害事件，掀起住民的反對運動。琉球各界人士於 1960 年，結成沖繩主權祖國復歸協議會，1968年，實現琉球政府主席的普選。

1969 年，佐藤首相訪美，與尼克森總統會談，發表堅持安保體制、自衛力漸增、沖繩施政權歸還日本的共同聲明。1970 年，「日美安保條約」期限已屆，政府企謀避開國會的審議，將該條約自動延長到同年 6 月。根據日美共同聲明的「沖繩歸還協定」，1972 年 5 月實現沖繩歸還日本，但軍事基地的延續與經濟問題等，仍留有各種問題，有待解決。

## 二、政權的遞嬗

### 1.三木～鈴木內閣

在通貨膨脹與不景氣之中，田中內閣的支持率低落，1974 年 7 月的參議院選舉，自民黨首嘗敗績。同年 12 月，誕生了三木武夫內閣。

三木被期待為自民黨的「體質改善」、「近代化」而登場，標榜金權政治的廢除，政界的淨化，並把防衛費限制到 GNP 1% 以內（閣議決定），提出擁有維護自衛力的呼籲。

三木於 1976 年處理洛基得事件 ⓬，因態度過分積極（田中首相被逮

捕），以致引起自民黨內的反彈而下臺。

繼任的福田赳夫內閣，則高舉擴大內需的目標，肆應貿易黑字、日幣匯值過高、不景氣問題，並於 1978 年締結「日中和平友好條約」。但於選舉失敗，首相一職讓與大平正芳。大平內閣在國會的「保守革新伯仲」情勢中，因應 1979 年的第二次石油危機，圖謀重建財政，但於 1980 年參眾兩院選舉運動期間猝死，為鈴木善幸內閣所取代。

### 2.中曾根的鷹派內閣

1982 年，承鈴木之後的中曾根康弘內閣，揭示「戰後政治總決算」，企圖加強日美韓三國的緊密關係，增加防衛費，在「新保守主義」的世界潮流中，推動行政、稅制與教育改革。

中曾根力主修改憲法，擴充軍備（「國防基本方針」中提出「確保日本列島的海上優勢」。具體的作為是增加防衛預算）。在 1983 年 1 月的日美首腦會議，即曾表示「日美兩國是橫跨太平洋的命運共同體」。內政方面提出「行政改革」、「重建財政」的目標。

中曾根所強調的「總決算」，力主修改憲法，顯示「戰後日本人」順應日本社會發展潮流而滋長的「大國意識」。中曾根時代一反吉田、岸信介時代，處處仰賴美國鼻息，以求經濟發展的作法，一心一意要使日本躋身「政治大國」。

中曾根在內政、外交上卓有成就，在不受田中的影響下，於 1985 年完成內閣改組。雖其主政期間發生教科書問題，參拜靖國神社的問題，但日中關係卻大有進展。

中曾根第二次內閣於 1985 年完成「電電公社」（日本電信電話公社，現在 NTT）、「日本專賣公社」（現在的 JT）民營化，第三次內閣則實現了國鐵（現在的 JR）分段經營與民營化。中曾根內閣於 1986 年的大選獲得大勝，但引進大型間接稅以重建財政的政策失敗，翌年退出政壇。至於

---

❷　1975 年 12 月，美國參議院暴露洛基得公司 (Lockheed Co.) 推售飛機給日本時交付日本官方賄賂，前首相田中牽涉其中，並被判有罪。

大型間接稅則由繼任的竹下登內閣，以消費稅名義實現，並自 1989 年度開始實施。

自 1985 年以來，日本志在躍昇為「政治大國」的願望日趨強烈。多年來，日本政府一直在談論如何發揮更強大，更有自信的外交作用，以便與其經濟力量保持平衡這一問題。

### 3.自民黨的總裁爭奪戰

中曾根秉政的 1987 年，日本在經濟領域取得了顯赫的成就，經濟持續穩定增長，產業結構的改造亦已完成，但與歐美、亞洲「四小龍」和中國的關係則趨於緊張。同年秋，中曾根內閣任期即將屆滿，自民黨的總裁爭奪戰日趨白熱化。幾經曲折，於同年 11 月初，由竹下內閣取代。

冷戰結束後，五五年體制崩潰。自民黨長期執政結果，發生政權本身的腐化。1988 年，竹下內閣因瑞克魯特弊案❸下臺，接任的宇野宗佑卻被捲入緋聞而短命結束，改由宮澤喜一組閣。

1993 年，在野黨對宮澤喜一內閣提出不信任案通過（自民黨內亦有贊成者），宮澤內閣乃解散眾議院，同年 7 月的大選，自民黨失去過半數的優勢而喪失政權。

不僅自民黨勢衰，社會黨亦慘敗，於是由日本新黨、公明黨、民社黨等非自民黨的八個黨派組成聯合內閣，推舉細川護熙為首相，成立細川內閣。自民黨長達三十八年的政權於焉告終。

其後自民黨利用舊聯合政府的內部分裂，與社會黨、新黨聯合組織內閣（由社會黨的村山富市出任首相），重得政權。1996 年成立的橋本龍太郎內閣，則是自民黨、社會民主黨、新黨三黨聯合政權。

---

❸　佐川急便（快信）公司事件與綜合建設公司賄賂事件。

# 第二編

## 政　治

# 第一章　日本政治的特質

## 第一節　日本政治的傳統

日本的政治傳統，可分成三個時期，第一時期是自古代以來至近代之前。此一時期日本的政治典章制度，大都模仿中國封建制度而來，如「近江令」（655 年）、「大寶律令」（701 年）、「養老律令」（718 年）等均是。江戶時代的政治制度亦受中國明、清時代法令制度的影響。

第二時期是近代模仿歐美各國法制的時代，尤其以歐洲法系的德國（普魯士）與法國為最。此一時期的國策是富國強兵，因此著重如何集中國家權力，加強統治效率。

第三時期是戰後接受英美法的影響，但不同於前兩期的是，並不主動的模仿，而是在外來統治者（盟軍總部）的影響下進行，甚至從憲法到一般法律制度，亦深受影響。但此一時期，卻徹底而完全的廢除封建、專制的制度，實行民主制度，完成自下而上整個社會結構的近代化，建立一個尊重個人尊嚴，維護公平、正義與和諧的社會。

戰後的日本完全廢除戰前的君主專制體制，接受英美移植的民主理念，實行民主制度。其實，自古以來日本的政治傳統，既無此理念，亦無此慣例。

## 第二節　現行政治體制

戰後的日本，主要是依據「波茨坦宣言」、「雅爾達協定」❶，重新

---

❶ 「雅爾達協定」是 1945 年 2 月中旬，由英美蘇三國在雅爾達協商，確定戰後處置日本領土，建立亞洲新秩序，並以之作為交換蘇俄對日作戰的條件。

建立國家的政治制度。一般稱之為 PY 體制。

日本最初仍然拒絕接受「波茨坦宣言」終結戰爭的要求，但在美國投擲兩顆原子彈於廣島、長崎之後，遂接受「宣言」而投降。結果天皇主權喪失，日本亦由盟軍占領統治。

麥帥於 1945 年 8 月，率領美軍占領日本後，設置「盟軍最高司令官總司令部」（簡稱盟軍總部，GHQ），實際掌握統治日本的最高權力，並實施非軍事化政策，解除對思想、教育、宗教等的統制，實行經濟體制的改革，全面促進政治民主化。

# 第三節　天皇制

## 一、天皇制的演變

日本天皇與天皇制乃是日本歷史上特異的政治現象，自古至今，給與日本國家制度與社會各領域很大的影響。日本的歷史無異是一部天皇的歷史，自古以來即綿綿賡續。有一段時期，天皇擁有絕對的權力，藉由與神一體化而享有政治權威之外，更具有神的權威。

有時執政者利用天皇的名義，伸張勢力，有時在天皇名義下，以和平手段擁有武力，因此，談到日本歷史，不能忽視天皇的存在。

根據神話，西元前 660 年，首位天皇神武天皇即位，以後其直系子孫代代相傳，現在的天皇明仁 (Akihito) 是第一百二十五代。

日本人常謂日本民族的微妙性 (unique)，乃是出自其先史時代即有「萬世一系」的皇室。但實際上自九世紀以降，天皇已喪失其統治能力，且自 1333 年，後醍醐 (Godaigo) 天皇企圖恢復天皇統治權失敗之後，已無顯著的恢復統治權力的企圖。雖然如此，日本人對皇室尊崇之念卻絲毫未衰。及至戰前，對所有正統的政治權力均來自皇室的想法，從未有人提出異議。

自九世紀以來，將軍掌握政治大權，至明治維新始行「奉還大政」。

1889 年，公布《大日本帝國憲法》，規定主權在天皇手裏，政治權力及於軍事權力。此一憲法成為其後五十餘年，左右日本歷史的基本法。

一千多年來，天皇雖有君臨之名，卻無統治之實。十九世紀日本近代化的第一步，是在「王政復古」的名義下進行。此後約有一世紀半，對皇室的關心與尊敬日增，策劃討幕的志士，標榜「尊王攘夷」，推動王政復古，使天皇再度回歸政治舞臺，凡百政事，均在天皇名義之下執行。

1868 年登基的明治天皇，只是沖年十五歲的少年。及長，雖亦發揮其影響力，但重臣自以為代「聖意」而執政乃是天經地義的事。

繼明治天皇之後的大正天皇，身心虛耗，無法依其意志行事。昭和（裕仁）天皇則是統而不治。直到第二次世界大戰為止，日本的領導階層，一方對天皇抱持敬意，一方卻忽視天皇本身的意志，擅作集體領導。

明治、大正、昭和三個天皇，一向都是採納輔弼重臣的意見，甚少依照自我意志裁決國家重大政策的例子。但天皇並非傀儡，近代天皇制，依據「大日本帝國憲法」，天皇掌握「國家統治大權」，在專制體制下，由直屬的龐大機關行使權力，此實日本國家政治型態的最大特徵。

平民被教導不得直視天皇，全國各地的學校，均頒賜天皇的肖像，作為神聖的「御神影」（Gosinei，天皇的肖像），安置在特別的建築物中，供人朝拜❷。

戰後依照「日本憲法」規定，天皇的地位乃是基於全體國民的共識（National Consensus）而來。因此，依據法理，經過多數國民的同意，當可以決定天皇制的存廢。足見天皇的地位已不再是神授，而是由國民賦與，取決於國民主權原理。易言之，新憲法規定主權在民，即以國民主權取代了天皇主權。連過去富可敵國的龐大財產，亦成為國民共有的財產。

❷　其後為了防範不時的災害，建造了鋼筋水泥的奉安殿供奉。

1946 年天皇的「人間宣言」，更宣示天皇已失去活神的神秘面紗，成為血肉之軀的人。

依據新憲法，天皇是國家及國民統合的象徵，亦即天皇不能實際代表日本對外處理任何外交事務，亦不能行使任何權力。天皇只是一種被動而消極的存在，無任何主動而積極的功能。

1947 年開始實施的新憲法，完全祛除戰前天皇專制體制的弊病，將權力分成立法、行政、司法三權，成立國會、內閣、裁判所（法院），各自獨立行使。

有關天皇的權力地位，就新舊憲法加以比較，實有顯著的差別。在舊憲法體制下，所有權力都集中操縱在天皇手中，天皇擁有絕對的主權（絕對君權神授論），掌握統治日本國臣民的權力，因此，重臣或軍人、政治家等，為了擅權，易於利用天皇，政治的運作並非為國民，而是以特權階級為中心。

裕仁天皇年輕時，雖曾對軍部的所作所為感到不滿，在戰爭前夕，亦曾要求慎重考慮，但他個人所作唯一的政治決定，只有 1945 年 8 月，當內閣會議為了是否接受同盟國的最後通牒投降勸告而正反意見旗鼓相當時，作出投降的決定而已（其實這也是受到近臣的慫恿）。

## 二、象徵天皇制

第二次世界大戰的終戰處理，聯合國檢討之際，天皇的存亡成為一大問題，結果，決定削減舊憲法規定的天皇權力，保留象徵性天皇制而定案。

天皇制雖然繼續存在，但天皇僅成為日本國的象徵。現在天皇的責任，僅限定於外交禮儀與形式上的儀式而已。

終戰後至新憲法公布之前，天皇的地位並不穩固。不僅國內發生社會主義者以及中下層民眾要求廢除天皇制的呼聲，國際上亦面臨蘇俄、澳洲、紐西蘭等國要求將天皇列入戰犯以追究其戰爭責任問題的壓力。

因此裕仁天皇一方面以其影響力，集結保守勢力，協助盟軍總部的占領體制，另一方面，改變戰前神聖不可侵犯的姿態，主動到全國各地巡視，採取低姿態接近國民。結果，在盟軍總部的策劃下，確立了新憲法中的象徵天皇制。雖剝奪了天皇制的所有權力，卻保留了天皇制，同時避免戰爭責任的追究。

此後一直到「舊金山和約」生效（1952 年 4 月）為止的時期，以蘇俄為主的社會主義國家，仍然不斷的主張追究天皇的戰爭責任，但以美國為首的西方國家，則因體認到不追究將更有助於占領政策之遂行，符合民主國家陣營的整體利益而保存了天皇制。

「舊金山和約」生效至 1960 年安保鬥爭時期，天皇的地位進入安定狀態，符合憲法所規定象徵天皇制度的內涵。此時日本已恢復其完整的主權國家，天皇的地位獲得保障，不再受到戰勝國的威脅。天皇已逐漸適應憲法中象徵天皇制的規定。此後不再介入政治性活動。

## 三、天皇制的存在

1960 年代的安保鬥爭，引起日本社會的混亂狀態，因此，以自民黨為主的保守勢力，有意藉天皇的權威重建社會的安定，於是，昭和天皇逐漸被塑造成威嚴的形象，並再度與民間隔離。於是舉行天皇在位五十週年慶典，促使國民重新認識天皇存在的功能，同時加強靖國神社的地位，以恢復天皇的神聖性。此舉之目的乃在藉此加強國民國家的自覺與民族意識，對內壓制社會主義、階級對立的意識，對外形成國民的愛國心及其對政府的向心力。

## 四、皇位的繼承

1989 年，裕仁逝世，明仁繼位，稱為平成天皇，他是依照新憲法規定即位的天皇。根據「日本憲法」第二條規定，皇位的繼承以世襲為原則，因此，皇位繼承的資格，必須來自血統關係，且限定於嫡系。日本

過去雖曾有過女皇❸，憲法亦未明文規定排除女系繼承，但依照「皇室典範」規定，只有男系始有繼承的資格❹。

---

❸　第 33 代（推古）、35 代（皇極）、37 代（齊明，皇極重祚）、109 代（明正）、117 代（後櫻町）天皇都是女皇。

❹　「皇室典範」乃是專為規範皇族所訂的法律，內容包括皇位的繼承、皇族身分的取得與喪失以及皇室會議等。根據「日本憲法」第二條之規定，皇位的繼承以世襲為原則，因此，皇位的繼承資格必須來自血統關係，且限於嫡系。雖然日本過去曾經有過女天皇，且憲法亦未明文規定排除女子繼承，但依照「皇室典範」第一條規定，只有男系始有繼承資格。再者，皇位的繼承，必須以直系、長系為優先。所謂直系是指子孫優於弟、叔，而長系則是指依出生的長幼次序來排列繼承順位。

# 第二章 憲法與政治組織

## 第一節 新憲法的制定

戰前日本實施的「明治憲法」，乃是模仿德國的絕對主義君主制，其主要特徵有二：一是基本人權的保障，只是一種象徵性而無實質意義。人權被認為是天皇的恩賜，因此隨時可以收回，或以法令限制。足見人權保障並不完整，其內容亦只限於自由權的狹小範圍。二是依據《大日本帝國憲法》(「明治憲法」) 第一條規定，「大日本帝國，由萬世一系的天皇統治之」，採取絕對主義神權說，以為天皇的地位是神授，亦即採用神聖不可侵犯說。因此，天皇掌握國家的最高權力，行政、立法、司法機關，都成為天皇統治的工具。軍隊是天皇私人擁有，故稱之為「皇軍」，不容他人干預。天皇並擁有宣戰、媾和及締結條約、任命官吏、授與榮譽等權力。因此在明治憲法體系下，日本是實行君主專制的國家。自始即為了寡頭藩閥政府的專制政治而設計的「明治憲法」，具有欽定憲法內涵，萬世一系的天皇永續統治日本的特徵，且有絕對君主主義、天皇大權主義、保守主義、統帥權的獨立等特色，同時承認元老以及樞密院為天皇最高諮詢機關，議會受到種種限制❶。

戰後日本，由於接受「波茨坦宣言」，表明依據其內容實行民主政治，保障基本人權，建立和平的法治國家。然而，「明治憲法」的內容及精神，又與民主理念格格不入，因此迫使日本必須著手制定新憲法，以符合「波茨坦宣言」的要求，建立一個民主制度的政府。

1945 年 10 月，日本政府受到盟軍總部的指示，著手籌劃修改憲法。

---

❶ 樞密院存在的最大目的乃在牽制「明治憲法」實行後產生的政黨內閣。

保守政黨、社會黨、共產黨以及民間團體，從各自的立場，草擬修改案，提昇了修改憲法的最佳時機。政府卻一味敷衍，至 1946 年 2 月，向盟軍總部提出政府案（「松本草案」）。這是依照「明治憲法」案的原則，只是在字句上作自由主義的修正而已❷。「松本草案」不僅引起民間的反彈，且受到盟軍總部的拒斥，麥帥乃下令民政局 (GS) 法學專家，代擬一部符合民主主義及「波茨坦宣言」內容的憲法草案❸。經日本政府整理後，送交眾議院審議（1946 年 6 月 20 日），修正通過後，再由貴族院審議通過，於 11 月 3 日公布，六個月後（1947 年 5 月 3 日）施行。

新憲法有以下幾項特徵：一、國民主權的原理。規定主權在民，天皇為國家的象徵，保有形式上國家元首地位的共識。二、基本人權的保障原理。立憲國家必須保障國民的基本人權。三、權力分立的原理。行政、立法、司法三權明確的劃分。司法審判脫離行政的干預，行使完全獨立的審判。國會為最高國政機關，較司法與行政占優越地位，且為唯一的立法機關，兼有調查一般國政的權能。四、和平主義的原理。它明白宣告永久放棄戰爭的權利，禁止保有陸海空軍及其他戰鬥力，不承認國家的交戰權。在世界各國憲法中，宣誓不以武力解決紛爭者，實以日本新憲法為濫觴。

此一憲法基於國民主權、放棄戰爭、尊重基本人權的原則，大大的變革舊國家機構。新憲法由前文與本文十一章一〇三條所組成。日本國民至此始有近代的民主主義、自由主義理念的憲法。同時，雖屬象徵性

---

❷ 國務大臣松本烝治為首的憲法調查委員會，匆匆提出這項「憲法修改草案」（又稱「松本方案」）。

❸ 「松本草案」不但引起民間的反彈，盟軍總部亦大為不滿。麥帥乃派遣艾契約遜 (George Acheson) 與懷特尼 (General Whitney) 等人，與日本政府共商修憲，並其後經過盟軍總部與日本政府的協商折衝妥協的結果，官制「憲法改正草案綱要」，包含三原則：一、維持象徵性天皇制，二、放棄戰爭權，三、廢除封建制度（「麥帥草案」）。

漠然的形式，承認天皇的存在亦給與保守階層相當的滿足。天皇制的存續，對日理事會內部有蘇聯的反對，美國卻以之為防止共產主義勢力的防波堤，對天皇的存在給與較高的評價。

依據新憲法的精神，多數的法律大幅的修正或重新制定。修正的「民法」，廢止戶主制度、家督繼承制，尊重家族成員的人格，男女同權為原則。「刑事訴訟法」亦尊重人權。依據「地方自治法」實施地方自治，都道府縣知事（縣長）亦為民選產生。警察制度亦是地方分權化，由自治體警察與國家地方警察所組成。

# 第二節　政府組織與政黨

在「明治憲法」之中，並無三權分立制，迨至戰後「新憲法」誕生之後，才確定了三權分立的原則，即把立法、行政、司法三權加以明確的劃分。行政部門在內閣總理大臣之下，成為一個獨立的統一體，擔任行政。司法審判則脫離過去司法大臣管轄，改由國民直接審查，在保障其身分的最高法院院長以及法官管轄之下，行使完全獨立的審判。國會制定的法律和內閣所發布的命令，有違反憲法者，一律有宣告其為無效的權能。最高法院院長與內閣總理大臣，居於對等地位。

## 一、國會制度

### 1.國會地位

憲法規定國會為最高權力機關，亦為國家唯一的立法機關。國會是國民的代表所組成的機構，是統治機構的核心。

實行議會內閣制，國會居於重要的地位。在國家權力的運作上居於優位。

⑴國民的代表機關　政府機構雖包括內閣、司法、國會及天皇等，但只有國會是直接代表國民的機構。蓋只有國會是必須由國民直接選出的代表組成。由於其必須反映最新的民意，因此必須定期改選。如遇重

大政策爭論，以致內部的意見相持不下時，即應立即解散國會，重新改選，尋求民意，以落實國會代表國民的本意。

　　⑵國會是統治機構的核心，唯一的立法機構　日本憲法規定「國會是國權的最高機構」。實行三權分立的政治制度，其立法、司法與行政均於各自領域內擁有最高權威。內閣可以解散國會（眾議院），法院對國會所制定的法律可以審查，判定其是否違憲或無效。因此所謂國會是國家權力的最高機構，具有綜合性調整的功能。國會在國家權力運作的過程中居於優越地位，除非是憲法規定，專屬於行政及司法機構的權力，否則國會都可以居於主導的地位，發揮其政治上的影響力。

　　日本憲法規定「國會是唯一的立法機構」，意指立法權屬於國會獨占且為固有的權限（排除其他機構制定法律的可能）。這是國會中心立法的原則。其次是國會單獨立法的原則。國會在整個立法過程中，不需其他機構的協助或參與，即可單獨制定法律，而不受任何影響。

## 2. 兩院制國會

　　所謂兩院制，乃是指國會由兩個議院所構成，國會的決議原則上必須由兩院共同形成。日本的國會採取兩院制，即眾議院與參議院，所有立法必須經兩院的決議才能立法。

## 3. 議員的特殊權益

　　憲法保障議員能自由從事政治活動，順利達成代表國民參與國政的職責，給與歲費（全年年薪）享有權、不受逮捕權（只限於開會期間）、言論免責權。

## 4. 國會的權限

　　國會的權限主要在立法方面有法律的制定、條約的承認、憲法修改的提案等權限。財政方面，包括租稅法定原則、國費支出與國家債務負擔的議決、預算的議決、決算審查，並擁有內閣總理的提名任命權。

# 二、行政機構

### 1.權力分立內閣

日本內閣基於權力分立的原則所構成，內閣為行政主體，可以自主決定政策，直接指揮監督所有行政部門。內閣為最高行政機關，是三權分立體制之下互相制衡體系的主體之一。內閣雖有解散眾議院的權限以及任命最高法院法官的權限，以制衡國會及司法機構，但同時亦須受制於國會及司法機構（內閣總理由國會指名，且內閣必須向國會負責）。同時內閣及其所屬行政部門的行為是否違憲、違法，亦須接受法院的審查。足見內閣乃是在權力分立體制之下掌握行政權，與立法權及司法權形成互相制衡的關係。

日本原則上屬於英國型的議會內閣制，內閣總理須經國會指定，內閣閣員大多數由國會議員兼任（多屬眾議員），內閣必須向國會負責。

### 2.內閣的組織與權限

日本的內閣由總理大臣及十數名國務大臣組成。內閣之下設置總理府及法務、外務、財務、文部科學、更生勞動、農林水產、經濟產業、國土交通、環境等十個省（部），國家公安委員會、防衛廳等，以及數名擔當各項政務的特命大臣。

內閣總理大臣擁有閣員任免權、法令副署權等。內閣實際上由總理大臣主宰，因此內閣所具備的權限，即為總理大臣的權限。

## 三、司法制度

日本人即使發生事端，亦盡量不訴諸法律，而有強烈謀求息事寧人的傾向，足見日本民眾大多缺乏法律意識。一般而言，日本人不甚重視法律，更缺乏契約的觀念，連受過民主教育的知識分子亦復如此。

### 1.新憲法下的司法制度

新憲法對於「明治憲法」的主要改革，為國民主權主義，尊重基本人權的保障，實行議院內閣制的民主政治，加強三權分立的精神，賦與司法部門強大的權力。

　　民主法治國家的司法制度，雖其型態不同，但基本上均有共通的原則，建構穩固的司法制度，即法治原則、司法獨立原則、審判公開原則與國民主權原則。

　　三權分立的重要原則乃是保障司法體系的獨立，使其不受行政、立法權的干擾與介入。一般民主法治國家，司法體系獨立的基礎，係建立在法官獨立與司法機構自主之上，日本的司法制度亦然。

　　司法機構基於權力分立原理，原則上應不受其他任何機構的指揮監督與牽制，而受憲法保障，享有規章制定權、人事行政權（法官提名權）、財務獨立自主權、內部行政權。

　　司法的獨立，除了以制度保障司法權不受外界干涉之外，司法人員亦負有維護司法獨立的義務。不僅有義務遵從憲法、法律的規定，進行審判，不從事侵害司法獨立的行為，避免作出任何可能危害國民對司法獨立信賴的行為。

## 2.法院的種類

　　⑴最高法院　戰後的最高法院乃是依據憲法所設立的司法機關，其地位與掌理行政權的內閣，職司立法權的國會平行。

　　最高法院共有十五名法官，係由內閣就法學學養豐富的教授與資深法官而任用❹，但須經國民審查合格，方能取得正式資格❺。其中一名為院長，其地位與國會議長、內閣總理大臣同，為三權之長。最高法院負責處理上訴案件及有關法律、判例之變更、命令和憲法的審查。

　　對於最高法院的判決，每一位出席審理的法官必須公開表明意見，說明理由。如有不同意見或少數意見，亦可另行註明，以供參考，並表示尊重少數意見。最高法院除了審判之外，還擁有制定法規及指名下級法官之權。

---

❹　法官的任命，需考慮其出身背景（專長），年滿四十歲以上者，一般平均年齡
　　均在六十歲以上。
❺　在其任命後的第一次眾議院選舉時，須由國民投票決定。

⑵各級法院　戰前，下級法院隸屬於司法省監督，經費預算與法官的昇遷考核，均操之於司法大臣之手。因此審判案件，難免受到司法省的干預。戰後為了防止行政干涉司法，確立司法獨立體制，裁撤司法省，將法院的經費改為獨立作業，法官的監督考核，改隸最高法院。

法院共分高等法院、地方法院、家庭法院與簡易法院等四級。高等法院由院長與相當名額的法官組成（計有八個高等法院分布於各主要地區）。高等法院開庭時原則上由三名法官組成合議庭，處理上訴案件及依法規定的第一審案件。

地方法院是依照各縣設置法院的原則組成，全國約有五十個地方法院。主要負責處理第一審案件。

家庭法院則是針對家庭問題案件的審判及調解，同時亦審理少年事件。簡易法院是審理輕微事件的法庭，全國有五百七十五個，分布極廣。但不得判處刑期。

### 3.律師制度

戰後為了健全律師組織，設有「日本律師聯合會」，並在各地分設「律師會」。會長、副會長與職員均由會員選任。「聯合會」與「律師會」之下設置「資格審查會」、「綱紀委員會」以及「懲戒委員會」，自行掌理律師的資格審查與懲戒事宜。此一制度與戰前須向司法省登記，並接受司法大臣之監督者迥然不同，即擺脫了司法省及法院的指揮監督，而成為一獨立超然的自治體。

至於律師資格之取得，原則上與法官相同，均須經司法考試與司法研修所訓練合格（兩者均具有公務員資格）。

# 第三節　政黨與選舉

## 一、政　黨

### 1.戰前的政黨

1895 年以前，日本政府主張政治超然主義，認為政治人物皆為天皇子民，不須區分黨派。然而當時所成立的自由黨、立憲改進黨則主張民主、自由、民權等思想，反對政府的愚民政策。這些政黨在成立初期都受到日本政府的壓迫與彈壓，但在 1889 年「明治憲法」頒布之後，政黨便能經由選舉取得國會議席，由是使日本邁向政黨內閣制的方向發展。

此後二十數年，因為政黨的影響力逐漸擴增，使政府不得不對政黨予以重視，因此 1898 年大隈重信與板垣退助組成日本最早的政黨內閣，終能掌握政權，使政治權力的重心由藩閥、官僚轉到政黨，打破長久以來的藩閥政治。

1918 年政友會成立內閣至 1932 年軍部暗殺犬養毅首相為止，日本共出現了十三任政黨內閣。這一段期間內一直維持由眾議院多數黨組閣的常軌，可說是戰前日本政黨政治的黃金時代。

但「滿洲國」成立（1932 年）後，由於少壯派軍人的推動，興起了日本軍國主義，軍部逐漸主導政權，甚至厲行一國一黨體制，此後軍閥專制取代了政黨政治。

## 2.戰後的政黨

直至戰後，日本在盟軍占領下恢復政治結社自由之後，各種政黨紛紛成立。其中最主要的有「日本社會黨」、「日本共產黨」以及屬於保守勢力的「自由黨」、「進步黨」等。其中保守政黨經由數度的重組之後，統合成為現在的「自由民主黨」（自民黨），再加上 1960 年代成立的「民社黨」、「公明黨」，以及後來成立的「民主黨」，即為目前的主要政黨。

日本政黨政治的特質有數點：一是一黨獨大的政黨政治（一大政黨及數個中小型政黨的形態）。二是主要政黨的政策差異極大。三是國會議員為中心的政黨政治（政黨的權力及運作皆由國會議員所掌握，因而造成政黨的中央黨部及各地方黨部，皆由參眾兩院的議員擔任要職）。

戰後，除了社會黨的片山內閣短期執政之外，一直由自民黨一黨獨斷，長期執政。

自民黨內存在的派系，實為日本政黨的特殊政治生態❻，蓋必須參與派系始能獲得強力的支持。但派系政治易與政治捐獻密切結合，形成金權政治❼。自民黨之所以能長期執政，其主要原因乃在其結合官僚體系與財界團體，且在野黨尚未具備競爭實力。

## 二、選舉制度

戰後的日本，除了 1946 年的大選採行單一名額的小選舉區制之外，一直都是採取「中選舉區制」。即依據全國各都道府縣之行政區域，劃分為若干選舉區，各選區選出三～五名議員。

由於採取「中選舉區制」，衍生種種弊端❽，因此，自 2000 年開始，已改採「小選舉區制」，配合「比例代表制」的選舉制度。其目的乃在解決金權政治、派系政治、小黨林立等問題（「單一選區，兩票制」）。

單一選舉制的實施，規定一個選舉區只選出一名國會議員，自民黨等大黨短期內將居於有利地位，但在野黨面對此一情勢，必然亦會調整其相互間的政策差異，重新整合，以對抗自民黨的優勢。因此未來政權由兩大黨輪替的可能性大增。另外，比例代表制的採行，則可兼顧少數黨派的意見，反映各種選民的需求。

### 1.眾議院

2000 年，修改「公職選舉法」，眾議院定額為四百八十名，其中三百名由區域選舉產生，一百八十名由十一區選出比例代表。任期四年，但

---

❻ 由於自民黨原來是由數個保守政黨整併而成，因此難免保留過去的政黨派系，且其總裁是由黨籍國會議員選出，主要實力人物為爭取總裁職位，平時就必須集結支持者，而形成派系。

❼ 金權政治乃是一個循環不斷的政商勾結的體系。

❽ 當選議員未必獲得多數選民的期待與認同，而容易產生與金權掛鉤，成為利益團體的代言人，且易於形成多黨林立，不易形成強而有力的反對黨。加以選舉區定額不均衡的問題，亦引起各方詬病。

很少任滿改選，蓋內閣總理可請求天皇同意，隨時解散眾議院舉行改選。至於兩院的權力關係，則是眾議院的權力高於參議院。無論是內閣總理的產生、預算案、條約案的通過，預算案的審查，兩院如有爭執，最後決定權掌握在眾議院之手。

2.**參議院**

選舉方式有二，一是區域選舉方式，二是全國比例代表選舉方式。區域名額為一百五十二名，比例代表名額為一百名（依據各黨派所提名單，由全國選民以政黨為投票對象的選舉），合計二百五十二名。

# 第三編

## 近代日本的社會與文化

# 第一章　近代社會與文化

八〇年代以降，由於日本經濟奇蹟式的發展，引起世人對日本現代化成功因素的探討，認為群體意識、勤奮工作的傳統以及忠誠 (makoto) 的為人處事態度等，乃是日本經濟發展的主要動力。內在的國民精神面貌，如團體精神、嚴正的紀律、自我犧牲的主導精神、善於模仿、調和、虛心學習、進取等個性，多是自古以來傳統的習性，有些則是經過社會的變遷而養成。雖然最近日本的政治社會已有很大的改變，但骨幹的社會文化本質仍無太大的變化。

就中日兩國的家族倫理觀念加以比較，中國著重血統主義，而日本則著重「家督」主義。中國對「家」的繼承，主要在繼承血統，日本則在繼承「家督」或「家業」。

日本自江戶時代以後，君臣關係重於父子關係，社會義理重於家族關係，形成一個否定個人自主性，群體的人際關係優於血緣關係的倫理世界。

日本的社會一直存有重男輕女的傳統觀念，戰前，日本的婦女只是男人的附庸，可說是毫無獨立人格社會地位可言（甚至連選舉權亦付諸闕如）。在明治維新後，雖在「四民平等」的口號下，但仍未獲得男女平等的地位。第二次世界大戰後獲得解放的日本婦女，積極參與社會活動，但大多仍保持刻苦耐勞、有禮貌、服從、體貼的傳統優良美德。

從整體的社會文化傳統闡述日本社會的特性，有以下幾點值得注意：一是團結合作的精神與服從的性格，對於公司的忠誠心、責任感與職務的榮譽觀念。群體意識與強烈的團體精神之根源，則來自家族倫理、團結意識與法治精神。二是整個歷史地緣的發展侷限於幾個島嶼，可耕地

狹隘而貧瘠，且又缺乏資源。但這種毫無物質憑藉的日本人，卻在能源危機日趨嚴重，本身的天然資源極端匱乏的困境中，依靠人為的力量，從貧窮的傳統經驗裏，孕育出一種精緻的文化觀，善用一切既存的事物與條件，發展「小即是美」(Small is beautiful) 的社會信仰，更擅長因應國際環境的激烈變遷，和時代潮流的未來趨勢，以「精密」、「精簡」、「精美」等理念，開拓一個「輕、薄、短、小」的新時代。三是注重和諧。日本自古即甚少互相殘殺的歷史（除了十六世紀戰國時代），且無緊張的人際關係。因此很少對人抱持不信任感。

# 第一節　民族性

一個國家的民族性 (National Character) 並非與生俱來，而是以民族構成的客觀要素及主觀意識為基礎，經由文化途徑而形成。民族性可說是一個民族文化精神以及整體的抽象表現。它不僅具有共通性，且有其持續性。因此，不同的民族因其所居住的地域不同，而有不同的民族性。

日本為一島國，在其形成民族性時，必然受到地理環境的影響。由於其地理環境的影響，而具有濃厚的「島國根性」。蓋其領土有限，四周是茫茫大海，因此不得不依靠本身的力量獨立奮鬥，組成國家，造成日本人重視現實，好進取，抱持高度國家主義的民族性。

一個封閉性的島嶼國家，其思想變動通常無法排除外來文化衝擊的因素，亦即先接受較高的外來文化，始能產生其獨特的文化。日本人自古即從中國、印度等國吸取高度文化，近代則又吸取了歐美的先進科技文明，能將其融會貫通，產生一種適合日本本身發展及社會環境的文化。

近百年來，歷經重大變革的日本民族，到底有何特性，其民族性是如何形成，這些問題當因著眼點之不同而有差異，但大體而言，以下舉述幾項特徵，足以參考。

## 一、忠誠群體性強韌

　　日本民族具有強烈的團結上進心，群體觀念強韌。日本人的一生都屬於各種不同的「歸屬團體」。日本的社會長期以來形成的倫理，並非以個人為本位，而是個人生活在各種集團之中，個人屬於不同集團的一員，因而形成一種集團習性，集團意識特強。在每一集團之中，上下的地位關係極為嚴格，每人必須按部就班，依「年功序列」昇遷，甚少躍級越進。

## 二、階級思想

　　日本自古即有「天孫降世、君臨天下」和男神戰勝女神的神話，而奠定了君貴民賤、男尊女卑觀念與制度的基礎。中古以後社會階級嚴格分成皇室、將軍、藩主、武士等統治階級，及農民、商人等被統治階級。明治維新以後，廢除封建制度，階級乃蛻變為皇室、華族、士族、平民等四級。近代則演變為士農工商。階級制度雖迭變，但階級思想仍是根深柢固。

　　日本人只要有數人在一起，就會意識到依年齡、社會、年資、地位等基準的序列，其行動形式亦受到影響。日本話敬語之多，實由於其重視上下關係使然。

## 三、認同與排外

　　一般而言，日本人不喜獨善其身，離群而索居。當決定行動時，對於他人如何行動，或自己的行動將會引起他人何種反應極為在意。日本人教育下一代的原則有二：一是誠實，二是「設身處地為別人著想」。

　　但另一方面，日本人卻把「自己人」和「外人」的界限訂得很明確。當「外人」要加入其團體時，每每具有強烈的排外意識和濃厚的崇洋心態，這兩種心理作用卻同時矛盾而和諧的存在於其社會中。由於其對「外人」的排拒態度，形成日本人在歸屬意識與安全感之下，願對所屬團體效力，甚至犧牲生命亦在所不惜。

## 四、富於模仿調和

日本人固然善於吸收模仿外來的文化，但吸收時卻能擇善而不固執，且將外來文化與日本固有文化融和而形成新的文化。由於其具有同化、調和外來文化的功能，因此，自古以來即甚少發生社會革命。

日本民族對外來文化和思想，不僅沒有異端、牴觸或偏見，反而能以外國的先進文化與思想為師，全力移植吸收。由於這種傳統的虛心好學的素質，所以並不保守，亦即能適應時代的潮流，隨時朝向新的學習目標。近代以前，其文化思想，深受中國文化的影響，近代則於面臨西力衝擊之後，立刻推動現代化，全盤吸收西方的新文化思想和科技。

## 五、注重外表齊一性

日本人不僅在表面上重視外表，在思想層面亦復如此。外表形式深刻的影響日本人的思想與行動。在教育方面，訂立理想的「型」作為其生活的規範，在政治方面，分別隸屬於某一「型」（派系）中，在經濟方面，則造就一個國家發展的「型」。

# 第二節　階層制度與群體意識

## 一、階層制度

日本人對於階級或地位認為是理所當然。對人際關係或所屬團體，乃是基於上下關係為大前提之下所組成。日本社會的階級意識相當明顯，在日常生活中更是表露無遺。不論一個人多麼成功、顯赫，比他先畢業的「前輩」(senpai)，永遠排在他的前面。

大部分的集團，都是沿襲傳統家庭的舊態，何者為首，何者為追隨者，均極明顯。即使沒有像教師與學生、社長與一般員工的上下有別，但仍然以群體中的會員資歷、地位或年齡的差異，形成階層結構。

其所以尊重階層的理由，無疑的是由於長久的世襲權力及貴族、武士等統治的歷史傳統。日本歷史的主要特色之一是階級的差別、世襲的權威與貴族的特權，尤其以近代為甚。皇室的歷史實為最佳明證。

連藝術領域亦依循世襲制度而運作。一切藝術上的技術均當作秘傳，成為父子相傳的對象。繪畫或舞臺藝術亦基於世襲制度而有派別之分。師匠與弟子之間的關係形同父子關係，且「養子緣組」（收養養子）的制度相當寬鬆❶，因此，有才能的弟子亦能由此得以繼承師匠而傳到後世。

其實到了德川時代末期，人們對於封建世襲制度所造成的僵化已感不滿，但沒有明治時期日本人所表現，廢除世襲制度之徹底。不僅武士內部之差異，武士與其他階級之間的區別，短期內即被剷除，連戶籍上的士族這一身分，亦成為歷史的名詞。

階級的不同或世襲而來的權威如此的強韌，且其存續時間很長，因此階層被視為當然，社會地位極為明顯，但現在日本社會的階級意識已轉趨薄弱，具體的差別待遇亦甚少。

## 二、群體意識

日本讓外來的集體主義價值觀繼續發展和形成，以加強社會的約束力量。忠誠、義務、服從等價值，在日本社會裏，轉變為義理、感恩、忠孝等觀念。愛情和寬容或人情和寵愛，演進為社會情感的潤滑劑。

讓個人埋沒於集體之中，具有重要的意義。個人如果為所屬集體帶來傷害，就必須由權力或法律來處置。這種價值觀的發展所必須的手段，在現實中亦頗為重要。由於受到中國文化教育觀的影響，教育國民亦以集體主義的價值觀為手段。此從四十七義士（忠臣藏）❷到神風特攻隊❸，

---

❶ 經由養子關係之成立所必要的同意與手續，即可輕易的變成養子關係。

❷ 以赤穗藩四十七義士為主君報仇為主題的淨瑠璃（音樂劇）、歌舞伎狂言的總稱。

❸ 第二次世界大戰末期，日本海軍編成的飛機的「特攻隊」。這是 1944 年 10 月，

忠誠和服從的故事，即可得到印證。

# 第三節　社會倫理與婦女地位

## 一、個人與家庭倫理

就中國與日本的家庭而論，最顯著的差異乃在中國是著重血統主義，而日本則是「家督」主義。中國對「家」的繼承，意指不使祖先的血統斷絕，即以同樣的血統綿延不斷地祭祀祖先。但日本的情況卻不同，「家」的繼承，如為武士是繼守「家督」，商人則是守「家業」，因此，不肖之子即被「勘當」（kandō，斷絕父子關係）。另一方面，「養子緣組」之風，無論大名（諸侯）、武士或商人，都極普遍。進一步的說，日本武士之對職位，商人之對職業，無不懷抱積極遵守的高度使命感，易言之，日本傳統表示其對「家祿」或「暖簾」（Noren，商號招牌）的重視。

再就工匠的技術而言，中國自古即視之為「雕蟲小技」而加以忽略，日本則頗為重視，對有名的工匠社會評價甚高，甚至尊之為「人間國寶」❹。

再就個人倫理而言，日本的家族倫理嚴格要求建構傳統社會的親和力與秩序，重視法治精神，與中國重視血統主義（祖先崇拜，重視繼承、家族、系譜、血緣）不同。

自德川時代以來，君臣關係重於父子關係，由於社會義理重於家族關係，因此為了義理，有不惜捨親的傾向。由此可見雖在形式上不同於西歐，日本卻有優於血緣關係的倫理世界。基督新教的倫理世界，僅止於信仰上的個人世界，而日本則是對藩或店 (tana) 的一種集團性人際關係。就此而論，對個人的自立是否定的。集團的人際關係，否定個人世界的自主性，因而產生為會社（公司）不顧家庭的所謂「猛烈社員」。不

---

為了對抗美軍登陸菲律賓的作戰而組成的。

❹　重要無形文化財（指藝術、工藝等方面）保持者的通稱。

論其為好或壞，這的確為日本資本主義的特徵之一。

## 二、政治的二元性

道德的權威（天皇）與政治的權威（攝政、關白、將軍）之分離，及政治集團（武士）與經濟集團（商人）之分離，實為促使政治世界相對清純、乾淨的原因。因此，武士倫理作為明治官僚倫理而繼承的清純的倫理性，對日本資本主義的發展實有間接的貢獻。

中國只注重「昇官發財」，作官與發財互為表裏，官僚一方為地主、土地經營，同時為商業資本的基礎，可見政治與經濟相結合，此一關係常阻礙資本的自律性發展，清末民初的洋務運動之停滯，其原因在此。

## 三、婦女地位

日本的婦女地位與兩性關係一向為歐美人批判的重點，女性的職業差別相當嚴苛。日本的婦女，少女時代從父，出嫁後從夫，老而從子，儒教三從四德的禮法迄今仍然不變。

婦女甚少參加社交活動。丈夫的放蕩可以默許，妻子的輕佻則是不可寬恕，這種雙重標準仍極普遍。日本人對於性的看法並不具有罪的意識。蓋認為有如飲食，為自然的現象，但卻認為個人的欲望應受制於周遭的社會環境，因而連屬於個人愛情生活的社會規約，亦願意遵守。

古代的日本人不單只是重農，且亦重視豐饒。直到近代，在農村地帶仍有以男性性器形狀的東西當作信仰的對象。

王朝時代宮廷生活的主要文藝主題，大都充滿彩色繽紛的性的自由生活。結婚前的性行為被默認，婚姻亦須等到女性確有受孕始能正式承認。

古代的日本屬於母系社會。皇室傳說上的始祖是天照大神。三世紀前後的統治者很多是女性。女性天皇一直到八世紀仍然存在。平安時期的宮廷女性可以享受大幅度的自由，在文學方面居於主導的地位。即使

在封建初期，婦女仍可擁有繼承權。

其後由於儒教與封建制度的配合，婦女的自由被限制，而強制從屬於男性。封建時代講求「力」，比諸男性較少鬥爭能力的女性當處於劣勢，而以男性社會為中心的儒教更助長了此一傾向。

上流社會女性完全從屬於男性，成為「下女」或男性玩弄的對象，直到德川時期，這種關係已固定化。女性大抵都是作為強化與世家關係的政略結婚的工具而小心養育，無異是婚姻市場上的「人形」（Ningyo，娃娃）。為人妻之後，被要求全力為丈夫家族的幸福而犧牲奉獻。

明治維新以後，雖倡說「四民平等」，但男女問題，仍然認為是天性的差異而視為當然的道理，男尊女卑的觀念，為法律所公認。民法上視妻如同限制行為能力的人，妻子的許多行為，都要獲得丈夫的同意，丈夫對於妻子的行為，卻有權利加以否定，因此，在第二次世界大戰結束以前，日本的婦女在社會上，毫無人格和社會地位可言，既無繼承權，更無自己選擇配偶的權利。結婚後，不僅對於自己子女的教育無發言權，亦無向丈夫提出離婚的權利。休妻的理由只要指責妻子不能盡責，有違家規便能成立，無須其他理由。

在農業經濟中，婦女的勞動力占極重要的地位。從事農業及林業工作的勞動者，婦女即居其中的半數。

直至戰後，盟軍總部於 1945 年 10 月的指令中，始把解放女性列為基本項目之一。由於過去封建制度的家長制已被廢止，男女平等的原則已確立，且受到憲法的保障，使婦女在家庭中的地位大為提高。尤其以都市中的家庭為然。但較偏僻的農村，仍有一部分的婦女被古老的封建舊制所束縛，而無法享受男女平等的實惠。

經濟生活方面，女性的地位仍不如男性遠甚。過去封建時代「三從四德」的儒家之教，迄今仍然殘存。雖然每年都有愈來愈多的婦女出外工作，但其所得僅及男性的六成而已，直到最近這種不平等的現象始有好轉。

　　戰後日本婦女社會活動的發展與日俱進，但日本女性最大的美德是刻苦耐勞、有禮貌、能服從、善理家政。戰後日本女性的社會地位較之戰前已提高了很多。

　　總之，戰後由於廣泛的法律以及社會權利突然且意外的降臨到日本婦女身上，終於解脫了封建社會的諸多枷鎖。

# 第四節　宗　教

　　根據統計，對特定的宗教熱心信仰的人數不多，其最大的理由是日本人具有重視現世的樂天性格。在美麗的大自然中，既無外敵的侵入，亦無極端的天災地變，經過幾個世代悠閑生活的日本人，比較沒有熱衷於宗教的風氣。然而並非一生全無信仰。在煩惱多的青年時期，對宗教表示關心者較多，這同時也包含祈求人性哲學的心情。壯年時期，則因忙於事業，暫時遠離宗教，及至老年才又再度接近宗教。

　　日本人大都具有東洋的「沒我」愛，原應更有宗教性，因此，並不需要具有特定形式的宗教。所謂東洋的「沒我」愛，不僅只是指人類，且也包含對於奉獻給宇宙一切的愛。

　　日本人的一般性宗教意識，並沒有一如基督教所謂人格上的唯一絕對神。但在日常生活中，卻在身旁的所有事或自然現象之中，感覺到神秘的生命。

　　日本的宗教主要有傳統的神道與外來的佛教與基督教。多數的日本人對多數宗教是寬容的，同時與複數的宗教發生關連並不感到奇怪。與其說是日本人對宗教寬容，還不如說是多神教的神道對於來自外國的宗教寬容。

　　日本人在宗教上講求實際性，而不為宗教理論所限制，更不為宗教的形式所束縛。日本雖有神道、佛教、基督教等，但自江戶時代以降，大多數的日本人誕生時依規定到佛寺登記，結婚時依神道的儀式進行，但葬禮卻依據佛教儀式超渡。一年中的節日（新年），人人到神社參拜，

春分、秋分及中元，人人到佛寺去祭祖。毫不紊亂，亦不感矛盾。

依據現行憲法，宗教受到保障，因而無所謂國教，國家的行政均與宗教無關。國立、公立學校均禁止宗教教育。

# 一、神　道

神道是由日本民族的生活體驗所孕育，亦是其傳統信念及情操。它是從原始時代即已有的自然宗教，但卻受到佛教、儒教的影響。祭祀神道神祇的地方是神社。神道的神有無數，起初以自然物或自然現象為神，在靜寂的土地，種植杉木，使自然和人化為一體，就是日本古代的神道信仰。其後逐漸祭祀祖先，但無特定的教祖，亦無《聖經》或教典，可說是一種沒有傳教概念的宗教信仰。

佛教傳入日本時，具有與佛教對立的思想體系的神道尚未成立，但已有各種神祇祭祀的儀式，而這些思想和儀式，正是逐漸發展的民族宗教——神道的骨幹。其後神道受佛教、儒教的影響而理論化。尤其儒教傳入日本之後，古神道受其影響，而提高了道德意識，神話也帶有規範性❺。除了儒教的影響之外，佛教的因素甚深，在宗教信仰上，產生「神佛同居」、「佛本神跡」的思想，即以神道的神為佛祖菩薩的化身。在教義上，神道處於佛教的附屬地位，直至十七世紀初期後，神道始逐漸脫離佛教而傾向於儒教思想，採取「神儒合一」的立場。

日本人的神道信仰，與日本的國民性有密切的關係，有謂「殉死美風」❻為神道信仰的歸宿。

及至十九世紀以後，神道受到有如國教的地位，尤其明治維新以後獎勵「國家神道」，崇拜自然的多神教，增添一層官方信仰的色彩，連天皇也被神格化。

---

❺　原來以民族為中心的神話，逐漸發展為以皇室為中心的民族神話，皇室的祖先或守護神，如天照大神等，一變而為民族國家的守護神。

❻　為主君殉死的風氣，最盛的是鎌倉幕府倡導武士道精神以後。

　　但第二次世界大戰後，在盟軍占領統治下，神道與國家關係再度分離，在自由與平等原則下，在法律上與社會上，與其他宗教處於同樣地位，而成為各地神社各自的信仰。

## 二、佛　教

　　佛教是六世紀經過中國、朝鮮，傳到日本的外來宗教，卻發展出日本特有的教義和教團組織。至六世紀末聖德太子當政時，大興佛教，從此奠定了穩固的基礎。

　　傳入東亞的佛教屬於「大乘佛教」。日本的大乘佛教可分為密教、「新佛教」以及依靠自我克制的自力佛教。

　　日本人的生活與佛教的關連相當密切，即使不是教徒，亦到廟宇參拜，喪禮以佛教儀禮舉行，死後以佛教的名稱（戒名）稱呼。日本的美術、文學、建築，甚至思想、道德等文化各方面，都受到佛教強烈的影響。

　　禪是佛教的一種。所謂禪乃是潔淨身體而得到內在的體驗，屬於高層次的宗教信仰。為了潔淨心靈而靜坐，定下心來思考的，就叫做坐禪。

　　禪宗是在十二～十三世紀時，由中國回日的僧侶所傳。禪宗認為真理是超越人的語言、文字的表現，由坐禪修道始能直接自我體驗得到者。後來，禪宗成為武士道或茶道、插花等的骨架，給與日本思想、文化、生活各方面很大的影響。

　　現在的佛教，可分為天台、真言、淨土、禪、日蓮、奈良佛教以及其他等七大系統，其下共分一百數十個宗派。

## 三、儒　教

　　儒教所強調的是合乎理法的自然秩序，人類被視為其調和的一環，因此尊重嚴格的倫理法則的社會秩序，國家應由學識優良、倫理、智慧高超的人來統治。四書五經的文獻受尊崇，但沒有聖職者，宗教的儀禮

亦少，而最具有特色的是沒有「神」這一觀念。既無禮拜，唯有對統治者的「忠」，對父親的「孝」。

儒教的古典標榜忠孝智仁愛五原則，以及對歷史的重視。儒教之傳抵日本，乃是六世紀至九世紀之間，這是中國對日本巨大影響的第一波。但儒教卻在佛教的背影之下，到十七世紀初期，中央集權的德川幕府登場，認識儒教與政治的關連，才脫穎而出，直到十九世紀初期，儒教使日本人成為足與中國、韓國人相匹敵的「孔孟之徒」。

面臨十九世紀一大轉變時期，舊有儒教道德觀念已在歐美的衝擊之下逐漸衰微，但仍有不少儒教用語或概念用在新的制度上，最顯著的例子是 1890 年頒布的《教育勅語》。雖然現代的日本人已非德川時代的「孔孟之徒」，但他們的價值觀與倫理觀，至今仍然殘留濃厚的儒家思想的色彩。在傳統的或哲學的宗教之中，沒有像儒教給與日本如此大的影響。

## 四、基督教

最初在日本傳播基督教的是 1549 年抵達鹿兒島的天主教耶穌會士沙勿略。十七世紀初年最盛時，信徒多達十七萬人。其後被認為對封建秩序有害，逐漸被壓抑迫害。至十八世紀初，外國傳教士全被驅逐出境。

一直到十九世紀後半，與歐美各國訂立邦交後，日本的基督教傳教才轉趨興盛。1859 年以後，美國派遣新教傳教士到日本，天主教、俄國正教亦開始在日本從事傳教活動。這些外國傳教士在日本從事社會事業與教育事業，對歐美文化的引進有很大的貢獻。日本的近代文化幾乎都是歐美文化的移植，因此，歐美文化中心的基督教思考、生活方式的一部分，以及道德觀等，亦被日本所吸收。

戰後的基督教雖未因歐美勢力日漲而擴展，但受到知識階層和青年學生的歡迎。

## 五、新興宗教

　　除了神道、佛教、基督教三種宗教之外，尚有在農村地帶或教育水準低的階層，盛行巫術的民俗信仰，以及「新興宗教」的宗教集團。民俗信仰通常是神道、佛教以及中國土俗巫術的混合，新興宗教的興起則是由於大量農村人口外流的結果，與出身地宗教團體斷絕連繫而缺乏歸屬感的人們的孤立傾向所助長。

　　新興宗教大抵都具有較高的折衷主義，包含神道、佛教、基督教因素，甚至受到歐美哲學的影響，大半則是以神道為骨幹。最大的新興宗教創價學會，乃是以日本佛教宗派日蓮宗信徒為主的集團。此外尚有天理教、PL 教團 (Perfect Liberty)、成長之家等的教徒較多。

# 第二章　近代教育與科技

## 第一節　近代教育的普及與發展

戰後，盟軍總部認為如欲促進民主化，基本工作在於廢除以往國家主義的教育，因此把改造日本的教育，列為主要政策之一，由是下指令廢止戰時教育令，實施改革。同時禁止國家保護、禁制神道教、革除軍國主義侵略思想。

日本人普遍認為要使日本復興，唯有依靠教育，以為教育是重建日本的原動力，因此，日本政府亦自動進行改革，明令廢除學校軍事教育，解散軍國主義教育團體組織等，並配合盟軍總部的民主主義化改革政策，採取各種改革措施。其重視教育，固然是經濟發展的需要，但仍奠基於傳統的儒教文化。

大戰後，日本五大改革之一的教育改革，把國民的義務教育由戰前的六年延長到九年。初中的升學率達 93%。高中的升學率亦達 40%（2005年）。

由於戰後教育事業的發展，造就了很多優秀的技術人員，對經濟發展實有巨大的貢獻。不論農業技術的革新，或工業技術的提昇，均以高水準的教育為其根本原因。因此，有謂日本雄霸世界市場的商品，凝聚著日本民族的智慧，雖然這種商品是由工廠製造出來的，其實也可以說是由學校製造出來的。總之，教育成為日本民族復興的基本條件。

學校制度方面，無論公立、私立學校，一律實行男女同校，國立或公立大學亦都向女性開放，使得兩性均能獲得同等教育的機會。戰後日本女大學生的人數年有增加，1970 年代，約有二十五萬人申請攻讀大學。

男女大學生的比率是女性一人對男性三‧四人。各級中學的男女學生的比率則差額較小，為女性一人對男性一‧三人。

# 第二節　近代科學與技術發展

日本的科技發展大體可以分為明治維新、第一次世界大戰至第二次世界大戰初期與戰後等三個時期。

明治維新可以說是日本全盤接受西洋科技的開始，但在幕末，已有一批菁英投入科技發展，成為後來明治維新工業化的功臣。

明治維新標榜兩個目標，一是殖產興業，一是富國強兵。日本以為要全盤西化，就應將西洋科技完全移植。當時的首要之務是培養人才，於是成立大學，延聘外籍教授以及科技人才。東京大學即是在這種策略下第一所由國家創設的大學。

第二期即第一次世界大戰爆發後，受制於科技、資訊取得不易，乃全力發展科技，不但民間成立了許多研究所，政府亦設立物理化學研究所等，研究基礎科學。第二次世界大戰前夕，所有產業與科技幾全投入軍事戰爭，使科技發生一些偏差。因此，在戰後初期，日本的科技呈現枯萎的現象。

戰後日本利用技術革新的成果，實用化的有電子顯微鏡、化學纖維、電晶體收音機、錄放音機等。

1950 年以後，日本全面引進科技，全力研究開發，政府成立科學技術廳，努力培養人才，引進科技。發展重點則在民生工業，其目標乃在農業機械化以及紡織工業的振興。

日本發現工業不發達的主要原因乃在機械工業的落後，於是趁韓戰「特需」的機會，將所有機器汰舊換新，積極的迎頭趕上。此外，由於石油、煤炭等天然資源的缺乏，遂使日本積極從事運輸技術的開發，尤其是造船工業更是蓬勃發展，1956 年以來，其造船總噸數已超過英國而躍居世界第一。

　　此後日本推動「所得倍增計劃」，並擬定十年科技發展計劃法案，以電子工業，尤其家電工業為發展重點。電子工業的技術應用在機器、照相機、火車上，因而有子彈列車（新幹線）的開發，同時照相機技術亦趕上德國，稱霸世界。

　　1970 年代，由於石油危機，技術的引進比較困難，但為了克服石油危機，在能源科技發展方面不遺餘力，且也得到相當的成果。這段期間，日本開始提倡以技術立國，以技術換取資源的政策。因其體認到自己先天資源的不足，必須以高科技才能在世界上爭一席之地。機器人的數量已高居世界第一，自動化生產技術可說是 1970 年代的特色。到了 1970 年代末期，日本科技已逐漸趕上歐美，尤其在半導體相關科技，如積體電路 (IC)、記憶體等方面，已超越美國。連電腦也足與美國的 IBM 相抗衡。

　　值得一提的是，日本在自然科學方面獲得諾貝爾獎的共有十二人 ❶，他們完全在日本國內研究，並沒有借助於外國的環境。

　　此一時期，日本所提倡的口號，一是獨創性的科技，由官民合作研究。在產業基礎科技的技術研究方面，則著重電子、材料及生命科技等方面。一是國際化，即任何產業盡可能與國際合作。國內的研究機構，也在國際化的浪潮下，大力招聘外籍教授，納入正式編制。

　　1981 年，日本政府推動革新技術研究十年高科技發展方案，主要是開發新材料、新能源、情報技術和生物工業等。

　　日本的科技開發著重在核子、宇宙與海洋等領域。官方有通產省（現改為經濟產業省）與文部（科學）省等主持推動，前者推動新材料、生物科學等基礎科學的研究計劃，後者則推動新能源、宇宙科學、海洋科學、生命科學等領域。

---

❶　除了物理獎的湯川秀樹、朝永振一郎、江崎玲於奈、小柴昌俊之外，尚有福井謙一、白川秀樹、野依良治、田中耕一（化學）、利根川（生理學、醫學）、川端康成、大江健三郎（文學），佐藤榮作（和平）等人受獎，獲獎人數共有十二人。

日本政府於 1987 年訂定今後科技開發的基本目標，旨在促進具有創造性的科技，科技與人類以及社會間的調和，重視國際性的科技等。

推動日本科技研究的，有大學研究機關以及民間企業，尤其以民間企業所占比例為重。大學方面，研究費的比例是，基礎科學占 55%，應用科學占 37%，開發研究只占 8%。至於民間企業則以 6% 作為基礎科學研究之用，20% 為應用科學，其餘 72% 作為開發研究。日本的研究者有三十八萬人，僅次於蘇聯、美國，居世界第三位。

日本的科學技術，已逐漸達到先進國家的技術水準，由引進技術為中心轉為以技術創造為中心。技術的促進主要仰賴人力與技術的進步，這些都有賴人力的培養。科技立國的人才培養，大學所負的功能角色較大。

日本科技的發展有以下幾個特色：一、精於輕小短薄而精緻的製作。在小型汽車、照相機、電子計算機等方面，已發揮得淋漓盡致。日本自古以來即有巧妙製作小東西的傳統，此由茶器、盆栽等，即可印證。二、擅長技術的組合與應用。傳統上具有將不同的幾種東西組合在一起的才能。三、生產場地受重視，開發設計部門與生產部門密切的連繫。大學畢業的技術人員，大量投入生產部門，而熟悉生產部門實況的技術人員，亦都參與自動化與技術改良的工作。開發部門與生產現場間的溝通極為密切，生產部門的意見或提案足以充分反映到開發、研究部門。四、技術掛帥、重開發。從 1950 年代以後約三十年，日本全力引進國外技術，且每二年從事大規模的技術革新。通產省推動重點科技發展，分成數個階段，都有完整的計劃與組織，積極而有效。同時又能巧妙的吸收他人的優點，再結合自己的長處，製造出完美的產品。

# 第三章 近代文學與藝術

## 第一節 近代文學

　　戰後，由於占領統治，一般國民心理陷於虛脫的苦悶混亂之中而茫然若失。但小說界卻是多彩多姿。在戰時被剝奪自由的作家以及有志新文學的人們，紛紛登上文壇。當時由於固有道德崩潰，新的倫理觀念尚未建立，人們在虛脫的幻覺精神狀態下，需要一種情緒上的發洩，於是暴露性的描寫以及色情小說一時大為流行。繼之而起的是內幕小說與紀錄文學。嗣後由於經濟的發展，這類作品乃逐漸斂跡。

　　戰敗之初，從廢墟中誕生的是《新生》，它刊載了戰前大作家的作品，如谷崎潤一郎的《細雪》，正宗白鳥的《戰災者的悲哀》等而風靡一時。繼《新生》之後，尚有《世界》、《潮流》等，以及戰前有力雜誌的復刊。

　　1950 年以前的日本文學，有三大特徵：一是大作家的復活，二是舊普羅（無產階級）文學系人士在民主主義文學的名義下，再度恢復其活動，三是戰後派文學的登場。

　　此後，日本的戰後文學已有逐漸呈現重整的傾向。尤其高中以上的學校所用的語文教材，多以近代小說為主，因此對於文學的要求，益形增大，於是產生了大眾小說。

　　第二次世界大戰後，言論與出版的自由受到保障，文學活動更為活潑。谷崎的《細雪》、三島由紀夫的《金閣寺》等，均被翻譯成各國語言，日本文學亦逐漸被世界所認定。

　　日本最初獲得諾貝爾文學獎的川端康成（1968 年），以新鮮的感覺，描寫人生之無常，作風一貫，被稱譽為將日本文學古典復甦的大文豪。

成名作有《伊豆的舞孃》、《雪國》等。1994 年獲得諾貝爾文學獎的大江健三郎，創造反映政治實況的作品，描繪現代人類在生命與寓意於凝縮世界裏的苦惱。

# 第二節　近代藝術

## 一、美　術

明治時期，佛像與建築的裝飾功用已衰，模仿歐洲人體雕刻的鑑賞用雕刻與紀念性雕像遂成為主流。

浮世繪 (ukiyoe) 是江戶時代的繪畫，至今仍廣受鑑賞，屬於民眾的風俗畫式樣。畫題則以演劇的情景、美女、演員與大力士等肖像畫（「似顏繪」，nigaoe）為主，亦有歷史畫或風景、花鳥等。十八世紀中葉，創始多色版畫而達到顛峰時期。

十六世紀的南蠻文化東傳的時代，西畫輸進日本，但僅止於油畫的模仿。

繪畫大半受西畫的影響。浮世繪採用了西式的遠近畫法作為構圖。但浮世繪的版畫（錦繪，nisikie）雖受西畫的影響，卻在江戶幕府末年，輸出西歐，反而影響西洋印象派的畫風。

明治維新時期，由於廢佛毀釋的騷動，排斥所有與佛教有關的古代藝術品，因此許多藝術作品流出海外。

在全盤西化聲中，對於西畫的學習極為熱衷。岡倉天心等提倡日本傳統藝術的復興，促使日本人對西化主義的反省。在復興日本美術以及國粹主義風潮下，日本畫的創作乃又展現出活潑的徵象。

西畫雖因日本畫的興隆而萎靡不振，但經黑田清輝傳入印象畫後，逐漸發達。及至二十世紀，在文部省倡導下，有帝國美術院的創設與美術展覽會的舉辦，西畫驟興。

## 二、建　築

日本古寺建築宏偉、靜穆，和現在公共建築的巨大新穎，住宅的小巧玲瓏相較，可以窺見其現實與心靈憧憬之間所追尋的和諧。

日本建築的近代化，始自十九世紀中葉日本開國以後。日本非常寬容而熱情的吸收與日本傳統建築完全不同的西洋建築文化。

建築亦以日本建築材料，建造西洋樣式的建築物。由於政府聘請西洋建築師，並培養西洋建築人才，因此到了明治後期，盛行所謂折衷的「洋風」（西式）建築。大正以後，耐震耐火的鋼筋水泥的近代建築更為流行。

日本庭園的特性是自然風景式，與西洋的建築式樣迥然不同。南北狹長的國土助長了樹木繁茂、樹種繁多，因應岩石風化，而不得不在建築上走向木造為主的造型，且由於自然風景富於變化，展現各種絕妙的景觀，庭園亦走上自然風景的樣式。庭園設計則採取象徵性的縮景法，利用自然資材，構築象徵性的造型，即將自然風景濃縮到狹小的空間，表現出一種意趣橫生的庭園。且由於佛教思想的融合，處處強調精神面的修煉與感召，形成寺院與庭園之間的密切關係。庭園的式樣，則有回遊式、枯山水與露地 (Roji) 等三種。

第二次世界大戰後，日本的建築更受歐美的影響，形態大多是西式，但裏面卻開闢一個日本式的庭園。兩者雖是完全不同背景的產物，但日本人卻毫不矛盾的把它們結合在一起，而顯示靜穆、孤寂的美感。

# 第三節　傳統的藝能與大眾文化

## 一、傳統的藝能

### 1.特殊運動

⑴相撲　相撲 (Sumō) 的歷史可以追溯到古代。神話時代有諸神鬥力

的傳說。在農業時代，不僅作為運動，同時也占吉凶。直到六世紀始發展為供人觀看的運動。

很少有一種競技像相撲這樣有如此繁雜的規則，除了兩個力士互競鬥力的短暫時間之外，自始至終，都受到繁雜的「儀式」所束縛。這些「儀式」都是經過細心的設計，周詳的顧慮所作的手續與作法，構成一種洗練而優美的「型」。不僅劍道、槍術、弓道、武士道的「道」的理念如此，藝能方面的茶道、歌舞伎、舞踊等，亦都經過一定手續的作法與型，以追求樣式之美。

⑵柔道　柔道 (Jyudō) 初稱柔術，乃係防禦外來敵人的徒手格鬥。十六世紀後半葉始日趨規範化，形成一種較為完善的武術技藝，並出現各種流派。

日本人心目中，柔道是傳統的國技，其目的不僅在於健康、求護身之術，且有提高精神修養以磨練身心的作用。

到明治時代，經嘉納治五郎的研究與倡導，改稱「柔術」為「柔道」，並開設「講道館」，收徒授課。以「訓育」為宗旨提倡柔道運動後，柔道乃逐漸興盛。目前在世界各地擁有總數約二千萬人的愛好者。

第二次世界大戰中，日本利用柔道，以貫徹軍國主義思想，因此，戰後一度被盟軍總部禁止。1949 年以後始又恢復，並向世界推廣。

⑶劍道　劍道就是用劍作為工具，以保衛自己的一種武術，是日本男子喜歡的一種體育運動。劍道的歷史悠久，古代的劍道且曾受到中國劍法的影響。室町時代，由於戰亂，需要自衛，學習劍術者日益增多。至江戶時代，日本武士道每喜表演武技以顯示自己的才能，劍道亦愈來愈發展。

明治維新初期，禁止人們帶刀，同時嚴禁練習劍術。但到了明治末年，軍國主義興起，劍道以振奮民族精神為名而大為倡導，甚至列為中學生的必修科目。戰後，劍道組織被解散，劍道亦被禁止。至 1950 年始又恢復劍道活動。

(4)弓道　弓道就是使用弓箭的一門技藝。日本的弓屬南方的長弓，有二十公分長，射法則是受中國的影響。

弓道在奈良、平安時代盛行，原係一種儀式，稱為射禮。十世紀武士階級興起，武士積極練習射箭，弓道更加發達。其後曾經作為作戰的技術，及至十六世紀槍砲傳入日本，弓箭失去了作為武器的功能。

江戶時代，武士把弓道的練習當作一種教養，因而促進了弓道的發展。戰前，弓道與劍道、柔道同樣被重視，且定為中學生的課程，男女學生都得練弓道。戰後，成立弓道聯盟，並且產生了專門的競技規則。

## 2.傳統的藝能

(1)茶道　茶道是以沏茶、品茶為手段，用以連絡感情、陶冶性格，且富藝術性、禮節性的一種獨特的活動。茶道淵源於中國，但其儀式已失傳。日本則在安土、桃山時代集大成。

茶道的禮儀受到武士禮法與能樂的影響，重視傳統的禮儀。茶道的基本精神是「和、敬、清、寂」四規，意即和睦相處、互相尊敬、心平氣靜、閑寂優雅。

正規的茶道是在九平方公尺四方的茶室舉行，參加人數只限三、五人，其後隨著社會的發展，茶室逐漸擴大，人數亦相應的增加。

明治維新後，由於日本社會開始西化，舊事物受到排斥，茶道也受到影響。及至昭和時代，國粹主義思想抬頭，茶道再度受到矚目，遂又再興。

第二次世界大戰後，日本經濟加速的發展，逐漸重視文化教育，傳統的茶道亦相應得到普及。不僅社會上婦女喜歡茶道，連大學裏的家政系亦開設茶道課。出嫁前的姑娘亦都把茶道作為必修科目，藉以培養優雅、文靜的舉止、寬廣的胸懷。

日本禪茶的精神乃在利用茶作為淨化心靈，提神解勞，使心神暫時祛除一切俗物雜念。

(2)插花　插花（生花，Ikebana）亦稱花道，最早起源於中國的佛教

供花，即向佛陀獻鮮花。至十五世紀，插花藝術才趨於完善，而被稱為花道 (kadō)。

自古以來，日本就有把花插入瓶內作為裝飾的風俗。在節日假期裏，人們插各種花卉以飽眼福。十五世紀末，日本的插花、和歌、能樂、茶道以及庭園建築等藝術都有顯著的發展，插花成了室內的重要裝飾。到十八世紀，江戶的商人統制城市經濟，也繼承發展文化事業，促進了庶民文化，插花藝術遂亦呈現眾彩繽紛的景觀，並產生了小原流、草月流、安達流等流派。

第二次世界大戰之後，日本文化在藝術風格上發生很大的變化。插花技術方面創造出一種與傳統的風格不同的形式，即主張取材不侷限於有生命的草木，只要能賦與作品以生命感，連枯枝敗葉或鐵器、石膏等製品亦都可以作為素材。

插花本為女性結婚前的教養，但目前則變成室內裝飾的一種，或作為生活樂趣，而滲透到日常生活之中。

插花（小原流）

(3)書道　書道（書法）是日本琴、棋、書、畫四大藝術之一。書道在東方的藝術一向占有很高的地位。日本書道與中國的交流較之花道、茶道的時間早，程度深。

奈良時代，日本的書法主要因襲隋唐筆法，尤以王羲之之流為盛。至鎌倉、室町時代，佛教禪宗傳入日本，中國書法亦由來日講學的中國高僧等的傳播而發達。江戶時代，則多普遍仿效宋元明各派的作風。及至十九世紀末年，經楊守敬與日本書法家的倡導，一改過去一千多年的「帖學」，而引進嶄新風格的「碑學」，並且成為日本近代書法的主流。

書道在日本極為普及，現有三千萬人學習書道，占全國人口四分之一。

## 二、大眾文化

### 1.新聞雜誌

大眾傳播中發展最早的是新聞事業，在幕末時，日本已有報紙的發行。

戰後的日本，不但教育普及，且其文化水準亦不斷地提高。日本國民對於周遭的事件，有強烈的求知慾，並盡量與世界動向配合。凡此都是促進報章雜誌的發達以及日本的新聞事業凌駕各先進國，而成為全世界最大的全國性報紙的主要原因。

戰後由於過去限制言論報導的種種法規已被取消，因此，報紙的言論尺度極寬。連盟軍總部在其占領期間為了管理報紙所發布的「新聞條例」，亦在日本恢復獨立之後失去效力。日本新憲法中因有禁止新聞檢查制度的規定，因而沒有以新聞為直接對象的法規限制。後來的「破防法」、「公職選舉法」，雖對新聞報導稍有限制，但對於報紙的自由並無重大的影響。

戰後，言論獲得自由解放，各地報紙紛紛出現。目前屬於「日本新聞協會」的近百家報紙之中，除了《讀賣》、《朝日》、《每日》、《日經》、

《中日》、《產經》等六大報屬全國性報紙之外，其餘大都是地方性的報紙❶。六大報的發行量幾乎占了全國報紙發行總數的一半。全國日報的發行量為六千多萬份，平均每一家庭擁有二·四份，日報發行份數，則居世界之冠，足見其發行量和西方著名的報紙比較，實已遙遙領先。

除了極為少數的例外，戰後的日本報紙並不像歐美的報紙帶有政治色彩，在政治上報紙是中立的，但有批評政府權要的傳統傾向。

除了報紙之外，由於讀者眾多，雜誌發行量亦極可觀，各行各業都有印刷精美的專門雜誌。週刊初期都是報社系統，其後雜誌系統的週刊相繼創刊，發行份數高達數千萬份。書籍、雜誌和報紙三足鼎立，使日本人的生活充滿書香氣息。

戰後日本出版事業發展的迅速為世界之冠。經過出版景氣的最盛期，經濟恐慌後的一番整頓，至 1950 年代，出版事業逐漸進入健全合理化的安定狀態。其後，由於紙價驟漲，遂競相刊行「文庫」（叢書）版，此種風潮迄今未衰。此外，由於政府修改稅法，教育、學術性的出版品一律免稅，加上日本經濟景氣復甦，一般人購買力提高，因此，除了叢書版之外，《全集》、《選集》、《全書》、《講座》之類的叢書，亦競相出版。

## 2.電視與廣播

「日本放送協會」(NHK) 的前身為「東京電臺」，由於其在戰前與日本政府合作而被禁止廣播，直到 1952 年始獲准對外廣播。此外尚有「中部日本放送」、「新日本放送」、「朝日放送」等民間廣播電臺出現，迄 1986 年為止，日本的民間廣播公司已超過一百家。

電視自 1953 年起首播，有「日本放送協會」、「日本電視公司」等。不但擁有發達的電視製造業，且已建立了全國的廣播網。日本電視廣播臺擁有七千分臺。在幾近八百個電視臺之中，大部分都播放彩色電視。

---

❶　據日本 ABC 協會（2004 年）的統計，《讀賣新聞》每日發行一千萬份以上，《朝日新聞》次之，約為八百二十五萬份，《每日新聞》亦達四百萬份，《日本經濟新聞》、《中日新聞》與《產經新聞》，均超過二百萬份以上。

截至 2005 年為止，彩色電視機已超過三千一百五十萬臺。近年來，有線電視臺亦極發達，甚至衛星廣播亦有日漸增多之勢。

　　日本的電視節目有幾項特色，一是節目的製作盡量普及化，二是除了娛樂性之外，強調智能的啟迪與新知的傳播。不僅教育電視臺如此，連民營電視亦重視醫學知識、農業新知、或有關國際的見識。

# 附　錄

## 一、日本歷史大事年表

| 時代 | 日本紀年 | 西元 | 日本紀事 | 世界紀事 |
|---|---|---|---|---|
| 繩紋時代 | | 距今一萬年前後 | 新石器時期，繩紋文化。初期以狩獵、漁撈為主，後期有原始的農耕。 | BC<br>1500，殷商王朝成立。<br>551，孔子誕生。波斯戰爭。 |
| 彌生時代 | | BC<br>300 前後<br><br>西元前一世紀 | 傳入漢文化，水稻農耕，應用金屬器，為金石器併用時期，稱為彌生文化。<br>部落小國林立，有百餘國。 | BC<br>334，亞歷山大東征。<br>221，秦統一中國。<br>200–197，羅馬征服希臘。<br>73–71，斯巴達奴隸起義。<br>4–?，耶穌誕生。 |
| 大和（古墳）時代 | | AD<br>57<br><br>189<br>239<br><br><br>248<br>270<br>350<br><br>391 | 倭奴國王遣使東漢，漢光武帝授印綬。<br>卑彌呼為邪馬臺國女王。<br>卑彌呼遣使帶方郡，魏明帝稱卑彌呼為「親魏倭王」。<br>古墳文化開始。<br>鐵器之使用推廣。作陶俑。<br>氏姓制度整備。大和朝廷統一日本。<br>倭軍侵入朝鮮半島。 | AD<br>25，東漢建立。<br><br>220，後漢滅亡。<br>226，波斯薩珊王朝興起。<br><br><br><br>313，頒米蘭勅令。<br>353，君士坦丁統一羅馬帝國。<br>376，日耳曼民族大遷徙開始。<br>395，羅馬帝國分裂為東西羅馬。 |

| | | | | |
|---|---|---|---|---|
| | | 404 | 古墳文化繁榮。 | |
| | | 430 前後 | 開始使用漢字。 | |
| | | 513 | 儒教傳入日本。 | 486，法蘭克王國建立。 |
| 飛鳥時代 | | 538 | 佛教傳入日本。 | 529，查士丁尼法典成立。 |
| | | 593 | 聖德太子攝政，推行改革。 | 589，隋朝統一南北朝。 |
| | | 603 | 聖德太子制定憲法十七條。 | |
| | | 607 | 小野妹子出使隋。建法隆寺。 | 618，隋滅唐興。 |
| | | 630 | 派遣第一次遣唐使。 | 622，回教紀元開始。 |
| | 大化 1 | 645 | 大化政變，翌年頒布「改新之詔」。 | |
| | 天智 2 | 663 | 與唐、新羅聯軍戰於白江口，敗。 | 668，高句麗滅亡。 |
| | | 672 | 壬申之亂。 | 676，新羅統一朝鮮半島。 |
| 奈良時代 | 大寶 1 | 701 | 制定「大寶律令」。 | 690，唐則天武后篡位。 |
| | 和銅 3 | 710 | 遷都平城京（奈良）。 | 711，阿拉伯東侵印度。 |
| | 養老 4 | 720 | 《日本書紀》完成。 | |
| | 天平勝寶 | 749 | 東大寺大佛完成。 | 756，唐發生安史之亂。 |
| | 延曆 13 | 794 | 遷都平安京。 | |
| 平安時代 | 延曆 24 | 805 | 最澄返日，創天台宗。翌年，空海歸國，創真言宗。 | 800，查理加冠為西羅馬皇帝。 |
| | 寬平 6 | 894 | 廢止遣唐使。 | 843，凡爾登條約，查理帝國分裂。 |
| | 醍醐 5 | 905 | 紀貫之等作《古今和歌集》。 | 907，唐朝滅亡。 |
| | 朱雀 8 | 930 | 攝關政治確立。 | 935，朝鮮統一。 |
| | 寬弘 8 | 1011 前後 | 《源氏物語》完成。 | 962，神聖羅馬帝國建立。 1069，王安石實施新法。 |
| | 應德 3 | 1086 | 白河上皇設院廳，開始院政。 | 1096，第一次十字軍東侵。 |
| | 仁安 2 | 1167 | 平清盛任太政大臣，平氏攬權。 | 1127，北宋亡，南宋興。 |

| | | | | |
|---|---|---|---|---|
| 鎌倉時代 | 建久 3 | 1192 | 源賴朝任征夷大將軍，建立鎌倉幕府。 | 1147，第二次十字軍。 |
| | | 1221 | 承久之亂。 | |
| | 元仁 1 | 1224 | 北條泰時任執政。親鸞創淨土真宗。 | 1206，成吉思汗統一蒙古。1215，英國約翰國王承認大憲章。 |
| | 貞永 1 | 1232 | 制定「關東御成敗式目」（貞永式目）。 | 1241，漢薩同盟。1260，忽必烈即位。 |
| | 文永 5 | 1274 | 忽必烈征日（文永之役）。 | 1270，最後的十字軍。 |
| | 弘安 8 | 1281 | 忽必烈第二次征日（弘安之役）。 | 1279，南宋亡。 |
| | | 1285 | 霜月騷動。 | |
| | 永仁 5 | 1297 | 頒「永仁德政令」。 | 1321，但丁作《神曲》，義大利文藝復興開始。 |
| | 元弘 3 | 1333 | 鎌倉幕府滅亡。 | |
| 室町時代 | 歷應 1 | 1338 | 足利尊氏任征夷大將軍。 | 1337，英法百年戰爭（–1453）。 |
| | 永和 4 | 1378 | 足利義滿在京都室町營造花御所，始有室町幕府之稱。 | 1368，元亡明興。 |
| | 明德 3 | 1392 | 南北朝統一。 | 1392，高麗滅亡，建立李氏朝鮮。 |
| | 應永 4 | 1397 | 足利義滿在京都北山營造金閣寺。 | |
| | 應永 11 | 1404 | 勘合貿易開始。 | 1405，鄭和下西洋開始。 |
| | 應仁 1 | 1467 | 應仁之亂。 | 1453，東羅馬帝國滅亡。 |
| | 長享 3 | 1489 | 足利義政在京都東山建銀閣寺。 | 1492，哥倫布發現美洲。1498，達伽馬通航印度。 |
| | 天文 12 | 1543 | 葡萄牙船到種子島，傳入鐵砲。 | 1543，馬丁路德發動宗教改革。 |
| | 天文 18 | 1549 | 西班牙傳教士沙勿略傳入基督教。 | 1562，新教戰爭起（–1598）。 |
| 安 | 天正 1 | 1573 | 織田信長推翻室町幕府。 | 1565，西班牙人占菲律實。 |

| | | | | |
|---|---|---|---|---|
| | | | | 1581，荷蘭脫離西班牙獨立。 |
| 土、桃山時代 | 天正 10 | 1582 | 本能寺之變，織田信長亡。 | 1588，英國打敗西班牙無敵艦隊。 |
| | 天正 18 | 1590 | 豐臣秀吉統一日本。 | |
| | 文祿 1 | 1592 | 豐臣秀吉出兵朝鮮（文祿之役），五年後再出兵，均失敗。 | 1598，頒「南特詔令」。 |
| | 慶長 5 | 1600 | 關原之戰，德川家康稱霸。 | 1600，英國建東印度公司。 |
| 江戶時代 | 慶長 8 | 1603 | 德川家康開創江戶幕府。 | 1602，荷蘭建東印度公司。 |
| | 江和 1 | 1615 | 滅豐臣氏。制定「武家諸法度」等。 | 1618，歐洲三十年戰爭開始。 |
| | | 1612 | 禁教令。 | |
| | | 1613 | | |
| | 寬永 10 | 1633 | 頒「鎖國令」。 | |
| | 寬永 12 | 1635 | 制定參覲交替制度。 | 1640，葡萄牙自西班牙獨立。 |
| | 寬永 14 | 1637 | 島原之亂。 | 1644，明亡清興。 |
| | 明歷 3 | 1657 | 開始編纂《大日本史》。 | 1661，鄭成功逐荷蘭人，據臺灣。 |
| | 元祿 15 | 1702 | 赤穗浪士報仇（忠臣藏）。 | 1688，英國光榮革命。 |
| | 享保 1 | 1716 | 享保改革。 | 1707，大不列顛王國成立。 |
| | 享保 5 | 1720 | 蘭學興起。 | 1756，七年戰爭（−1763）。 |
| | 安承 3 | 1774 | 杉田玄白等編著《解體新書》。 | 1769，瓦特製造單向蒸氣機。 |
| | | 1783 | 天明大饑荒。 | 1776，美國獨立。 |
| | | 1790 | 寬改異學之禁。 | |
| | 享和 3 | 1803 | 美船抵長崎，要求通商。 | 1789，法國革命。1804，拿破崙稱帝。 |
| | 天保 8 | 1837 | 大鹽平八郎起義。 | 1815，德意志聯邦成立。 |
| | 天保 12 | 1841 | 天保改革。 | 1840，鴉片戰爭。 |
| | 嘉永 6 | 1853 | 培里率艦抵浦賀，要求開港通商。翌年，締訂日美和 | 1851−1864，太平天國革命。 |

| | | | | |
|---|---|---|---|---|
| | 安政 5 | 1858 | 親條約。鎖國體制瓦解。與美、俄、荷、英、法簽訂友好通商條約。 | 1853，克里米亞戰爭。1857，印度傭兵起義。1861，美國南北戰爭 (−1865)。 |
| | 慶應 3 | 1867 | 大政奉還，江戶幕府亡。 | 1867，奧匈帝國建立。 |
| 明治時代 | 明治 1 | 1868 | 鳥羽、伏見之戰（戊辰戰爭開始）。頒「五條誓文」。 | 1869，蘇伊士運河開通。 |
| | 明治 2 | 1869 | 遷都東京，實行「版籍奉還」。 | 1870，普法戰爭。 |
| | 明治 4 | 1871 | 廢藩置縣。岩倉使節團訪歐美。 | 1871，德國統一。 |
| | 明治 7 | 1874 | 日本出兵侵臺。 | |
| | 明治 9 | 1876 | 日本迫韓簽訂「日朝修好條規」（「江華條約」）。翌年爆發西南戰爭。 | 1877，俄土戰爭。1879，愛迪生發明電燈。 |
| | 明治 14 | 1881 | 明治十四年政變。 | 1882，德、奧、義結成三國軍事同盟。 |
| | 明治 22 | 1889 | 頒布「大日本帝國憲法」。 | |
| | 明治 23 | 1890 | 舉行第一次眾議院議員選舉。 | |
| | 明治 27 | 1894 | 日清戰爭。 | |
| | 明治 28 | 1895 | 簽訂「馬關條約」。 | 1895，俄、德、法三國干涉還遼。 |
| | 明治 30 | 1897 | 實施金本位制。 | 1898，美西戰爭。 |
| | 明治 33 | 1900 | 公布「治安警察法」。參加八國聯軍。 | 1901，辛丑和約。 |
| | 明治 35 | 1902 | 英日同盟。 | 1902，西伯利亞鐵路完成。 |
| | 明治 37 | 1904 | 日俄戰爭。翌年，締樸資茅斯條約。 | 1903，萊特兄弟發明飛機。1904，制定諾貝爾獎。 |
| | 明治 39 | 1906 | 設韓國統監府。設立南滿鐵路會社。 | 1907，英、法、俄三國協約。第二次海牙和平會議。 |
| | 明治 43 | 1910 | 大逆事件。併吞朝鮮。 | 1908，青年土耳其黨革命。 |
| | 明治 44 | 1911 | 第三次英日同盟。完全廢 | 1911，辛亥革命。翌年成立 |

| | | | 除不平等條約。 | 中華民國。 |
|---|---|---|---|---|
| 大正時代 | 大正 3 | 1914 | 參加第一次世界大戰。 | 1912，第一次巴爾幹戰爭。 |
| | 大正 7 | 1918 | 搶米騷動。出兵西伯利亞。 | 1914，第一次世界大戰。 |
| | 大正 11 | 1922 | 華盛頓會議，簽訂「九國公約」。 | 1919，朝鮮三一運動，中國五四運動。 |
| | 大正 12 | 1923 | 關東（東京）大地震。 | |
| | 大正 14 | 1925 | 實施「治安維持法」。 | |
| 昭和時代 | 昭和 2 | 1927 | 出兵山東。召開東方會議。 | |
| | 昭和 3 | 1928 | 三一五事件。濟南慘案。 | 1929，紐約股票暴跌，世界經濟不景氣。 |
| | 昭和 6 | 1931 | 九一八事變。 | |
| | 昭和 7 | 1932 | 上海一二八事變。建立「滿洲國」。五一五事件。 | 1933，希特勒「納粹」政權成立。 |
| | 昭和 11 | 1936 | 二二六事件。簽訂「日德防共協定」。 | 1936，西安事變。德國進駐萊因。 |
| | 昭和 12 | 1937 | 盧溝橋事變。南京大屠殺。 | |
| | 昭和 13 | 1938 | 制定「國家總動員法」。 | 1938，德、奧合併。英、法、德、義慕尼黑會議。汪精衛京政府。 |
| | 昭和 14 | 1939 | 諾門罕事件。美國廢除「日美通商航海條約」。 | 1939，德侵波蘭，第二次世界大戰爆發。 |
| | 昭和 15 | 1940 | 締結「日、德、義三國軍事同盟」。 | 1940，汪精衛在南京組國民政府。 |
| | 昭和 16 | 1941 | 簽訂「日蘇中立條約」。偷襲珍珠港。對英美宣戰。 | 1941，美國參戰。 |
| | 昭和 17 | 1942 | 占領馬尼拉、新加坡等地。 | 1943，義大利無條件投降。開羅會議。 |
| | 昭和 19 | 1944 | 塞班島、關島日軍覆滅。美軍開始轟炸日本本土。 | |
| | 昭和 20 | 1945 | 日本接受「波茨坦宣言」，無條件投降。 | 1945，德國無條件投降。聯合國成立。 |
| | 昭和 21 | 1946 | 天皇「人間宣言」。東京國 | 1946，紐倫堡國際軍事審 |

| | | | |
|---|---|---|---|
| | | 際軍事裁判。公布日本憲法。 | 判。 |
| 昭和 22 | 1947 | 吉田內閣改組。民主黨成立。日本憲法實施。 | 1947，馬歇爾計劃發表。蘇聯成立國際共產情報局。 |
| 昭和 23 | 1948 | 蘆田內閣成立。遠東國際軍事裁判最後判決。 | 1948，以色列共和國成立。 |
| 昭和 24 | 1949 | 第三次吉田內閣成立。蕭普發表稅制改革建議書。 | 1949，中華人民共和國成立。 |
| 昭和 25 | 1950 | 成立警察預備隊。 | 1950，韓戰開始。 |
| 昭和 26 | 1951 | 締結「舊金山和約」、「日美安全保障條約」。 | |
| 昭和 27 | 1952 | 廢止褫奪公職令。簽訂「中日（臺北）和平條約」。警察預備隊改為保安隊。 | 1952，美國氫彈試爆成功。盟軍總部撤銷。 |
| 昭和 28 | 1953 | 第五次吉田內閣成立。奄美大島歸還日本。 | 1953，南北韓停戰協定。蘇聯史達林去世。蘇聯氫彈試爆成功。 |
| 昭和 29 | 1954 | 簽訂「日美相互防衛援助協定」(M.S.A.)。成立防衛廳與自衛隊。第一次鳩山內閣成立。 | 1954，西德重整軍備。日內瓦簽署「越南停戰協定」。 |
| 昭和 30 | 1955 | 自由民主黨組成。 | 1955，萬隆亞非會議。 |
| 昭和 31 | 1956 | 日蘇恢復邦交。日本加入聯合國。公布實施「核能三法」。石橋湛山內閣成立。 | 1956，匈牙利抗暴。蘇伊士運河之爭。蘇聯宣告國際共產情報局解散。 |
| 昭和 32 | 1957 | 第一次岸內閣成立。日本當選聯合國安理會非常任理事國。 | 1957，蘇聯、美國洲際彈道飛彈試驗成功。 |
| 昭和 33 | 1958 | 第二次岸內閣成立。交涉「日美安保條約」的修正。 | 1958，美國發射人造衛星。 |
| 昭和 34 | 1959 | 岸內閣改組。日本社會黨分裂。 | 1959，歐洲經濟共同體(EEC) 成立。 |
| 昭和 35 | 1960 | 改訂「日美安保條約」。第 | 1960，甘迺迪當選美國總 |

| | | 一次池田內閣成立。社會黨委員長淺沼稻次郎被刺。 | 統。 |
|---|---|---|---|
| 昭和 36 | 1961 | 池田內閣改組。 | 1961，蘇聯、美國發射載人衛星。古巴飛彈危機。 |
| 昭和 37 | 1962 | 日蘇簽訂貿易議定書。 | 1962，美國通信衛星昇空。中共軍入侵印度。 |
| 昭和 38 | 1963 | 日本簽訂「局部核子禁試條約」。第三次池田內閣成立。 | 1963，中蘇共會議。馬來西亞聯邦成立。美國總統甘酒迪遇刺。 |
| 昭和 39 | 1964 | 新潟大地震。東京奧運會。佐藤榮作內閣成立。公明黨成立。 | 1964，法國承認中共。中共第一次核爆實驗成功。蘇聯赫魯雪夫辭職。 |
| 昭和 40 | 1965 | 簽訂「日韓基本條約」以及關係協定。 | 1965，印尼宣布退出聯合國。美軍進攻北越。印、巴發生衝突。 |
| 昭和 41 | 1966 | 佐藤內閣第二、三次改組。 | 1966，中共文化大革命。法軍脫離北大西洋公約組織(NATO)。 |
| 昭和 42 | 1967 | 防衛二法修正案成立。日美首腦會談決定歸還小笠原。佐藤內閣改組。 | 1967，印尼罷黜總統蘇卡諾。中東戰爭。中共第一次氫彈試爆成功。 |
| 昭和 43 | 1968 | 美國航空母艦進入佐世保港。簽訂「小笠原歸還協定」。 | 1968，以色列進攻約旦。越南問題巴黎會談。蘇聯、東歐部隊入侵捷克。 |
| 昭和 44 | 1969 | 東大紛爭。學生運動激烈。解散眾議院。大選結果，自民黨勝利。 | 1969，尼克森就任美國總統。中蘇珍寶島衝突。阿波羅 11 號登陸月球表面。 |
| 昭和 45 | 1970 | 第三次佐藤內閣成立。日美簽訂「歸還沖繩文書」。大阪博覽會。佐藤、尼克遜會談。 | 1970，英美蘇簽訂「核子擴散防止條約」。 |
| 昭和 46 | 1971 | 第四次防衛力整備計劃。 | 1971，中共加入聯合國。 |

| | | | | |
|---|---|---|---|---|
| | | | 日本天皇夫婦訪歐。 | |
| 昭和 47 | 1972 | | 琉球主權歸還日本。田中角榮內閣成立。日本承認中共。 | 1972，尼克森訪北京。 |
| 昭和 48 | 1973 | | 與東德、北越建交。通產省擬定石油緊急對策。 | 1973，南韓金大中事件。第四次中東戰爭。第一次石油危機。 |
| 昭和 49 | 1974 | | 自民黨強行通過靖國神社方案。日「中」定期航線通航。佐藤榮作獲諾貝爾和平獎。三木武夫內閣成立。 | 1974，美國總統尼克森下臺（福特繼任）。 |
| 昭和 50 | 1975 | | 天皇訪美。 | 1975，蔣介石去世。 |
| 昭和 51 | 1976 | | 洛克希德弊案。三木內閣改組。日本政府確認防衛費不超過 GNP 的 1%。 | 1976，毛澤東去世。 |
| 昭和 52 | 1977 | | 日美經濟協議（貿易順差問題）。 | |
| 昭和 53 | 1978 | | 與中共簽訂「日中和平友好條約」。成田機場啟用。大平內閣成立。 | 1978，蘇聯反對日中和平友好條約。 |
| 昭和 54 | 1979 | | 日本承認伊朗新政府。甲級戰犯在靖國神社公祭。第二次大平內閣成立。日圓行情暴跌。 | 1979，南韓總統朴正熙遇刺身亡。第二次石油危機 |
| 昭和 55 | 1980 | | 大平內閣不信任案通過。鈴木內閣成立。美國國防部長要求日本增加防衛預算。 | 1980，伊朗革命。兩伊戰爭開始。 |
| 昭和 56 | 1981 | | 鈴木首相表明日本非軍事大國。 | 1981，羅馬教皇受狙擊重傷。 |
| 昭和 57 | 1982 | | 美國不滿日本封閉性市場。教科書問題爭論。中曾根內閣成立。 | 1982，福克蘭戰爭。 |

| | | | |
|---|---|---|---|
| 昭和 58 | 1983 | 與歐洲共同體達成貿易協定。 | |
| 昭和 59 | 1984 | 中曾根首相至靖國神社參拜。閣僚首度公開資產。NHK 開始衛星轉播。 | 1984，英國與中共簽署「香港問題聯合聲明」。 |
| 昭和 60 | 1985 | 中曾根首相與蘇聯書記長戈巴契夫會談。公布國民年金法修正案。文部省要求入學與畢業典禮須昇國旗。 | 1985，墨西哥大地震。 |
| 昭和 61 | 1986 | 第三次中曾根內閣成立。日本防衛費首度超過 GNP 1%。 | 1986，菲律賓成立艾奎諾政權。蘇聯發生車諾比核能發電廠爆炸。 |
| 昭和 62 | 1987 | 內閣通過消費稅法案。竹下內閣成立。 | |
| 昭和 63 | 1988 | 瑞克魯特弊案。 | |
| 平成時代 平成 1 | 1989 | 裕仁天皇去世，明仁太子即位，年號平成。 | 1989，中共、蘇聯關係正常化。中國大陸發生天安門事件。 |
| 平成 2 | 1990 | 日本追加 33 億圓支援中東。明仁天皇即位大典。日本在聯合國提出和平協力法案 (PKO)。眾議院選舉。 | 1990，東西德統一。蘇聯放棄共黨一黨專政，改採總統制。伊拉克兼併科威特。 |
| 平成 3 | 1991 | 自衛隊首次派遣掃雷艇到波斯灣。大證券公司發生損失補填問題。雲仙普賢火山噴火。 | 1991，波斯灣戰爭爆發。印度的甘地被暗殺。蘇聯互解，成立獨立國家共同體。葉爾欽取代戈巴契夫任總統。 |
| 平成 4 | 1992 | 聯合國和平部隊活動 (PKO) 法案成立。山形新幹線開通、東海道新幹線誕生。 | 1992，歐盟 (EU) 成立。美國宣布完成銷毀戰術核子。 |
| 平成 5 | 1993 | 皇太子結婚。細川聯合內 | 1993，聯合國安理會通過 |

| | | | | |
|---|---|---|---|---|
| | | | 閣成立。自民黨眾院選舉大敗（五五年體制崩潰）。 | 派遣 PKO 赴盧安達、烏干達。以色列與巴勒斯坦解放組織簽訂「巴勒斯坦暫定自治協定」。江澤民任中國國家主席。 |
| 平成 6 | 1994 | | 松本毒氣事件。西國際空港落成。政治改革法（小選舉區、比例代表制）成立。 | 1994，北韓金日成逝世。約旦與以色列簽訂和平條約。 |
| 平成 7 | 1995 | | 阪神大地震。奧姆真理教事件（地鐵毒氣事件）。 | 1995，世界貿易組織（WTO）成立。美國政府大樓爆炸事件。 |
| 平成 8 | 1996 | | 自民黨恢復單獨內閣。民主黨成立。 | 1996，李登輝當選臺灣總統。美國以導彈攻擊伊拉克。 |
| 平成 9 | 1997 | | 開始徵收消費稅 5%。長野新幹線、秋田新幹線開業。 | 1997，香港歸還中國。寮國與緬甸參加東南亞組織（ASEAN）。 |
| 平成 10 | 1998 | | 明石海峽大橋開通。失業率初次超過 4%。參院選舉自民黨慘敗。 | 1998，印尼發生暴動，蘇哈特總統辭職，哈比繼任。印度與巴基斯坦核武試驗。美英兩軍大規模轟炸伊拉克軍事設施。 |

## 二、日本歷代天皇一覽表

| 代數 | 天皇名 | 年　號 | 在位年代 |
|---|---|---|---|
| 1 | 神武 | | BC 660–BC 585 |
| 2 | 綏靖 | | 581–549 |
| 3 | 安寧 | | 549–551 |
| 4 | 懿德 | | 510–477 |
| 5 | 孝昭 | | 475–393 |
| 6 | 孝安 | | 392–291 |
| 7 | 孝靈 | | 290–213 |
| 8 | 孝元 | | 214–158 |
| 9 | 開化 | | 158–98 |
| 10 | 崇神 | | 97–30 |
| 11 | 垂仁 | | BC 29–AD 70 |
| 12 | 景行 | | 71–130 |
| 13 | 成務 | | 131–190 |
| 14 | 仲哀 | | 192–200 |
| 15 | 應神 | | 270–310 |
| 16 | 仁德 | | 313–399 |
| 17 | 履中 | | 400–405 |
| 18 | 反正 | | 406–410 |
| 19 | 允恭 | | 412–453 |
| 20 | 安康 | | 453–456 |
| 21 | 雄略 | | 456–479 |
| 22 | 清寧 | | 480–484 |
| 23 | 顯宗 | | 485–487 |
| 24 | 仁賢 | | 488–498 |
| 25 | 武烈 | | 498–506 |
| 26 | 繼體 | | 507–531 |
| 27 | 安閒 | | 531–535 |
| 28 | 宣化 | | 535–539 |
| 29 | 欽明 | | 539–571 |
| 30 | 敏達 | | 572–585 |
| 31 | 用明 | | 585–587 |

| 32 | 崇峻 | | 587–592 |
|----|------|------------------------------|---------|
| 33 | 推古 | | 592–628 |
| 34 | 舒明 | | 629–641 |
| 35 | 皇極 | | 642–645 |
| 36 | 孝德 | 大化、白雉 | 645–654 |
| 37 | 齊明 | 齊明 | 655–661 |
| 38 | 天智 | 天資 | 668–671 |
| 39 | 弘文 | 天智臨朝 | 671–672 |
| 40 | 天武 | 天武、朱鳥 | 673–686 |
| 41 | 持統 | 持統 | 690–697 |
| 42 | 文武 | 文武、大寶、慶雲 | 697–707 |
| 43 | 元明 | 和銅 | 707–715 |
| 44 | 元正 | 靈龜、養老 | 715–724 |
| 45 | 聖武 | 神龜、天平 | 724–749 |
| 46 | 孝謙 | 天平勝寶、天平寶字 | 749–758 |
| 47 | 淳仁 | 天平寶字 | 758–764 |
| 48 | 稱德 | 天平神護、天平景雲 | 764–770 |
| 49 | 光仁 | 寶龜 | 770–781 |
| 50 | 桓武 | 延曆 | 781–806 |
| 51 | 平城 | 大同 | 806–809 |
| 52 | 嵯峨 | 弘仁 | 809–823 |
| 53 | 淳和 | 天長 | 823–833 |
| 54 | 仁明 | 承和、嘉祥 | 833–850 |
| 55 | 文德 | 齊衡、天安 | 850–858 |
| 56 | 清和 | 貞觀 | 858–876 |
| 57 | 陽成 | 元慶 | 877–884 |
| 58 | 光孝 | 仁和 | 884–887 |
| 59 | 宇多 | 寬平 | 887–897 |
| 60 | 醍醐 | 延喜、延長 | 897–930 |
| 61 | 朱雀 | 承平、天慶 | 930–946 |
| 62 | 村上 | 天曆、天德、康保 | 946–967 |
| 63 | 冷泉 | 安和 | 967–969 |
| 64 | 圓融 | 天祿、天延、貞元、天元、永觀 | 969–984 |

| 65 | 花山 | 寬和 | 984–986 |
| 66 | 一條 | 永延、永祚、正曆、長德、長保 | 986–1011 |
| 67 | 三條 | 長保、寬弘、長和 | 1011–1016 |
| 68 | 後一條 | 寬仁、治安、萬壽、長曆 | 1016–1036 |
| 69 | 後朱雀 | 長曆、長久、寬德 | 1036–1045 |
| 70 | 後冷泉 | 寬德、永承、天喜、康平、治曆 | 1045–1068 |
| 71 | 後三條 | 治曆、延久 | 1068–1072 |
| 72 | 白河 | 延久、承保、承曆、永保、應德 | 1072–1086 |
| 73 | 堀河 | 應德、寬治、嘉保、承德、康和、長治、嘉承 | 1086–1107 |
| 74 | 鳥羽 | 嘉承、天仁、天永、永久、元永、保安 | 1107–1123 |
| 75 | 豈德 | 保安、大治、長承、保延、永治 | 1123–1141 |
| 76 | 近衛 | 康治、天養、久安、久壽 | 1141–1155 |
| 77 | 後白河 | 久壽、保元 | 1155–1158 |
| 78 | 二條 | 平治、永曆、應保、永萬 | 1158–1165 |
| 79 | 六條 | 永萬、仁安 | 1165–1168 |
| 80 | 高倉 | 仁安、嘉應、承安、治承 | 1168–1180 |
| 81 | 安德 | 治承、養和、壽永 | 1180–1185 |
| 82 | 後鳥羽 | 元曆、文治、建久 | 1184–1198 |
| 83 | 土御門 | 建久、正治、建仁、元久、承元 | 1198–1210 |
| 84 | 順德 | 建曆、建保、承久 | 1210–1221 |
| 85 | 仲恭 | 承久 | 1221–1221 |
| 86 | ? | | |
| 87 | 四條 | 貞永、嘉幀、仁治 | 1232–1242 |
| 88 | 後嵯峨 | 仁治、寬元 | 1242–1246 |
| 89 | 後深草 | 寬元、建長、正元 | 1246–1259 |
| 90 | 龜山 | 正元、弘長、文永 | 1259–1274 |
| 91 | 後宇多 | 文永、建治、弘安 | 1274–1287 |
| 92 | 伏見 | 正應、永仁 | 1288–1298 |
| 93 | 後伏見 | 永仁、正安 | 1298–1301 |
| 94 | 後二條 | 正安、嘉元、德治 | 1301–1308 |
| 95 | 花園 | 德治、正和、文保 | 1308–1318 |

| 96 | 後醍醐 | 文保、元應、元亨、正中、嘉曆、元德、元弘、建武、延元 | 1318–1339 |
|---|---|---|---|
| 97 | 後村上 | 延元、興國、正平 | 1339–1368 |
| 98 | 長慶 | 正平、建德、文中、天授、弘和 | 1368–1383 |
| 99 | 後龜山 | 弘和、元中 | 1383–1392 |
| （北朝） | 光嚴 | 正慶 | 1332–1333 |
| | 光明 | 建武、曆心、曆永、貞和 | 1337–1348 |
| | 崇光 | 貞和、觀應 | 1349–1351 |
| | 後光嚴 | 文和、延文、貞治、應安 | 1353–1371 |
| | 後圓融 | 應安、永和、永德 | 1374–1382 |
| 100 | 後小松 | 明德、應永 | 1392–1412 |
| 101 | 稱光 | 應永、正長 | 1414–1428 |
| 102 | 後花園 | 永享、嘉吉、文安、寶德、享德、康正、長祿、寬正 | 1429–1464 |
| 103 | 後土御門 | 寬正、應仁、文明、長享、延德、明應 | 1465–1500 |
| 104 | 後柏原 | 大永 | 1521–1526 |
| 105 | 後奈良 | 天文、弘治 | 1536–1557 |
| 106 | 正親町 | 永祿、元龜、天正 | 1560–1586 |
| 107 | 後陽成 | 天正、文祿、慶長 | 1586–1611 |
| 108 | 後水尾 | 慶長、元和、寬永 | 1611–1629 |
| 109 | 明正 | 寬永 | 1630–1643 |
| 110 | 後光明 | 寬永、正保、慶安、承應 | 1643–1654 |
| 111 | 後西 | 明曆、萬治、寬文 | 1656–1663 |
| 112 | 靈元 | 寬文、延寶、天和、貞享 | 1664–1687 |
| 113 | 東山 | 貞享、元祿、寶永 | 1687–1709 |
| 114 | 中御門 | 寶永、正德、享保 | 1710–1735 |
| 115 | 櫻町 | 享保、元文、寬保、延享 | 1735–1747 |
| 116 | 桃園 | 延享、寬延、寶曆 | 1747–1762 |
| 117 | 後櫻町 | 寶曆、明和 | 1763–1770 |
| 118 | 後桃園 | 明和、安永 | 1771–1779 |
| 119 | 光格 | 安永、天明、寬政、享和、文化 | 1780–1817 |
| 120 | 仁孝 | 文化、文政、天保、弘化 | 1817–1846 |

| 121 | 孝明 | 弘化、嘉永、安政、萬延、文久、元治、慶應 | 1847–1866 |
| 122 | 明治 | 明治 | 1868–1912 |
| 123 | 大正 | 大正 | 1912–1926 |
| 124 | 昭和 | 昭和 | 1928–1989 |
| 125 | | 平成 | 1989– |

附註： 1.第 15 代天皇（應神）以前的天皇及其在位時間均係傳說，並不可靠。

2.在世的天皇，概不用其年號或原名，而以「今上天皇」或「原天皇」稱之。

## 三、幕府將軍一覽表

| 時期 | 代數 | 將軍氏名 | 在任年代 |
|---|---|---|---|
| 鎌倉幕府 | 1 | 源賴朝 | 1192–1199 |
| | 2 | 源賴家 | 1202–1203 |
| | 3 | 源實朝 | 1203–1219 |
| | 4 | 藤原賴經 | 1226–1244 |
| | 5 | 藤原賴嗣 | 1244–1252 |
| | 6 | 宗尊親王 | 1252–1266 |
| | 7 | 惟康親王 | 1266–1289 |
| | 8 | 久明親王 | 1289–1308 |
| | 9 | 守邦親王 | 1308–1333 |
| 室町幕府 | 1 | 足利尊氏 | 1338–1358 |
| | 2 | 足利義詮 | 1358–1367 |
| | 3 | 足利義滿 | 1368–1393 |
| | 4 | 足利義持 | 1394–1423 |
| | 5 | 足利義量 | 1423–1425 |
| | 6 | 足利義教 | 1429–1441 |
| | 7 | 足利義勝 | 1442–1443 |
| | 8 | 足利義政 | 1449–1473 |
| | 9 | 足利義尚 | 1473–1489 |
| | 10 | 足利義稙 | 1490–1494,1508–1521 |
| | 11 | 足利義澄 | 1494–1508 |
| | 12 | 足利義晴 | 1521–1546 |
| | 13 | 足利義輝 | 1546–1565 |
| | 14 | 足利義榮 | 1568–1568 |
| | 15 | 足利義昭 | 1568–1573 |
| 江戶幕府 | 1 | 德川家康 | 1603–1605 |
| | 2 | 德川秀忠 | 1605–1623 |
| | 3 | 德川家光 | 1623–1651 |
| | 4 | 德川家綱 | 1651–1680 |
| | 5 | 德川綱吉 | 1680–1709 |
| | 6 | 德川家宣 | 1709–1712 |
| | 7 | 德川家繼 | 1713–1716 |

| 8 | 德川吉宗 | 1716–1745 |
| 9 | 德川家重 | 1745–1760 |
| 10 | 德川家治 | 1760–1786 |
| 11 | 德川家齊 | 1787–1837 |
| 12 | 德川家慶 | 1837–1853 |
| 13 | 德川家定 | 1853–1858 |
| 14 | 德川家茂 | 1858–1866 |
| 15 | 德川慶喜 | 1866–1867 |

## 四、內閣總理一覽表

| 次序 | 內閣名稱 | 內閣總理 | 起迄時間 |
|---|---|---|---|
| 1 | 第一次伊藤內閣 | 伊藤博文 | 1885–1888 |
| 2 | 黑田內閣 | 黑田清隆 | 1888–1889 |
|  |  | 三條實美（兼） |  |
| 3 | 第一次山縣內閣 | 山縣有朋 | 1889–1891 |
| 4 | 第一次松方內閣 | 松方正義 | 1891–1892 |
| 5 | 第二次伊藤內閣 | 伊藤博文 | 1892–1896 |
| 6 | 第二次松方內閣 | 松方正義 | 1896–1897 |
| 7 | 第三次伊藤內閣 | 伊藤博文 | 1898–1898 |
| 8 | 第一次大隈內閣 | 大隈重信 | 1898–1898 |
| 9 | 第二次山縣內閣 | 山縣有朋 | 1898–1900 |
| 10 | 第四次伊藤內閣 | 伊藤博文 | 1900–1901 |
| 11 | 第一次桂內閣 | 桂太郎 | 1901–1905 |
| 12 | 第一次西園寺內閣 | 西園寺公望 | 1906–1908 |
| 13 | 第二次桂內閣 | 桂太郎 | 1908–1911 |
| 14 | 第二次西園寺內閣 | 西園寺公望 | 1911–1912 |
| 15 | 第三次桂內閣 | 桂太郎 | 1912–1913 |
| 16 | 第一次山本內閣 | 山本權兵衛 | 1913–1914 |
| 17 | 第二次大隈內閣 | 大隈重信 | 1914–1916 |
| 18 | 寺內內閣 | 寺內正毅 | 1916–1918 |
| 19 | 原內閣 | 原敬 | 1918–1921 |
| 20 | 高橋內閣 | 高橋是清 | 1921–1922 |
| 21 | 加藤友三郎內閣 | 加藤友三郎 | 1922–1923 |
| 22 | 第二次山本內閣 | 山本權兵衛 | 1923–1923 |
| 23 | 清浦內閣 | 清浦奎吾 | 1924–1924 |
| 24 | 第一次加藤內閣 | 加藤高明 | 1924–1925 |
| 25 | 第二次加藤內閣 | 加藤高明 | 1925–1926 |
| 26 | 第一次若槻內閣 | 若槻禮次郎 | 1926–1927 |
| 27 | 田中內閣 | 田中義一 | 1927–1929 |
| 28 | 濱口內閣 | 濱口雄幸 | 1929–1931 |
| 29 | 第二次若槻內閣 | 若槻禮次郎 | 1931–1931 |
| 30 | 犬養內閣 | 犬養毅 | 1931–1932 |

| 31 | 齋藤內閣 | 齋藤實 | 1932–1934 |
| 32 | 岡田內閣 | 岡田啟介 | 1934–1936 |
| 33 | 廣田內閣 | 廣田弘毅 | 1936–1937 |
| 34 | 林內閣 | 林銑十郎 | 1937–1937 |
| 35 | 第一次近衛內閣 | 近衛文麿 | 1937–1939 |
| 36 | 平沼內閣 | 平沼騏一郎 | 1939–1939 |
| 37 | 阿部內閣 | 阿部信行 | 1939–1939 |
| 38 | 米內內閣 | 米內光政 | 1940–1940 |
| 39 | 第二次近衛內閣 | 近衛文麿 | 1940–1941 |
| 40 | 第三次近衛內閣 | 近衛文麿 | 1941–1941 |
| 41 | 東條內閣 | 東條英機 | 1941–1944 |
| 42 | 小磯內閣 | 小磯國昭 | 1944–1945 |
| 43 | 鈴木內閣 | 鈴木貫太郎 | 1945–1945 |
| 44 | 東久彌宮內閣 | 東久彌宮稔彥 | 1945–1945 |
| 45 | 幣原內閣 | 幣原喜重郎 | 1945–1946 |
| 46 | 第一次吉田內閣 | 吉田茂 | 1946–1947 |
| 47 | 片山內閣 | 片山哲 | 1947–1948 |
| 48 | 蘆田內閣 | 蘆田均 | 1948–1948 |
| 49 | 第二次吉田內閣 | 吉田茂 | 1948–1949 |
| 50 | 第三次吉田內閣 | 吉田茂 | 1949–1952 |
| 51 | 第四次吉田內閣 | 吉田茂 | 1952–1953 |
| 52 | 第五次吉田內閣 | 吉田茂 | 1953–1954 |
| 53 | 第一次鳩山內閣 | 鳩山一郎 | 1954–1955 |
| 54 | 第二次鳩山內閣 | 鳩山一郎 | 1955–1955 |
| 55 | 第三次鳩山內閣 | 鳩山一郎 | 1955–1956 |
| 56 | 石橋內閣 | 石橋湛山 | 1956–1957 |
| 57 | 第一次岸內閣 | 岸信介 | 1957–1958 |
| 58 | 第二次岸內閣 | 岸信介 | 1958–1960 |
| 59 | 第一次池田內閣 | 池田勇人 | 1960–1960 |
| 60 | 第二次池田內閣 | 池田勇人 | 1960–1963 |
| 61 | 第三次池田內閣 | 池田勇人 | 1963–1964 |
| 62 | 第一次佐藤內閣 | 佐藤榮作 | 1964–1967 |
| 63 | 第二次佐藤內閣 | 佐藤榮作 | 1967–1970 |

| 64 | 第三次佐藤內閣 | 佐藤榮作 | 1970–1972 |
| 65 | 第一次田中內閣 | 田中角榮 | 1972–1972 |
| 66 | 第二次田中內閣 | 田中角榮 | 1972–1974 |
| 67 | 三木內閣 | 三木武夫 | 1974–1976 |
| 68 | 福田內閣 | 福田赳夫 | 1976–1978 |
| 69 | 第一次大平內閣 | 大平正芳 | 1978–1979 |
| 70 | 第二次大平內閣 | 大平正芳 | 1979–1980 |
| 71 | 鈴木內閣 | 鈴木善幸 | 1980–1982 |
| 72 | 第一次中曾根內閣 | 中曾根康弘 | 1982–1983 |
| 73 | 第二次中曾根內閣 | 中曾根康弘 | 1983–1987 |
| 74 | 竹下內閣 | 竹下登 | 1987–1989 |
| 75 | 宇野內閣 | 宇野宗祐 | 1989–1989 |
| 76 | 海部內閣 | 海部俊樹 | 1989–1991 |
| 77 | 宮澤內閣 | 宮澤喜一 | 1991–1993 |
| 78 | 細川內閣 | 細川護熙 | 1993–1994 |
| 79 | 羽田內閣 | 羽田孜 | 1994–1994 |
| 80 | 村山內閣 | 村山富市 | 1994–1996 |
| 81 | 橋本內閣 | 橋本龍太郎 | 1996–1998 |

## 日本古代史

鄭樑生／著

古代日本一直到西元前一世紀，中國的漢文化經由朝鮮半島傳入，引領日本進入了農耕時代和金屬器時代，日本人的物質生活不僅始有轉變，更加深社會階級的差異，各地紛紛出現豪族為主的小國家。其中的大和國家，最後臣服島上諸小國，並在大化革新之後，建立起一個以唐之律令為藍本的集權統治。雖然日本古代國家沒落了，但是日本古代王朝獨特的優秀文化，仍長久保持著它的傳統，並成為後世文化的泉源。若要認識今日的日本文化，不可不了解日本古代史。

## 日本中世史

鄭樑生／著

日本中世史始於十二世紀末的鎌倉幕府，直到十六世紀室町幕府滅亡為止。這個時期最主要的特色就是天皇勢力的衰落，以及武士階層的興起。在這個「下剋上」的時代裡，不僅在政治方面出現了重大的變化，武士階層與庶民們也逐漸在文化方面發揮其影響力，使得此時的日本，出現了不同於古代史的新氣息。本書最後更闡明日本戰國時代的發展，完整呈現從中世過渡到近世的過程。